Effektives Programmieren mit Perl 5

Michael Schilli

Effektives Programmieren mit Perl 5

Objektorientierung
Graphische Oberflächen
Internet-Anwendungen

ADDISON-WESLEY

An imprint of Addison Wesley Longman, Inc.

Bonn • Reading, Massachusetts • Menlo Park, California • New York • Harlow, England
Don Mills, Ontario • Sydney • Mexico City • Madrid • Amsterdam

Die Deutsche Bibliothek – CIP-Einheitsaufnahme

Schilli, Michael:
Effektives Programmieren mit Perl 5: Objektorientierung · Graphische Oberflächen · Internet-Anwendungen / Michael Schilli .–
Bonn; Reading, Mass. [u.a.]: Addison-Wesley-Longman, 1997
ISBN 3-8273-1095-4

Lektorat: Tomas Wehren
Korrektorat: Andreas König, Berlin
Produktion: Claudia Lucht
Satz: Michael Schilli, München. Gesetzt mit LaTeX aus der Palatino 10 pt.
Belichtung, Druck und Bindung: Bercker Graphischer Betrieb, Kevelaer
Umschlaggestaltung: Hommer DesignProduction, Haar bei München

Das verwendete Papier ist aus chlorfrei gebleichten Rohstoffen hergestellt und alterungsbeständig. Die Produktion erfolgt mit Hilfe umweltschonender Technologien und unter strengsten Auflagen in einem geschlossenen Wasserkreislauf unter Wiederverwendung unbedruckter, zurückgeführter Papiere.

Vorwort

Oh großer Perl-Magier, lehre mich Deine Geheimnisse! Daten sonderbaren Formats warden mir zugespielt! Ich hörte, mit Deinen Kenntissen der dunklen Seite der Programmierung hättest Du wenig Mühe, die verborgene Information zu heben! Hörte ich recht? Sind Deine Kenntnisse tatsächlich so gewaltig, oh Meister?

Solchen Sprüchen ist der Perl-Kundige im allgemeinen ausgesetzt. Und meist ist es tatsächlich nicht schwierig, die gestellten Probleme zu lösen, nicht mit Perl.

Aber auch in bislang fremde Gebiete darf sich der Perl-Programmierer seit Perl 5 vorwagen: Die Einführung objektorientierter Strukturen brachte als Nebeneffekt einige Großprojekte der Perl-Gemeinde ins Rollen: Durch den Einbezug der Tk-Sourcen und deren objektorientierte Ansteuerung entstand zum Beispiel Perl/Tk, ein mächtiges Werkzeug für die Entwicklung graphischer Oberflächen.

Die Features von Perl 5 waren bis vor kurzem noch recht spärlich dokumentiert (erst gegen Abschluß des Manuskripts erschien [Wal96]) und zur Programmierung graphischer Oberflächen oder für die Internetprogrammierung suchte man bislang vergebens nach Informationen in den Regalen der Buchhandlungen. Es gibt noch Bedarf an Perl-Büchern!

In diesem Sinne soll das vorliegende Buch nicht Perl-Syntax wiederkäuen, sondern praktische Anleitung zur schnellen Realisierung praxisorientierter Projekte sein.

Ohne Perl gäbe es kein Perl-Buch. Ohne Linux und LaTeX hätte ich proprietäre Systeme nutzen müssen. Deswegen möchte ich all jenen Leuten danken, die aus purem Enthusiasmus ihre Zeit investiert haben, um all diese wundervollen Dinge zu schaffen. Ein stellvertretendes »Danke!« an *Larry Wall* für Perl, *Linus Torwald* für Linux, *Donald Knuth* für TeX und *Leslie Lamport* für LaTeX.

Besonderer Dank gebührt an dieser Stelle *Andreas König* von der TU Berlin. Er ist als gestrenger Herrscher über das CPAN und deutscher Perl-Guru wohlbekannt. Er korrigierte das Manuskript, förderte dabei Unmengen von Fehlern und Ungenauigkeiten zutage und half so, die Qualität des Buches enorm zu verbessern. Zum Glück konnte ich ihn für diesen Job gewinnen!

Auch *Günter »Dr.« Speckhofer* möchte ich fürs Korrekturlesen danken.

Und schließlich herzlichen Dank an *Tomas Wehren* von Addison Wesley Longman, der die Idee für das Buch hatte. Die Zusammenarbeit war ausgezeichnet und hat Spaß gemacht!

München, im Oktober 1996 *Michael Schilli*

Kritik oder Anregungen zu diesem Buch sind jederzeit willkommen – senden Sie einfach eine E-Mail an:

`mschilli@blacksun.com`

Inhaltsverzeichnis

Einleitung

Vor einigen Jahren drang aus den magischen Zirkeln der Systemadministratoren das Gerücht um eine neue Sprache. Unglaublich schnell, elegant und noch dazu performant sollten sich mit ihr die typischen lästigen Alltagsprobleme lösen lassen: Textdateien durchsuchen, Informationen extrahieren, Ergebnisse aufbereiten. Der Name der Sprache war Perl.

Das Akronym bedeutet *Practical Extraction and Report Language* und weist auf die ursprüngliche Konzeption der Sprache hin. Doch heute kann Perl weit mehr – oder umgekehrt: es gibt praktisch nichts, was sich nicht in Perl schreiben ließe, und das noch dazu oft prägnanter und schneller als in jeder anderen Sprache. Was in C oft mehrere Tage konzentrierter Programmiertätigkeit kostet oder mit Werkzeugen wie sed, awk und einem Shell-Skript allzu kryptisch wird, ist in Perl eine Frage von Minuten und wenigen Zeilen lesbaren Codes.

Mit Perl Release 5 kam noch eine wahre Flut von Neuerungen hinzu. »Objektorientierte Programmierung« hieß es da auf einmal und »Steuerung graphischer Oberflächen«. Perl ist mittlerweile zu einem mächtigen Allzweckwerkzeug avanciert.

Perl ist heute längst nicht mehr nur eine Programmiersprache für eingeweihte Kreise. Ob hier ein kleines Testskript implementiert wird oder dort eine vollständig mit graphischer Oberfläche ausgestatte Applikation – Perl ist das Mittel zum Zweck.

Ziel des vorliegenden Buches ist es keineswegs, eine vollständige Referenz der Sprache Perl zu liefern – da haben andere schon unerreichbare Maßstäbe gesetzt (siehe [Wal96] und [Sch93]). Vielmehr möchte es Sie dahin führen, Perl mit seinen fantastischen Möglichkeiten praxisnah zu verwenden.

Das Buch teilt sich in vier Kapitel. Das erste bietet eine straff gehaltene Einführung in grundlegende Perl-Funktionalität. Kapitel 2 zeigt die mit Perl 5 neu hinzugekommenen objektorientierten Programmiermethoden. Mit diesem Handwerkszeug ausgerüstet, erfährt der Leser dann in den Kapiteln 3 und 4, wie einfach mit Perl

5 Motif-ähnliche graphische Oberflächen entstehen und das Internet programmierend erobert wird.

Im Anhang finden sich technische Ratschläge zur Perl-Installation und Fehlerdiagnose, des weiteren eine Sammlung themenbezogener Internet-Adressen sowie einige Informationen zum praktischen Perl-Einsatz. Anhang H liefert eine Inhaltsbeschreibung der dem Buch beiliegenden CD-ROM. Sie enthält außer allen Sourcen der abgedruckten Skriptbeispiele noch die Perl-Distribution und die im Buch verwendeten Perl-Module für eine erfolgreiche Installation.

Kapitel 1

Einführung in Perl

Dieses Kapitel soll ein wenig Perl-Handwerk vermitteln. Dem Anfänger, auch *Perl-Rookie* genannt, bietet es eine knappe Einführung in die Sprache, aber auch dem Fortgeschrittenen – hoffentlich – noch die eine oder andere Anregung, zumal auch erst kürzlich in Perl aufgenommene Erweiterungen diskutiert werden.

Ziel dieses Kapitels ist es keineswegs, Perl vollständig zu erklären, sondern lediglich den Grundstein für das Verständis der nachfolgenden Kapitel »Objektorientierte Programmierung«, »Graphische Oberflächen« und »Internet-Programmierung« zu legen.

1.1 Welches Perl?

Oft hört man die Frage: »Mit welcher Version von Perl soll ich arbeiten? Gut, Perl 5 ist neu und allgegenwärtig. Aber wären da nicht meine vielen Perl 4-Skripts ...«. Wer derartige Diskussionsbeiträge in die hochfrequentierte Newsgroup `comp.lang.perl.misc`, das Internet-Forum für Perl-relevante Fragen, einstreut, erntet entweder Gelächter oder die Antwort:

> Perl 4 is dead dead dead.

Und so ist es auch: Perl 5 ist der Standard, Perl 4 total überholt. Kaum eines der Beispiele in diesem Buch gibt sich mit Perl 4 zufrieden, viele benötigen 5.002 oder neuere Versionen. Wenn alte Perl 4-Skripts mit Perl 5 nicht laufen, sind sie unsauber programmiert und sollten schleunigst entsorgt werden.

Also heißt die Devise: Es muß nicht immer der allerneueste Beta-Patch sein, aber größere Release-Sprünge sollte der ambitionierte Perl-Programmierer stets mitmachen. Im Anhang A stehen die notwendigen Schritte für eine Installation bzw. ein erfolgreiches Update beschrieben.

1.2 Erfolgreich starten

Vorab als Schnellschuß das wohl bekannteste Perl-Programm:

```
#!/usr/bin/perl

print("Howdy, world!\n");        # Kommentar
```

Perl ist eine interpretierte Sprache. Wie bei einem Shell-Skript legt die erste Zeile eines Perl-Skripts den Interpreter fest – in diesem Fall den Perl-Interpreter `perl`, der auf dem verwendeten Rechner im Verzeichnis `/usr/bin` residiert[1].

Der Interpreter `perl` liest – im Gegensatz zu einem Shell-Interpreter – nicht jeden einzelnen Befehl, um ihn anschließend auszuführen, sondern untersucht das gesamte Skript im Hinblick auf Syntaxfehler, übersetzt es in Bytecode und führt diesen dann annähernd mit der Geschwindigkeit eines compilierten C-Programms aus[2].

1.3 Datentypen und Kontrollstrukturen

Perl unterstützt von Haus aus eine ganze Reihe von Variablentypen. Dies sind nicht nur »einfache« Typen wie Strings oder numerische Variablen, sondern auch geordnete Ansammlungen derselben, wie Listen oder assoziative Arrays.

Genau dieser Sprachschatz macht vieles in Perl so einfach. Ohne über Implementierung, Grenzen oder Performance nachzudenken, kann man mit diesen erweiterten Datentypen kompakt mit großen Datenmengen operieren.

---

[1] Einzelheiten zum Starten von Perl-Skripts finden sich in Anhang B auf Seite 289.

[2] Der Interpreter der sehr populären Sprache Java folgt einem anderen Verfahren: Er verarbeitet bereits in Byte-Code compilierte Skripts. Ein Perl-Skript hingegen liegt immer im Source-Code vor, die Byte-Code-Darstellung ist nur temporärer Natur und nicht zugänglich. Als Alternative zur interpretierten Abarbeitung war zur Zeit der Drucklegung dieses Buches ein Perl-(Native-)Compiler in Arbeit.

1.3.1 Skalare

Einfache Datentypen heißen in Perl auch Skalare. Sie können entweder alphanumerische Werte annehmen oder als rein numerische Variablen fungieren. Die Zeile

```
$num = 42;
```

weist dem Skalar `$num` den Wert `42` zu. Der »Dollar« `$` vor dem Namen `num` identifiziert die Variable als Skalar, unabhängig davon, ob sie auf der rechten oder linken Seite einer Zuweisung auftaucht. `$string`, ein weiterer Skalar, erhält seinen Wert mittels

```
$string = "abc";
```

zugewiesen. Daß ein Skalar entweder als String oder als numerische Variable interpretiert werden kann, läßt zwar jedem Sprach-Puristen die Haare zu Berge stehen, aber schließlich geht es in Perl in erster Linie darum, elegant mit extrahierten Textdaten zu jonglieren. Als interessante Nebenwirkung verhält sich

```
print("halfnum=", $num/2, "\n");
```

wie erwartet und gibt die Hälfte des Wertes von `$num` aus, während

```
print("halfstring=", $string/2, "\n");
```

Perl im warnungsaktiven Modus[3] zur Ausgabe der Meldung

```
Argument "abc" isn't numeric in divide at ./script.pl line 4.
```

veranlaßt. Eine arithmetische Operation auf einen Text wäre auch wenig sinnvoll. Das nächste Beispiel hingegen ist völlig legal:

```
$numstr = "5";
print("halfnumstr=", $numstr/2, "\n");
```

denn Perl wandelt Strings bei Bedarf dynamisch in numerische Typen um – und auch wieder zurück.

Skalare Werte dürfen auch als Fließkommazahl (z. B. `3.14` oder `9.0E-4`), hexadezimal (z. B. `0xbeef`) oder oktal (z. B. `010`) angegeben werden.

---

[3] Aufruf des Interpreters mit der Option `-w`, z. B. über einen Eintrag wie: `#!/usr/bin/perl -w`

Strings schließt man entweder in die einfachen (z. B. `'string'`) oder die doppelten Anführungszeichen (z. B. `"Wert: $val"`) ein. Während im ersten Fall keinerlei Variablen-Expansion stattfindet, ersetzt der Interpreter in der zweiten Darstellung Variablen[4] durch ihre Werte und löst Escape-Darstellungen (z. B. `"\n"` oder `"\012"`) auf.

Ein nicht initialisierter Skalar führt den Wert `undef`. Die Abfrage oder Ausgabe von Skalaren, die noch keinen Wert enthalten birgt potentielle Gefahren in sich. Im warnungsaktiven Modus veranlassen derartige unsichere Aktionen den Perl-Interpreter zur Ausgabe von entsprechenden Meldungen. Ob ein Skalar bereits initialisiert ist, läßt sich mit dem `defined`-Operator ermitteln:

```
if(defined $a) {
    print "Skalar definiert!\n";
} else {
    print "Skalar ist 'undef'!\n";
}
```

Operationen mit Strings

Zwei Strings `$string1` und `$string2` verbindet der Operator ».« zu einem String, der die beiden aneinanderhängend beinhaltet.

```
$string = $string1 . $string2      # String-Verknüpfung
```

Andererseits ist auch

```
$string = "$string1$string2";      # String-Verknüpfung
```

zulässig. Das letzte Zeichen eines Strings schneidet die Funktion

```
chop($string);
```

ab. Dabei ist zu beachten, daß `chop` *nicht* etwa den reduzierten String zurückliefert, sondern lediglich auf dem Original arbeitet und die entfernten Zeichen als Rückgabewert übermittelt.

Sollen lediglich abschließende Newline-Zeichen entfernt werden, ist

```
chomp($string);
```

---

[4] Perl expandiert Skalare und die im nächsten Abschnitt diskutierten Listen innerhalb doppelter Anführungszeichen.

das Mittel zum Zweck. Auch `chomp` gibt nicht den Ergebnisstring zurück, sondern liefert die Anzahl der entfernten Zeichen. `chop` und `chomp` arbeiten, falls sie ohne Argument aufgerufen werden, auf der Variablen »`$_`«, wie viele andere Perl-Funktionen auch.

Auf einen Teilstring, der `$offset` Zeichen vom Anfang des ursprünglichen Strings entfernt beginnt und `$length` Zeichen lang ist, greift

```
$partstr = substr($string, $offset, $length);
```

zu. Die Länge eines Strings läßt sich ermitteln mit

```
$length = length($string);
```

1.3.2 Listen

Eine Liste in Perl ist eine geordnete Sammlung von Skalaren. Die Liste

```
@alist = ("Erstes Element", "", 42);
```

enthält drei Skalare, zwei Strings und eine numerische Variable. Ähnlich wie der Dollar »`$`« Skalare identifiziert, kennzeichnet ein vorangestellter Klammeraffe »`@`« eine Variable als Liste.

Bei der Definition langer Listen von Strings spart der `qw`-Operator einige Tipparbeit. Die Listeninitialisierung

```
@list = ("String1", "String2", "String3", "String4");
```

läßt sich auch als

```
@list = qw(String1 String2 String3 String4);
```

schreiben, wobei der `qw`-Operator die Grenzen zwischen den Elementen über den Leerraum bestimmt.

Der Zugriff auf die Elemente einer Liste erfolgt nun entweder über eine Reihe von Manipulationsfunktionen wie

```
push(@alist, $scalar);          # Fügt $scalar ans Ende
                                # der Liste ein

$element = pop(@alist);         # Entfernt das letzte Element
                                # der Liste und liefert es zurück

unshift(@alist, $scalar);       # Fügt $scalar an den Anfang
                                # der Liste ein

$element = shift(@alist);       # Entfernt das erste Element
                                # der Liste und liefert es zurück
```

oder mit der Array-Syntax

```
$element = $alist[2];       # Kopiert das dritte Element
```

Wie in C startet die Index-Numerierung für das erste Element bei `0`. Die Konstruktionen

```
@part = @alist[3,4,5,6,7]; # Kopiert die Elemente 4 bis 8
@part = @alist[3..7];
```

liefern die Elemente auf den angegebenen Index-Positionen als neue Liste zurück. Auf der linken Seite einer Listenzuweisung darf auch eine Liste von benannten Skalaren stehen, die dann die Listenwerte der rechten Seite der Gleichung erhalten:

```
($eins, $zwei) = (1, 2, 3, 4);    # Listenzuweisung
```

legt in den Skalaren `$eins` und `$zwei` die Werte `1` und `2` ab. Überschüssige Elemente auf der rechten Seite fallen unter den Tisch. Enthält die linke Liste mehr Elemente als durch die Zuweisung entstehen, weist Perl überschüssigen Elementen den Wert `undef` zu.

Für eine Liste `@alist` ist auch der Skalar `$#alist` definiert. Er gibt den Index des letzten Elementes an. Da die Indizierung von Arrays bei `0` beginnt, ist die Länge einer Liste, also die Anzahl ihrer Elemente, durch den Wert von »`$#alist + 1`« gegeben.

```
print "Liste: @alist\n";              # Listenelemente durch Leerzeichen
                                      # getrennt ausgeben
print "Letzter Index: $#alist\n";     # Index des letzten Elements
print "Länge: ", $#alist + 1, "\n";   # Länge der Liste
```

Für komplexere Listenoperationen existiert in Perl außerdem die Manipulationsfunktion splice. Mit ihr kann man auf einfache Weise Teil-Listen aus der Liste entfernen und neue Listen an beliebiger Stelle eingefügen.

Ihre Signatur

```
splice(@alist, $offset, $length, @insertlist);
```

läßt sich übersetzen mit »Ersetze die Teilliste von @alist, die beim Index $offset beginnt und $length Elemente lang ist, durch die Liste @insertlist und liefere die ersetzte Teilliste zurück«.

Abbildung 1.1 zeigt, wie der splice-Befehl zwei Elemente der ursprünglichen Liste durch eine dreielementige Liste ersetzt.

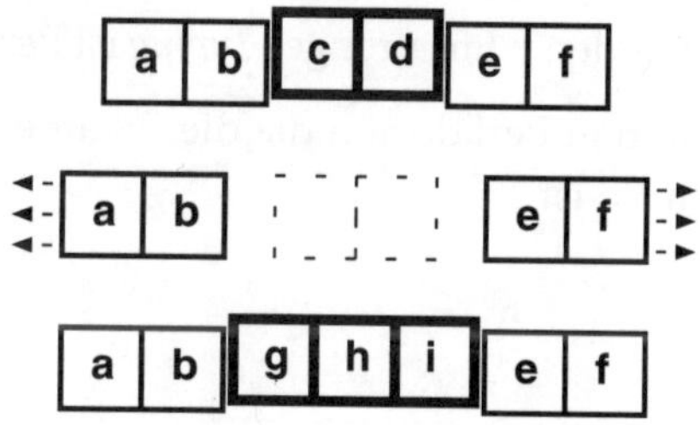

Abbildung 1.1: Illustration der Funktion splice(@list1, $offset, $length, ('g'..'i')); *mit* @list1=('a'..'f'), $offset=2 *und* $length=2.

Die folgenden Beispiele zeigen einige Spezialfälle von splice: Die Simulation der vorher vorgestellten Funktionen shift, unshift, pop und push.

```
splice(@alist, 0, 1);             # 1. Listenelement entfernen
                                  # und zurückliefern

splice(@alist, 0, 0, $element);   # $element am Anfang der
                                  # Liste einfügen

splice(@alist, $#alist, 1);       # Letztes Listenelement entfernen
                                  # und zurückliefern

                                  # $element an das Ende der
                                  # Liste anfügen
splice(@alist, $#alist, 0, $element);
```

Parameter-Listen

Daß die Funktion `splice` teils mit drei und teils mit vier Parametern aufgerufen wird, zeigt ein wichtiges Perl-Prinzip auf: Jede Funktion stellt ihrerseits fest, wie viele Parameter tatsächlich zur Übergabe bereitstehen, und holt sich nur wirklich vorhandene Werte ab. Die Funktion `splice` stellt also im Einzelfall fest, ob überhaupt eine einzufügende Liste als Parameter vorliegt. Falls dies nicht der Fall ist, löscht sie lediglich den angegebenen Listenteil, ohne neue Elemente einzufügen.

Perl fordert also von sich aus keine feststehende Signatur von Funktionen[5] – den aufgerufenen Subroutinen ist es jedoch freigestellt, selbständig Überprüfungen der überreichten Parameter vorzunehmen.

Als Parameter übergebene Listen expandiert der Interpreter vor dem Funktionsaufruf in ihre Einzelelemente und reicht diese der Reihe nach an die aufgerufene Funktion weiter. Wie die oben angeführten Beispiele zeigen, kann der Funktion `splice` als vierter Parameter statt einer Liste (`@insertlist`) auch ein Skalar (`$element`) übergeben werden[6]. Ein strenges *Typing* ist Perl normalerweise fremd.

Beim Aufruf einer Funktion in Perl dürfen die die Parameterliste umschließenden Klammern auch entfallen. So ist

```
print("Howdy, World!", "\n");
```

gleichbedeutend mit

```
print "Howdy, World!", "\n";
```

Die umschließenden Klammern sind lediglich manchmal notwendig, um Präzedenz-Konflikte zu lösen oder um überhaupt klarzumachen, daß es sich beim Angegebenen um eine Funktion handelt[7].

Listen aus Skalaren reichen für die Behandlung komplexer Strukturen oft nicht aus. Mit Perl 5 lassen sich deswegen auch beliebige Verschachtelungen, wie z. B. Listen von Listen, modellieren. In Abschnitt 1.3.5 stehen die hierzu nötigen Ausführungen.

---

[5] Andererseits verfügt Perl 5 seit neuestem über eine Prototyping-Syntax. Einzelheiten hierzu finden sich in Abschnitt 1.16.4.

[6] Andererseits insistiert gerade die Funktion `splice` auf einem benannten Array als erstem Parameter. »Interne« Perl-Funktionen und anwenderdefinierte Subroutinen mit Prototype-Definitionen (Abschnitt 1.16.4) zeigen unter Umständen dieses vom Normalfall abweichende Verhalten.

[7] Abschnitt 1.3.4 erläutert Einzelheiten zu diesem Thema.

Zur schnellen Manipulation von Listen bietet Perl noch die Funktionen `grep` und `map`. Diese sind sehr hilfreich, wenn es darum geht, Elemente aufgrund von definierten Bedingungen aus Listen zu extrahieren oder alle Elemente einer Liste einer speziellen Behandlung zu unterwerfen.

```
grep { Funktionsblock } @list;  # Evaluiert den Funktionsblock für
                                # jedes Listenelement und reiht es
                                # in die Ergebnisliste ein, falls
                                # der Rückgabewert wahr ist
grep EXPR, @list;               # Wie oben, nur evaluiert der Aufruf
                                # den Ausdruck EXPR

map { Funktionsblock } @list;   # Evaluiert den Funktionsblock für
                                # jedes Listenelement und steckt den
                                # Rückgabewert in die Ergebnisliste
map EXPR, @list;                # Wie oben, nur evaluiert der Aufruf
                                # den Ausdruck EXPR
```

Die Funktion `grep` führt für jedes Element der angegebenen Liste den spezifizierten Funktionsblock aus, wobei die Variable »`$_`« bei jedem Durchlauf auf das gerade bearbeitete Listenelement verweist. `$_` ist das »Mädchen-für-alles« unter Perls Variablen. Viele Operationen beziehen sich, falls keine expliziten Eingabedaten vorliegen, definitionsgemäß auf sie.

Die Funktion `grep` gibt die Liste von Elementen zurück, für die der Codeblock während des Bearbeitungsvorgangs einen wahren Wert[8] zurücklieferte.

Die `map`-Funktion arbeitet ähnlich, nur daß sie eine Liste zurückliefert, deren Elemente den Rückgabewerten des Codeblocks auf alle ursprünglichen Listenelemente entsprechen. `map` »transformiert« also eine Liste im Normalfall in eine gleich große andere[9], wobei der angegebene Block die Übergangsfunktion beschreibt.

Während also

```
@list = (1, 2, 4, 5);

@part = grep { $_ < 5; } @list;      # Liefert alle Listenelemente, die
                                     # kleiner als 5 sind.
```

in `@part` die Liste

```
(1,2,4)
```

---

[8] Nicht `undef`, `0` oder der Leerstring.

[9] Da die für jedes Element ausgeführten Anweisungen auch Listen zurückliefern dürfen, kann die Größe der Ergebnisliste auch die der ursprünglichen übersteigen.

ablegt, erzeugt

```
@list = (1, 2, 4, 5);

$max = 3;
                        # Maximalen Elementwert der Ergebnis-
                        # liste auf $max beschränken
@part = map { $_ > $max ? $max : $_ } @list;
```

das Ergebnis

```
(1,2,3,3)
```

Die Konstruktion `Bedingung ? a : b` ist der Programmiersprache C entliehen und liefert `a`, falls die angegebene Bedingung erfüllt ist, und andernfalls `b`.

Die mit `EXPR` symbolisierten Ausdrücke in den alternativen Signaturen der Funktionen `grep` und `map` können beispielsweise Bedingungen (z. B. `$_ < 5`) oder Funktionsaufrufe (z. B. `mycheck($_)`) sein. Aber auch sogenannte »reguläre Ausdrücke« sind möglich. Bei dieser Perl-Spezialität, die in Abschnitt 1.9 ausführlich zur Sprache kommt, handelt es sich um Pattern-Matching-Operatoren, die das aktuelle Listenelement mit einem Muster vergleichen und einen wahren Wert liefern, falls dieses erkannt wurde. So liefert

```
@list = ("aber", "oder", "und");

@part = grep /e/, @list;      # Liefert alle Listenelemente, die
                              # das Zeichen "e" enthalten.
```

die Liste `("aber", "oder")` zurück.

Schleifen über Listen

Über alle Elemente einer Liste iterieren `for`- bzw. `foreach`-Schleifen. Während mit einer `foreach`-Schleife ein Schleifenparameter einhergeht, legt die einparametrige `for`-Schleife den aktuellen Wert des Schleifenparameters in der Allerwelts-Variablen `$_` ab:

```
@list = (1..5);           # Kurzform für (1,2,3,4,5)

for (@list) {
    print $_, "\n" ;      # Aktuelles Element: $_
}
```

```
foreach $i (@list) {
    print $i, "\n" ;      # Aktuelles Element: $i
}
```

Alternativ dazu kann auch mit einer »konventionellen« `for`-Schleife über die Indizes der Listenelemente iteriert werden:

```
                          # Schleife über Listen-Indizes
for($i=0; $i<=$#list; $i++) {
    print $list[$i], "\n";
}
```

Schleifenkontrolle

Um in den normalen Schleifenablauf einzugreifen, bietet Perl die Anweisungen `next`, `redo` und `last`. Der Befehl `next` bricht den aktuellen Schleifendurchlauf ab, um mit dem nächsten Wert der Schleifenvariable fortzufahren. `redo` hingegen führt noch einen Durchlauf bei gleicher Schleifenvariable aus. `last` bricht die Schleife vollständig ab.

Entsprechend diesen Ausführungen erzeugt das Skript

```
foreach $i (1..3) {
    next if $i == 1;    # i==1 überspringen
    last if $i == 3;    # Bei i==3 abbrechen

    print "$i\n";

                        # Bei i==2 wiederholen, aber nur
                        # einmal
    redo if $i == 2 && ! $count++;
}
```

die Ausgabe

```
2
2
```

Den ersten Schleifendurchlauf beendet die `next`-Anweisung frühzeitig, während der `redo`-Befehl für `$i == 2` die gezeigte Ausgabe erzeugt. Für `$i == 3` beendet ein `last` die Schleifenbearbeitung, noch bevor es zu einer weiteren Ausgabe kommt.

`next`, `redo` und `last` beziehen sich normalerweise auf die aktuelle Schleife. Zur Steuerung verschachtelter Strukturen dürfen Schleifen-Labels definiert werden:

```
aussen:foreach $i (1..5) {
    for($j=1; $j<=5; $j++) {
        print "$i $j\n";
        last aussen if $i == 1 && $j == 4;
    }
}
```

Im Beispiel wird die äußere Schleife mit dem Label `aussen` bezeichnet. Die Anweisung »`last aussen`« im Körper der inneren Schleife bricht so sämtliche Schleifendurchgänge auf einmal ab.

Mehrdimensionale Arrays

Perl-Arrays eignen sich auch für mehrdimensionale Anwendungen. Wie in C setzt

```
$field[4][7] = 13;            # Zweidimensionales Feld
```

den Wert eines Matrix-Punktes oder

```
$space[2][3][1] = "Wert";     # Dreidimensionales Feld
```

einen Punkt in einem dreidimensionalen Feld. Perl erlaubt das Anlegen von Feldern mit beliebigen Dimensionen ohne vorherige Deklaration – die notwendigen Speicherstrukturen entstehen einfach bei Bedarf.

Listen und Strings

Die Elemente einer Liste baut der `join`-Befehl zu einem String zusammen. Als ersten Parameter erwartet er einen String, der die einzelnen Listeneinträge im Ergebnisstring voneinander abgrenzt. Mit dem Newline-Zeichen als Trenner ergibt

```
@list = ("Eins", "Zwei", "Drei");  # Liste erzeugen
$string = join("\n", @list);       # Einträge verketten
print $string, "\n";               # ... und ausgeben
```

die Ausgabe

```
Eins
Zwei
Drei
```

Umgekehrt sind auch Strings leicht in Listen zu verwandeln. Die `split`-Funktion nimmt als Feldtrenner einen regulären Ausdruck, ein in Abschnitt 1.9 vorgestelltes Suchmuster, entgegen. Die Konstruktion

```
@list = split(/\n/, $string);     # Zeilen -> Listenelemente
```

wandelt den vorher erzeugten mehrzeiligen String wieder in eine Liste zurück.

Da Perl die Werte eines Arrays innerhalb doppelter Anführungszeichen selbständig expandiert, gibt

```
print "@list\n";     # Listenelemente mit trennenden Leerzeichen
```

alle Listenelemente einschließlich trennender Leerzeichen aus. Da die Funktion `print` ihre Argumente im Normalfall ohne Leerzeichen verarbeitet, veranlaßt

```
print @list, "\n";  # Listenelemente ohne trennende Leerzeichen
```

die Ausgabe der Listenelemente *ohne* trennende Leerzeichen.

1.3.3 Assoziative Arrays

Der assoziative Array, kurz *Hash* genannt, ist eine Speicherstruktur, die Key-Value-Datenpaare effizient verwaltet. Es handelt sich um Arrays, deren Elemente nicht mit Indexnummern, sondern über beliebige Zeichenketten adressiert werden.

%hash	
key1	value1
key2	value2
...	...

Abbildung 1.2: Key-Value-Paare in einem Hash

Der Header einer *E-Mail* besteht zum Beispiel aus einer Reihe von Zeilen, die nach einem einleitendem Schlüsselwort (z. B. `Date:`) eine zugehörige Information beinhalten:

```
Date: Fri, 12 Jul 96 16:25:18 +0200
From: scx@softlab.de
To: gates@microsoft.com
Subject: Re: Newbie Unix Question
Status: RO
```

Nun wäre es sehr praktisch, die Zeilen einzulesen und so abzuspeichern, daß eine (Beispiel-)Funktion `hashme` mit dem Schlüsselwort als Argument den zugehörigen Wert zurückgäbe:

```
$value = hashme('Date:');
```

würde so den String `"Fri, 12 Jul 96 16:25:18 +0200"` liefern. Perl bietet die Funktionalität von *hashme* über einen eigenen Datentyp, den Hash, an. Die Zuweisung

```
$mailheader{'Date:'} = 'Fri, 12 Jul 96 16:25:18 +0200';
```

legt einen Hash mit dem Namen `mailheader` an (falls dieser nicht schon existiert) und speichert unter dem Schlüssel `'Date:'` den angegebenen Datumsstring ab. Ein Aufruf von

```
$value = $mailheader{'Date:'};
```

extrahiert den gespeicherten Wert wieder aus dem Hash und weist ihn dem Skalar `$value` zu. Der Hash selbst wird durch `%mailheader` identifiziert.

Um über alle Einträge des Hashes zu iterieren, extrahiert man mit dem folgenden Konstrukt zunächst alle Schlüssel des Hashes und greift anschließend auf die zugehörigen Werte zu:

```
foreach $key (keys %mailheader) {     # Über Keys iterieren
    $value = $mailheader{$key};       # Value ermitteln
    print "Schlüssel: $key  Wert: $value\n";
}
```

Die `keys`-Funktion liefert sämtliche Keys des Hashes als Array zurück. Die Schleifenvariable `$key` enthält jeweils den aktuellen Hash-Key.

Umgekehrt liefert die Funktion `values` alle *Werte* eines Hashes zurück. Da es jedoch keine Mögichkeit gibt, von einem Hash-Value zu dessen Key zu gelangen, und der Inhalt eines Hashes meist nur in Key-Value-Form interessiert, hat `values` nur eine untergeordnete Bedeutung. Häufiger sieht man hingegen den Iterator `each`, der sich schrittweise durch einen spezifizierten Hash hangelt und bei jedem Aufruf ein weiteres Key-Value-Paar liefert. Am Ende des Hashes angelangt, gibt `each` den Wert `0` zurück, so daß auch

```
while (($key, $value) = each %mailheader) {
    print "Schlüssel: $key  Wert: $value\n";
}
```

die Hashdaten in der für Hash-Iteratoren typischen, scheinbar zufälligen Reihenfolge ausgibt.

Ob zu einem vorgegebenen Key im Hash ein passender Value existiert, stellt die Funktion `exists` fest. Ein definiertes Key-Value-Paar im Hash löscht die Anweisung `delete`:

```
if(exists($mailheader{'Date:'})) {         # Abfragen
    delete($mailheader{'Date:'});           # Löschen
}
```

Obwohl Listen und Hashes gänzlich unterschiedliche Zugriffsmethoden unterstützen, lassen sich die in ihnen enthaltenen Daten leicht von der einen in die andere Struktur konvertieren. Eine Liste mit einer geraden Anzahl von Elementen initialisiert problemlos einen Hash:

```
%hash = ("key1" => "val1", "key2" => "val2");
```

Der Operator `=>` ersetzt lediglich ein Komma und dient der besseren optischen Strukturierung der Key-Value-Paare. Der Ausdruck

```
print "Hashinhalt: @{[%hash]} \n";
```

gibt die Daten des Hashes wie die einer Liste durch Leerzeichen getrennt aus[10].

Variablennamen für Skalare, Listen und Hashes behandelt Perl voneinander getrennt. So dürfen beispielsweise ein Skalar `$name`, eine Liste `@name` und ein Hash `%name` problemlos koexistieren, ohne daß es zu Konflikten käme.

---

[10] Dieses Konstrukt evaluiert den Hash in einem Array-Kontext (Abschnitt 1.3.6) und interpoliert die Elemente, durch Leerzeichen getrennt, in den String. Die Konstrukte `[...]` bzw. `@{...}` werden in den Abschnitten 1.3.5 bzw. 1.3.7 besprochen.

1.3.4 Funktionen, Packages und Module

Wie bereits im vorhergehenden Abschnitt erläutert, besteht Perl auf einer sehr eigenwilligen Art der Parameterübergabe an Unterfunktionen.

Das folgende Codefragment zeigt Beispiele, wie die benutzerdefinierte Funktion `func` an jeder Stelle eines Skripts mit und ohne Parametern aufgerufen werden kann:

```
func();                 # Aufruf ohne Parameter
&func;                  #
&func();                #

func($par1, $par2);     # Aufruf mit Parametern
&func($par1, $par2);    #
```

Nach der Funktionsdefinition oder einer Prototype-Deklaration (siehe Abschnitt 1.16.4) sind auch folgende Konstrukte möglich:

```
sub func {              # Definition
    # ...
}
                        # Folgende Aufrufe nur _nach_
                        # Definition oder Prototype!
func;                   # Aufruf ohne Parameter
func $par1, $par2;      # Aufruf mit Parametern
```

Die typische Definition einer Subroutine zeigt folgender Code:

```
sub func {
    my ($var1, $var2) = @_;

    # ...

    return 1;
}
```

Die Werte der übergebenen Parameter liegen in Subroutinen stets in einem Array mit dem reservierten Namen »`@_`« bereit. Perl arbeitet üblicherweise nach dem *Call-by-Value*-Prinzip[11].

Die erste Zeile des obigen Listings weist den Skalaren `$var1` und `$var2` die ersten beiden Elemente der Liste `@_` zu. Der vorangestellte Operator `my` bewirkt, daß die

---

[11] Ausführungen zu dem Prinzip *Call-by-Reference* finden sich in Abschnitt 1.3.5.

Variablen nur innerhalb der jeweiligen Funktion gültig sind, während sie sonst an allen Stellen des Skripts präsent wären.

Die Perl-Default-Einstellung, daß alle definierten Variablen automatisch global gültig sind, widerspricht allgemeinen Erkenntnissen über strukturierte Programmierung. Eine leichtfertig global belassene Schleifenvariable `$i` beeinflußt eventuell den Schleifenablauf in einer anderen Subroutine, die ebenfalls `$i` zur Schleifensteuerung verwendet. Deshalb sollte der Gültigkeitsbereich nur lokal benötigter Variablen stets manuell mit dem `my`-Operator auf »lokalen Scope« begrenzt sein[12].

Wird die oben definierte Funktion `func` mit mehr als zwei Parametern, also z. B. über

```
func(1, 2, "drei", "vier");
```

aufgerufen, fallen die überschüssigen Parameter einfach unter den Tisch – sie sind zwar in `@_` vorhanden, werden aber von dort nicht abgeholt. Findet der Aufruf hingegen mit nur einem Parameter statt, wird dessen Wert `$var1` zugewiesen, während `$var2` uninitialisiert bleibt, also den Wert `undef` enthält.

Funktionen, die Schnittstellen für fremde Programmierer bereitstellen (APIs), sollten von sich aus eine Überprüfung von Anzahl und Art der empfangenen Variablen vornehmen. Dies läßt sich beispielsweise folgendermaßen bewerkstelligen:

```
sub func {
    my $var1 = shift;          # Parameter entgegennehmen

                               # Mit null Parametern aufgerufen?
    return 0 unless defined $var1;

    if($#_ > 0) {              # Mehr als ein Parameter?
        print "Was soll ich mit so vielen Parametern?\n";
    }

    # ...
    return 1;                  # Wert zurückliefern
}
```

Das obige Listing zeigt eine zweite, sehr populäre Art, Perl-Parameter in Unterfunktionen aus der Übergabeliste `@_` zu holen: Die `shift`-Funktion, die das erste Element einer Liste entfernt und zurückliefert, greift innerhalb von Subroutinen, falls kein anderer Parameter angegeben ist, auf die Liste `@_` zu.

---

[12] Abschnitt 1.16.1 zeigt ein Verfahren, Perl zu einer Warnung zu veranlassen, falls Variablen ohne weitere Angaben global belassen werden.

Die danach folgenden Zeilen testen, ob weniger oder mehr Parameter als der gewünschte *eine* übergeben wurden. Ausgefeiltere Methoden der Parameterüberprüfung bietet Perl mit der Prototyping-Syntax an, die in Abschnitt 1.16.4 besprochen wird.

Den Rückgabewert einer Funktion legt die `return`-Anweisung fest. Eine erfolgreich beendete Perl-Subroutine liefert konventionsgemäß einen Wert ungleich Null zurück, während der Rückgabewert Null auf einen Fehler hinweist. Ist keine `return`-Anweisung vorhanden, bestimmt die letzte Anweisung einer Subroutine deren Rückgabewert:

```
sub logic_and {
    $_[0] && $_[1];      # Logisches 'Und' über beide
}                        # Eingangsparameter
```

Die Funktion `logic_and` gibt so den Wert ihrer mit dem logischen Und-Operator verknüpften Eingangsparameter zurück (ja, auch der Indexnummern-Zugriff auf den Parameter-Array `@_` ist möglich!). So liefert `logic_and(1,0)` den Wert `0` zurück, `logic_and(1,1)` hingegen den Wert `1`.

Die Übergabe von Listen oder Hashes *per value* mündet in langen Parameterlisten, die Skalare enthalten. So ergeben die Anweisungen

```
@mylist = (1, 2);             # Liste initialisieren
$myhash{'key'} = 'value';     # Hash initialisieren

func(@mylist, %myhash);       # Liste und Hash and func() übergeben
```

in der Subroutine `func` einen Parameter-Array `@_` mit folgendem Inhalt:

```
(1, 2, 'key', 'value')        # Inhalt von @_
```

Die Unterfunktion kann folglich gar nicht mehr feststellen, wo die übergebene Liste endet und der Hash beginnt. Zur Übergabe von Arrays oder Hashes ist darum das *Call-by-Reference*-Verfahren vorzuziehen, welches in Abschnitt 1.3.5 zur Sprache kommt.

Packages

Ein Package ist ein abgeschlossener Namensraum für Variablen und Funktionen. Während zwei Funktionen gleichen Namens normalerweise zu Kollisionen führen, richten sie keinen Schaden an, falls sie durch das `package`-Konstrukt in verschiedene Räume gekapselt werden.

Listing `package.pl` zeigt die Definition zweier Packages `Sample1` und `Sample2` und den Aufruf der Funktion `func` aus Package `Sample2`. Der erste Aufruf, der ohne vorangestellten Packagenamen auskommt, spezifiziert die Funktion im aktuellen Package `Sample2`, während die nachfolgenden *Fully-qualified*-Aufrufe (»`Package::Funktion`«-Syntax) explizite Angaben machen.

package.pl

```
#!/usr/bin/perl -w

package Sample1;              # 1. Package

sub func {                        # Funktion Sample1::func
    print "sample1\n";
}

package Sample2;              # 2. Package

sub func {                        # Funktion Sample2::func
    print "sample2\n";
}


func();             # Ruft implizit Sample2::func();

Sample1::func();    # Fully-Qualified-Notation
Sample2::func();    # Fully-Qualified-Notation
```

package.pl

Die `package`-Konstrukte beeinflussen nicht nur Funktions- sondern auch Variablennamen. Eine globale Variable `$var` im Package `Sample1` wäre von Package `Sample2` aus unsichtbar – es sei denn, sie würde über

```
$Sample1::var
```

spezifiziert.

Auch ohne Angabe einer Package-Definition greift dieser Mechanismus: Das Default-Package hört auf den Namen `main`. Ein »*Howdy, world!*« ließe sich umständlich auch so formulieren:

```
package main;                      # Hauptprogramm: Package main

CORE::print("Howdy, World!\n");   # print-Funktion aus dem CORE-Package
```

Da das Perl-Hauptprogramm stets (implizit) im Package `main` steht, ist eine Variable `$i`, die dort definiert ist, von überall her über `$main::i` zugreifbar – auch wenn kein »`package main;`«-Konstrukt explizit den Anfang markiert.

Die Aufrufe `print` und `CORE::print` bewirken im Normalfall das gleiche: Die Funktion `print` aus Perls `CORE`-Package wird ausgeführt.

Module

Größere Entwicklungsprojekte erfordern es manchmal, Code in verschiedene Dateien auszulagern. Perl unterstützt dieses Verfahren mit seinem Modul-Mechanismus. Ein Perl-Modul ist eine Datei mit der Endung `.pm` (z. B. `Example.pm`), deren Inhalt nach dem Aufruf von

```
use Example;
```

vom Hauptprogramm aus zugänglich ist. Die Anweisung veranlaßt den Perl-Interpreter, in allen ihm bekannten Include-Pfaden[13] nach einer Datei namens `Example.pm` zu suchen. Sie muß die entsprechende Package-Definition, im Beispiel `package Example`, enthalten.

Auch die hierarchische Schachtelung von Modulen ist möglich: So sucht die Anweisung

```
use Net::FTP;
```

nach einer Modul-Datei namens `FTP.pm` in einem Verzeichnis mit dem Namen `Net`, das in einem der Include-Pfade liegt. Abbildung 1.3 veranschaulicht das Verfahren noch einmal.

Den typischen Aufbau eines Moduls zeigt Listing `Example.pm`:

Example.pm

```
package Example;

sub func {
    # ...
}

# ...

1;
```

Example.pm

[13] Der vordefinierte Array `@INC` enthält die Include-Pfade als Strings und läßt sich erweitern.

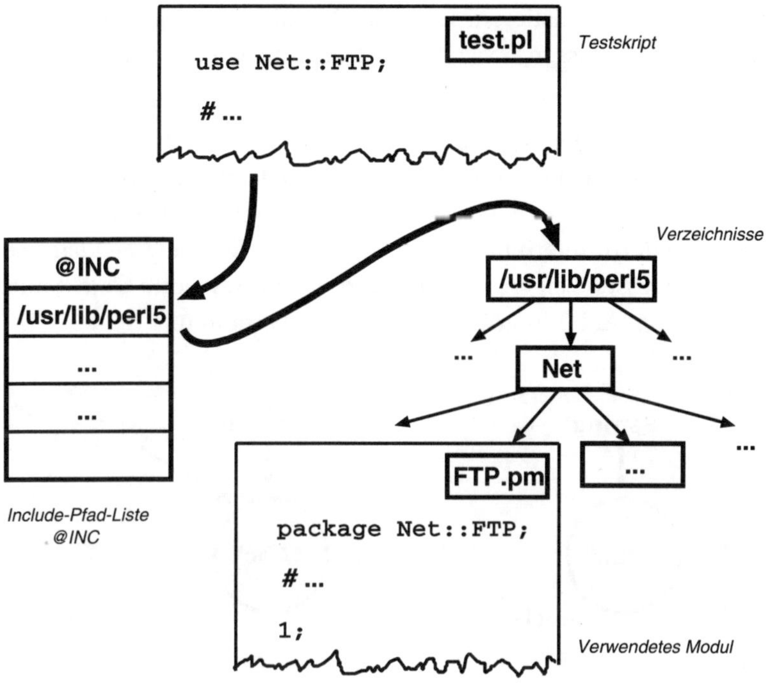

Abbildung 1.3: Die Anweisung `use Net::FTP` *löst eine Suche nach dem Modul* `FTP.pm` *im Verzeichnis* `Net` *aus, welches sich wiederum unterhalb eines der Directories des* `@INC`*-Arrays befindet.*

Die Anweisung `use Example` liest nicht nur alle im Modul `Example.pm` stehenden Package- und Subroutinendefinitionen ein, sondern führt dort auch Befehle aus, die außerhalb von Subroutinen-Definitionen stehen. Der `use`-Befehl erwartet, daß das Modul einen »wahren« Wert zurückliefert, deshalb steht am Ende eines Moduls meist die Anweisung »`1;`«.

1.3.5 Referenzen

Perl 5 wartet gegenüber früheren Versionen mit einem völlig neuen Konzept auf: Referenzen auf Datentypen.

Eine Variable kann so nicht nur über ihren Namen angesprochen werden, sondern über eine beliebige Anzahl von »intelligenten« Zeigern, die auf sie verweisen. Referenzen unterscheiden sich von normalen Pointern, wie sie z. B. C zur Verfügung stellt, dadurch, daß das Programm intern mitzählt, wie viele Referenzen zu jeder

Zeit für eine Variable existieren. Geht die Variable *Out of Scope*, d.h. wird ihr Gültigkeitsbereich verlassen, existiert sie trotzdem weiter, solange noch gültige Referenzen auf sie verweisen.

Sinkt die Anzahl der Referenzen auf eine Variable auf Null, wird sie offensichtlich von niemandem mehr benötigt, und der von ihr belegte Speicherplatz kann ohne Probleme freigegeben werden. Dieses Verfahren räumt nicht nur automatisch den Speicher auf, sondern unterbindet auch sogenannte *Dangling Pointers*, Zeiger, die auf ungültige Adressen zeigen, weil das dort einst lokalisierte Objekt mittlerweile nicht mehr existiert. Abbildung 1.4 illustriert das Verfahren.

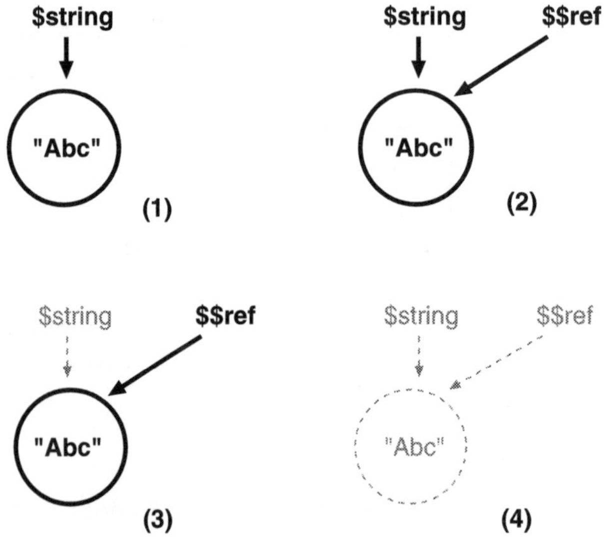

Abbildung 1.4: (1) Die Variable `$string` *enthält die Zeichenkette* `"Abc"`. *(2) Die Referenz* `$ref` *verweist zusätzlich auf den Inhalt der Variablen. (3)* `$string` *wird ungültig. Da noch eine Referenz auf sie existiert, bleibt die Variable erhalten. (4)* `$ref` *wird ebenfalls ungültig – die Variable verschwindet.*

Perl 5 bietet den Referenzmechanismus für alle seine Datentypen an: Auf Skalare, Arrays, Hashs und sogar Funktionen darf mit Referenzen verwiesen werden.

So legt die Zuweisung

```
$scalarref = \$scalar;
```

eine Referenz des Skalars `$scalar` in der Variable `$scalarref` ab. `$scalarref` sieht zwar nach außen hin wie ein Skalar aus, ist aber in Wirklichkeit eine Referenz. Der Zugriff auf `$scalar` kann nun einmal über das Original mit

```
$value = $scalar;           # Zuweisung über das Original
```

oder aber über die dereferenzierte Referenz mit

```
$value = $$scalarref;       # oder
$value = ${$scalarref};
```

erfolgen.

Wichtig zu wissen ist außerdem, daß Perl niemals »magisch« von der Referenz auf den referenzierten Datentyp schließt, sondern darauf vertraut, daß dieser aus dem dereferenzierenden Code hervorgeht. So wird eine Referenz auf eine Variable vom Typ Hash mit

```
$hashref = \%myhash;
```

gesetzt. Der Zugriff auf den Hash `%myhash` erfolgt nun entweder über das Original mit

```
$myhash{"KEY"} = "VALUE";       # Hash-Belegung
```

oder äquivalent über die Dereferenzierung der vorher definierten Referenz mittels

```
$$hashref{"KEY"} = "VALUE";     # Hash-Belegung über Hashreferenz
```

oder

```
${$hashref}{"KEY"} = "VALUE";   # Hash-Belegung über Hashreferenz
```

oder auch, ganz neu in Perl 5, als – wie es in den Manual-Pages [per95] heißt – »syntaktisches Zuckerl« mit

```
$hashref->{"KEY"} = "VALUE";    # Hash-Belegung über Hashreferenz
```

Tabelle 1.1 faßt noch einmal die gesamte Referenzen-Notation für alle möglichen Datentypen zusammen.

`$scalarref`	=	`\$scalar;`	Skalar → Skalarreferenz
`$scalar`	=	`$$scalarref;`	Skalarreferenz → Skalar
`$scalar`	=	`${$scalarref};`	dto.
`$arrayref`	=	`\@array;`	Array → Arrayreferenz
`@array`	=	`@$arrayref;`	Arrayreferenz → Array
`@array`	=	`@{$arrayref}`	dto.
`$element`	=	`${$arrayref}[2];`	Arrayreferenz → Element
`$element`	=	`$arrayref->[2];`	dto.
`$hashref`	=	`\%hash;`	Hash → Hashreferenz
`%hash`	=	`%$hashref;`	Hashreferenz → Hash
`%hash`	=	`%{$hashref};`	dto.
`$value`	=	`${$hashref}{"key"};`	Hashreferenz → Value
`$value`	=	`$hashref->{"key"};`	dto.
`$funcref`	=	`\&func;`	Funktion → Funktionsreferenz
`&$funcref;`			Funktionsreferenz → Aufruf
`&$funcref();`			dto.

Tabelle 1.1: Arbeiten mit Referenzen

Call by Reference

Die Parameterübergabe an Unterfunktionen erfolgt bei Listen oder Hashes am performantesten *per Reference*. Auch Subroutinen können nach diesem Verfahren übergeben werden.

Die Beispielfunktion `func`, die eine Listenreferenz, eine Hashreferenz und eine Subroutinenreferenz als Parameter entgegennimmt, wird folgendermaßen aufgerufen:

```
func(\@alist, \%ahash, \&asub);
```

Die Implementierung der Funktion `func` könnte so aussehen:

```
sub func {
    my ($listref, $hashref, $subref) = @_;

    my @alist = @$listref;      # Liste kopieren
    my %ahash = %$hashref;      # Hash kopieren

    # ...

    &$subref();                 # Subroutine aufrufen
}
```

Skalar oder Referenz?

Ob eine Variable `$var` einen skalaren Wert oder eine Referenz beinhaltet, kann mit Hilfe der Funktion `ref` festgestellt werden: Für Skalare liefert dieser einen Leerstring, während er für Hashreferenzen `"HASH"`, Arrayreferenzen `"ARRAY"`, Funktionsreferenzen `"CODE"`, Skalarreferenzen `"SCALAR"` und für Referenzen auf Referenzen `"REF"` zurückgibt. Die wahre Identität von `$var` bringen also folgende Zeilen an den Tag:

```
if(!ref($var)) {
    print "var ist ein gewöhnlicher Skalar\n";
} else {
    print "var ist eine Referenz vom Typ ", ref($var), "\n";
}
```

Listing `ref.pl` zeigt noch ein Beispielskript, das Daten aller Standardtypen initialisiert und Referenzen darauf definiert. Mit dem `ref`-Operator analysiert es anschließend die hinter den Referenzen verborgenen Datentypen, dereferenziert sie und gibt ihre Werte aus.

ref.pl

```
#!/usr/bin/perl -w

                                        # Definieren von ...
$scalar      = "SCALAR_VALUE";          # Skalar
$hash{"KEY"} = "HASH_VALUE";            # Hash
@array       = ("ARRAY_VALUE");         # Array

                                        # Referenz auf ...
$scalar_ref    = \$scalar;              # Skalar
```

```
$array_ref      = \@array;                        # Array
$hash_ref       = \%hash;                         # Hash
$code_ref       = sub { "RETCODE" };              # Code
$scalar_ref_ref = \$scalar_ref;                   # Referenz

print "Datentypen: ",                             # Typen ermitteln
      ref($scalar_ref), " ",
      ref($array_ref), " ",
      ref($hash_ref), " ",
      ref($code_ref), " ",
      ref($scalar_ref_ref), "\n";
                                                  # Dereferenzierte ...
print "Werte:      ",
      $$scalar_ref,         " ",                  # Skalarreferenz
      @$array_ref,          " ",                  # Arrayreferenz
      %$hash_ref,           " ",                  # Hashreferenz
      &$code_ref,           " ",                  # Codereferenz
      $$$scalar_ref_ref,    "\n";                 # Referenz auf
                                                  # Skalarreferenz
```

ref.pl

Die Ausgabe von `ref.pl` lautet schließlich:

```
Datentypen: SCALAR ARRAY HASH CODE REF
Werte:      SCALAR_VALUE ARRAY_VALUE KEYHASH_VALUE RETCODE SCALAR_VALUE
```

1.3.6 Kontext

Perl-Funktionen können unterscheiden, welche Rückgabewerte von ihnen erwartet werden. Die Anweisungen

```
$a = func();        # Skalarer Kontext
@a = func();        # Array-Kontext
```

unterscheiden sich dadurch, daß die Funktion `func` einmal einen Skalar und einmal eine Liste zurückliefern soll. Der Subroutine `func` ist der »Kontext«, in welchem sie aufgerufen wird, bekannt, sie hat also die Möglichkeit, in den beiden Fällen völlig unterschiedlich zu reagieren.

Diese Information über Skalar- und Array-Kontext nutzen auch manche internen Perl-Funktionen aus – und sorgen so leider auf den ersten Blick für Verwirrung.

Beispielsweise liest

```
$line = <FILE>;          # Skalar-Kontext
```

eine einzige Zeile über den File-Deskriptor `FILE` ein[14], während

```
@file = <FILE>;          # Array-Kontext
```

so lange weiterliest, bis das Ende des Datenstroms erreicht ist. Wie nun »weiß« eine Unterfunktion, in welchem Kontext sie aufgerufen wurde?

Zu diesem Zweck stellt Perl die Funktion `wantarray` zur Verfügung, die einen wahren Wert zurückliefert, falls ein Array-Kontext vorliegt.

```
sub func {
    if(wantarray) {
        print "Array-Kontext\n";     # Array-Kontext diagnostiziert
    } else {
        print "Skalar-Kontext\n";    # Skalarer Kontext diagnostiziert
    }
}
```

Verwirrung entsteht besonders dann, wenn der Kontext, in dem eine Funktion aufgerufen wird, nicht ganz offensichtlich ist. Die Funktion `localtime` beispielsweise, die in skalarem Kontext das aktuelle Datum und die Uhrzeit im UNIX-üblichen Format ausgibt und in einem Array-Kontext eine Liste mit Einzelwerten zurückliefert[15], verhält sich in der Anweisung

```
print "Datum: ", localtime(), "\n";
```

etwas merkwürdig, denn die Ausgabe lautet

```
Datum: 4737111689612591
```

Was ist passiert? Perl interpretiert den Aufruf von `localtime` im Array-Kontext! `localtime` liefert die Liste `($sec, $min, $hour ...)`, und die Funktion `print` gibt anschließend die Einzelwerte ohne Leerzeichen nacheinander aus (47 Sekunden, 37 Minuten, 11 Uhr ...). Der Operator `scalar` erzwingt hingegen den skalaren Kontext. So liefert

```
print "Datum: ", scalar localtime(), "\n";
```

---

14 Das Einlesen von Dateien wird detailliert in Abschnitt 1.6 abgehandelt.

15 Die exakte Signatur von `localtime` erläutert Abschnitt 1.12.

die korrekte Ausgabe

```
Datum: Mon Sep 16 11:37:47 1996
```

Der umgekehrte Fall, daß ein Aufruf in skalarem Kontext steht, aber ein Array-Kontext notwendig wäre, kommt manchmal in Here-Dokumenten (siehe 1.8) vor, und läßt sich mit dem Konstrukt

```
@{[func()]}        # erzwingt Array-Kontext für Funktion func()
```

erreichen. Die Funktion dieses schon auf Seite 17 bei der Interpolation von Listen in Strings verwendeten Konstrukts wird am Ende von Abschnitt 1.3.7 auf Seite 31 erklärt.

1.3.7 Anonyme Variablen

Ein gängiges Verfahren in Perl ist es, in einer Funktion eine »sterbliche« Variable[16] eines bestimmten Typs zu erzeugen und eine Referenz darauf zurückzugeben[17]. Die nachfolgend gezeigte Funktion `ret_listref` legt eine *lokale* Liste `@mylist` mit Inhalt an und gibt eine Listenreferenz zurück:

```
sub ret_listref {
                                # Liste als 'sterbliche'
                                # Variable erzeugen
    my @mylist = (1, "zwei", 3);

    return \@mylist;            # Listenreferenz zurückgeben
}
```

Auch wenn der Name `mylist` nach Abschluß der Funktion `ret_listref` nicht mehr gilt, ist doch der Inhalt der Liste weiterhin über die zurückgelieferte Referenz zugänglich. Solange im Hauptprogramm

```
$listref = ret_listref();       # Liste anlegen

foreach $i (@$listref) {        # Listenelemente ausgeben
   print "Element: $i\n";
}
```

---

16 »my«-Variablen verlieren nach Abschluß einer Funktion ihre Gültigkeit.

17 Besonders die objektorientierte Programmierung in Perl (Kapitel 2) macht von diesem Verfahren Gebrauch.

die entgegengenommene Listenreferenz `$listref` existiert, bleibt die Liste gültig.

Der Name `@mylist`, unter dem die Liste angelegt wurde, spielt also in diesem Zusammenhang gar keine Rolle, genausogut hätte eine »anonyme« Liste verwendet werden können.

Das Konstrukt

```
[ 1, "zwei", 3 ]
```

erzeugt eine Liste mit den angegebenen Elementen, gibt ihr jedoch keinen Namen, sondern liefert lediglich eine Referenz darauf zurück. In puncto Eleganz wäre also

```
sub retref {
    [ 1, "zwei", 3 ];          # Anonyme Liste erzeugen
                               # und Referenz zurückreichen
}
```

der weiter oben stehenden Implementierung von `ret_listref()` vorzuziehen. Analog zur anonymen Liste entsteht der anonyme Hash mit der Anweisung

```
{ "key1" => "val1", "key2" => "val2" }
```

Der Operator => ist bedeutungsgleich mit einem Komma und strukturiert die Key-Value-Paare, die der Hash enthalten soll, übersichtlicher. Auch das {}-Konstrukt liefert eine Referenz zurück, so daß eine Funktion `ret_hashref()`, die einen Hash anlegt und eine Referenz darauf zurückgibt, sich folgendermaßen schreibt:

```
sub ret_hashref {
                                  # Anonymen Hash erzeugen
    return { "key1" => "val1", "key2" => "val2" };
}
```

Tabelle 1.2 zeigt noch einmal die Notation für anonyme Variablen.

Jetzt wird auch das schon auf den Seiten 17 und 30 vorgestellte Konstrukt `@{[func()]}` klar, das die Funktion `func` (selbst innerhalb eines Strings) im Array-Kontext ausführt und die Ergebnisliste zurückliefert: `[...]` legt eine anonyme Liste an, wobei es jedes der angegebenen Elemente (im Beispiel nur eines) im Array-Kontext interpretiert. Ein anschließender »Cast« von einer Listenreferenz auf eine Liste mit dem Konstrukt `@{...}` liefert schließlich das gewünschte Ergebnis[18].

[18] Dieses Verfahren ist leider sehr ineffizient, aber die einzige Möglichkeit, z. B. in einem String oder Here-Dokument (siehe Abschnitt 1.8) die Ausführung einer Funktion im Array-Kontext zu erzwingen.

`$scalarref = \42;` `$scalarref = \"a";`	Anonymer Skalar
`$arrayref = ["a", 3, $element];`	Anonymer Array
`$hashref = {"key1" => "val1", ... };`	Anonymer Hash
`$funcref = sub { ... };`	Anonyme Subroutine

Tabelle 1.2: Anonyme Variablen

1.4 Bedingungen und Fehlerbehandlung

Neben der der If-Bedingung im C-Stil[19]

```
if($a == 42) {                    # If-Langform
    print "a ist 42\n";           # (Klammern sind Pflicht)
} elsif ($a < 42) {
    print "a kleiner 42\n";
} else {
    print "a größer 42\n";
}
```

ist in Perl auch die Kurzform

```
print "a kleiner 42\n" if $a < 42;  # If-Kurzform
```

erlaubt. Sie findet relativ oft Anwendung, da die »Langform« – anders als in C – in jedem Fall die geschweiften Klammern erfordert. Alternativ ist auch die Abkürzung über den logischen Und-Operator möglich:

```
                                    # If-Ersatz
                                    # mit &&-Operator
$a =~ /p/ && print "a erfüllt /p/\n";
```

[19] Man beachte aber die eigenwillige `elsif`-Konstruktion statt des in C gebräuchlichen »else if«.

Der Vergleichs-Operator =~ prüft, ob ein Skalar den auf der rechten Seite stehenden regulären Ausdruck erfüllt. Das *Pattern Matching* kommt in Abschnitt 1.9 zur Sprache, die oben angegebene Bedingung prüft lediglich, ob der String `$a` das Zeichen `'p'` enthält.

Falls auf der rechten Seite einer logischen Und-Bedingung mehrere Anweisungen Platz finden sollen, sind sie in ein `do`-Konstrukt zu kapseln.

```
$a =~ /p/ && do { print "a erfüllt /p/"; print "\n"; };
```

Wie C verfügt auch Perl über den Alternativ-Operator. Mit ihm lassen sich If-then-else-Bedingungen kurz ausdrücken:

```
$max = $a > $b ? $a : $b;      # $max = maximum($a, $b);
```

Für nichtzutreffende Bedingungen ist das `unless`-Konstrukt zuständig. Es wird äquivalent zum `if`-Konstrukt eingesetzt und erlangt vor allem in der Kurzform Bedeutung:

```
                                    # Unless-Kurzform
print "$file ist keine Datei\n" unless -f $file;
```

Falls `$file` keinen Namen einer existierenden Datei enthält, gibt dieses Codefragment die entsprechende Meldung aus, da der Operator `-f` einen wahren Wert liefert, falls der nachfolgende String eine »normale« Datei (kein Verzeichnis) repräsentiert. Eine Liste aller gebräuchlichen Datei-Operatoren findet sich in Abschnitt 1.7.

Liefert eine Unterfunktion einen Fehlerwert zurück, macht dies meist eine sofortige Fehlerbehandlung notwendig. In Perl steuert das logische »Oder« üblicherweise diesen Vorgang:

```
                                    # Unless-Ersatz
                                    # mit ||-Operator
open(FILE, ">$file") || die("Cannot open $file!");
```

Schlägt der `open`-Befehl fehl, führt das Skript die Funktion `die` aus, welche eine Fehlermeldung ausgibt und anschließend das Programm abbricht.

Fehlgeschlagene Funktionen liefern laut Perl-Konvention entweder den Wert `0`, einen Leerstring oder den Wert `undef` zurück. Den erfolgreichen Ablauf einer Funktion signalisiert ein »wahrer« Rückgabewert, in den meisten Fällen »`1`«.

1.5 Operatoren

Perl wartet mit dem gesamten Arsenal der C-Operatoren auf. Durch die besonderen Eigenschaften von Perl-Skalaren, die gleichzeitig Strings und numerische Werte enthalten können, ist jedoch noch zusätzliche Syntax notwendig.

Der Vergleich zweier Skalare `$a` und `$b` findet mit den Operatoren

```
== < <= > >=
```

auf numerischer Ebene statt, während

```
eq lt le gt ge
```

die alphanumerischen Eigenschaften kontrollieren.

Des weiteren existiert ein die C-Funktion `strcmp` simulierender Operator: `cmp`. Der Ausdruck

```
$a cmp $b
```

liefert `-1`, falls `$a` im Alphabet *vor* `$b` liegt, `0`, falls `$a` und `$b` gleich sind, und `1`, falls `$b` alphanumerisch größer als `$a` ist. Enthalten `$a` und `$b` hingegen numerische Werte, muß der Vergleich mit

```
$a <=> $b
```

durchgeführt werden. Der sogenannte »Spaceship«-Operator würde auf `"5" <=> "10"` das korrekte Ergebnis `-1` liefern, während `cmp` mit `1` zumindest numerisch falsch läge.

Die Funktion `sort` sortiert einen Array nach definierbaren Kriterien. Hierzu nimmt sie neben dem Array optional auch noch einen Codeblock entgegen, der die Einzelelemente miteinander vergleicht. Im Codeblock sind die zwei zu vergleichenden Werte auf wundersame Weise in den Skalaren `$a` und `$b` verfügbar. Ohne Angabe einer Routine wie in

```
sort @list
```

verwendet `sort` die Default-Funktion `{ $a cmp $b }`, die zwei Elemente `$a` und `$b` alphanumerisch vergleicht. Für einen numerischen Vergleich hingegen ist der folgende Aufruf notwendig:

```
sort {$a <=> $b} @list
```

Die Sortierung in absteigender Reihefolge läßt sich entsprechend mit

```
sort {$b <=> $a} @list
```

erreichen oder aber über die Funktion `reverse`, die eine Liste umkehrt:

```
reverse sort {$a <=> $b} @list
```

Tabelle 1.3 faßt noch einmal die wichtigsten Perl-Operatoren zusammen.

`+ - * /`	Addition, Subtraktion, Multiplikation, Division
`** % ++ --`	Potenzierung, Modulo, Inkrement / Dekrement
`& | ^ << >>`	Bitweises Und / Oder / EXOR, Shift Links / Rechts
`~`	Bitkomplement
`.`	Verknüpfung zweier Strings
`&& ||`	Logisches Und / Oder
`!`	Logische Negation
`? :`	Alternativoperator
`..`	Bereichs-Operator (1..3) = (1,2,3)
`, =>`	Listentrenner (beide sind äquivalent)
`== eq != ne`	Gleichheit / Ungleichheit Numerisch / String
`< lt > gt`	Kleiner / Größer Numerisch / String
`<= le >= ge`	Kleiner- / Größer-Gleich Numerisch / String
`<=> cmp`	Vergleich Numerisch / String

Tabelle 1.3: Perl-Operatoren

1.6 Zugriff auf Dateien

Wie auch in C erfolgt der Zugriff auf Dateien in Perl über File-Handles. Der `open`-Befehl öffnet den Datenzugang und gibt zur zukünftigen Identifizierung der Datenquelle bzw. -senke ein File-Handle zurück:

```
open(INFH, "<file.dat");   # Lesender Zugriff

open(OUTFH, ">file.dat");  # Schreibender Zugriff (neu anlegen
                           # oder überschreiben)
open(OUTFH, ">>file.dat"); # Schreibender Zugriff (neu anlegen
                           # oder anhängen)
```

File-Handles sind in Perl durch keinerlei Sonderzeichen gekennzeichnet, es handelt sich nicht um Skalare, sondern um eigene Datentypen.

Einige File-Handles sind schon von Programmbeginn an verfügbar:

- `STDIN`, die Standard-Eingabe
- `STDOUT`, die Standard-Ausgabe
- `STDERR`, die Standard-Fehler-Ausgabe

Das Schließen einer Datei und somit die Rückgabe des File-Handles erledigt der Befehl

```
close(FH);      # File-Handle schließen
```

1.6.1 Lesender Zugriff

Der <>-Operator holt, abhängig davon, ob ein Skalar oder eine Liste verlangt wird, eine Zeile oder alle Zeilen aus einer Datei, deren File-Handle er umschließt[20]:

```
$one_line  = <FH>;          # Holt eine Zeile aus FH
@all_lines = <FH>;          # Holt _alle_ Zeilen aus FH
```

Eine zeilenweise Bearbeitung aller Zeilen einer Datei erfolgt üblicherweise mit einem `while`-Konstrukt. Das folgende Codefragment gibt die eingelesene Datei nach `STDOUT` aus:

```
open(MYFILE, "<data1") || die "Datei 'data1' nicht lesbar";

while(<MYFILE>) {
    print $_;       # $_ enthält die aktuelle Zeile
                    # (einschließlich Newline)
}

close(MYFILE);
```

[20] Einzelheiten zum Skalar- und Arraykontext finden sich in Abschnitt 1.3.6.

Im Schleifenkörper wird über die vordefinierte Variable `$_` auf den Inhalt der aktuellen Zeile zugegriffen.

1.6.2 Schreibender Zugriff

`print`-Anweisungen verwenden ohne Angabe eines speziellen File-Handles einfach `STDOUT`. Steht nach dem Schlüsselwort `print` hingegen der File-Handle einer zum Schreiben geöffneten Datensenke (kein nachfolgendes Komma!), wird die Ausgabe in eine entsprechende Datei oder Pipe (siehe nächster Abschnitt) umgeleitet:

```
print MYOUTFILE "Text\n";
```

1.6.3 Pipes

Statt einer Datei zapft `open` bei Bedarf auch die Ein- bzw. Ausgabe eines Programms an. Dieser aus der UNIX-Shell bekannte Pipe-Mechanismus hilft, dynamisch erzeugte Daten einzulesen und weiterzubearbeiten bzw. an andere Programme weiterzuleiten.

```
open(LS, "/bin/ls |");          # Pipe lesend öffnen
open(PRINTOUT, "| /bin/lp");    # Pipe schreibend öffnen
```

Beim Lesen aus einer Pipe ist jedoch zu beachten, daß die Daten zeilenweise, einschließlich der Newline-Zeichen, eintreffen. Ein zwischengeschalteter `chop`-Befehl schneidet das letzte Zeichen jeder Zeile weg. Im folgenden Codefragment werden alle Dateien des aktuellen Verzeichnisses über den `ls`-Befehl der UNIX-Shell eingelesen und im Array `@allfiles` ablegt[21]:

```
#!/usr/bin/perl -w

open(LS, "/bin/ls |");          # Ausgabe des ls-Kommandos anzapfen

while(<LS>) {                   # Zeilenweise analysieren
    chop;                       # Newline abschneiden
    push(@allfiles, $_);        # Zeile speichern
}

close(LS);                      # Pipe schließen
```

[21] Effizientes Scannen von Directories erfolgt üblicherweise mit den Befehlen `opendir`, `readdir` und `closedir`. Hier handelt es sich nur um ein Anschauungsbeispiel.

Die Angabe eines Parameters für chop darf entfallen, da chop ohne Parameter automatisch mit der Variablen $_ arbeitet, die in der Schleife die jeweils aktuelle Zeile enthält.

Eine alternative Lösung wäre das Auslesen der Pipe im Array-Kontext: So gelangen die Zeilen einschließlich der Newlines »auf einen Rutsch« in den Array @allfiles, dessen Elemente ein nachfolgender chomp-Befehl um das letzte (Newline-)Zeichen kürzt:

```
@allfiles = <LS>;            # Alle Zeilen einlesen
chomp(@allfiles);            # Alle Newlines entfernen
```

Noch eine Besonderheit ist im Zusammenhang mit Pipes zu beachten: Auch wenn der über die Pipe angestoßene Befehl in der Shell einen Fehler auslöst, führt dies zu keinem entsprechenden Rückgabewert des open-Befehls[22]. Die die-Anweisung in

```
open(LS, "/bin/ls winword.exe |") || die "Fehler!";
```

kommt also nicht zur Ausführung, auch wenn das gestartete ls-Programm mit einem Fehler abbricht, weil die angegebene Datei gar nicht existiert. Eine Möglichkeit zur Fehlerprüfung bietet erst die close-Anweisung:

```
close(LS) || die "Fehler!";
```

Sie liefert für den Fall, daß die Ausführung der Pipe fehlschlug, einen »falschen« Rückgabewert, der im obigen Codefragment wiederum die Routine die aktiviert.

1.6.4 Benutzereingaben einlesen

Benutzereingaben vom Terminal liest Perl über den immer geöffneten File-Handle STDIN. Listing stdin.pl ringt dem Benutzer eine Antwort auf die Aufforderung »Eingabe:« ab.

---

[22] Falls Perl das angegebene Programm gar nicht ausführen kann, führt dies im warnungsaktiven Modus (-w) zur Ausgabe einer entsprechenden Meldung.

stdin.pl

```
#!/usr/bin/perl -w

print "Eingabe> ";          # Aufforderung zur Eingabe ausgeben

$word = <STDIN>;            # Eingaben entgegennehmen

chop($word);                # Abschließendes Newline entfernen

                            # Eingabe probehalber ausgeben
print "Eingabe war: $word\n";
```

stdin.pl

In skalarem Kontext liest `<STDIN>` genau eine Zeile, in einem Array-Kontext hingegen mehrere Zeilen, und zwar so lange, bis der Anwender die Tastenkombination `CTRL-D` drückt. Soll der eingegebene Text nicht auf dem Bildschirm erscheinen, weil es sich um geheime Daten (z. B. Paßwort) handelt, schaltet man unter UNIX am schnellsten das Terminal mit dem Befehl `stty -echo` in den »no-echo«-Modus. Nach erfolgreicher Eingabe ist allerdings wieder ein `stty echo` nötig, um das Terminal in den Normalzustand zurückzusetzen. Listing `pass.pl` zeigt die Realisierung des Verfahrens mit dem `system`-Befehl, der ein Shell-Kommando ausführt (siehe Abschnitt 1.11).

pass.pl

```
#!/usr/bin/perl -w

print "Unsichtbare Eingabe> ";    # Eingabeaufforderung ausgeben

system("stty -echo");             # Terminal auf no-echo setzen
$word = <STDIN>;                  # Eingabe entgegennehmen
system("stty echo");              # Terminal rücksetzen

chop($word);                      # Letztes Newsline abschneiden

                                  # Eingabe probehalber ausgeben
print "\nEingabe war: $word\n";
```

pass.pl

1.6.5 Weitere Möglichkeiten der Dateneingabe

Zu verarbeitende Daten gelangen üblicherweise entweder über die Standardeingabe in ein Skript

```
mysite> cat data | script.pl
```

oder aber liegen noch in Dateien, deren Namen dem Skript auf der Kommandozeile übergeben werden:

```
mysite> script.pl data1 data2
```

Der schon vorgestellte <>-Operator bearbeitet, falls kein File-Handle angegeben ist, beide Fälle transparent:

```
#!/usr/bin/perl -w

while(<>) {          # STDIN oder Dateien auf der Kommandozeile
                     # abarbeiten
    chop;

                     # Eingabe-Daten probehalber ausgeben
    print "Datei: $ARGV Zeile: $_\n";
}
```

Liegen Dateinamen als Kommandozeilenparameter vor, öffnet das Skript die Datenfiles der Reihe nach und arbeitet bei jedem Schleifendurchlauf eine Zeile aus der Datenmenge ab. Die Variable `$ARGV` enthält dabei jeweils den Namen der aktuell bearbeiteten Datei.

Kommen hingegen Daten über die Standard-Eingabe herein, erhält `$ARGV` in guter UNIX-Tradition den String `"-"` zugewiesen, und die `while`-Schleife bearbeitet die hereinkommenden Zeilen Stück für Stück.

In jedem Fall liegen die Kommandozeilenparameter im Array `@ARGV`, dessen Länge Perl-üblich mit `$#ARGV + 1` vorliegt. Anders als in C entspricht `$ARGV[0]` jedoch nicht dem Namen des gerade laufenden Skripts (der statt dessen in `$0` vorliegt), sondern tatsächlich dem ersten Kommandozeilenparameter.

Eine ganz andere Funktionalität des <>-Operators ist das sogenannte *Globbing*. Er ist in der Lage, reguläre Ausdrücke zu expandieren, die auf Dateien in einem Verzeichnis passen. So legt die Anweisung

```
@cfiles = <*.c>;
```

beispielsweise die Namen aller im aktuellen Verzeichnis liegenden C-Dateien in der Liste `@cfiles` ab. Als weiteres Beispiel finden die Namen aller systemspezifischen Header-Dateien mit

```
@sysheaders = </usr/include/sys/*.h>;
```

den Weg in den Array `@sysheaders`.

1.6.6 Dateien in Verzeichnissen analysieren

Welche Dateien und Unterverzeichnisse liegen in einem Verzeichnis des File-Systems? Dieser Frage geht die `readdir`-Funktion nach. Sie arbeitet mit einem *Directory-Handle*, welches die `opendir`-Funktion äquivalent zum File-Handle der `open`-Funktion bereitstellt:

```
opendir(DIR, "/usr/bin");
@entries = readdir(DIR);
closedir(DIR);
```

`readdir` liefert ähnlich wie der <>-Operator in skalarem Kontext einen Einzeleintrag und im Array-Kontext alle Einträge auf einmal. Eintragsweise Bearbeitung läßt sich also folgendermaßen realisieren:

```
opendir(DIR, "/tmp");       # /tmp zum scannen öffnen

while($direntry = readdir(DIR)) {
    next if $direntry eq ".";   # Sonderverzeichnisse ignorieren
    next if $direntry eq "..";  # dto.

                                # Andere Einträge ausgeben
    print "VERZEICHNIS: $direntry\n" if -d $direntry;
    print "DATEI: $direntry\n" if -f $direntry;
}

closedir(DIR);              # Scanner schließen
```

Nachdem `readdir` die speziellen Directory-Einträge ».« (Link auf aktuelles Verzeichnis) bzw. »..« (Link auf übergeordnetes Verzeichnis) ebenfalls liefert, sind diese im Normalfall vor der Bearbeitung zu eliminieren.

1.7 Eigenschaften von Dateien

Zusammen mit einer Datei des File-Systems verwalten die meisten Betriebssysteme noch zusätzliche Daten, wie den Zeitpunkt der letzten Modifikation einer Datei, ihre Größe in Bytes, ihren Eigentümer und vieles mehr.

1.7.1 Datei-Operatoren

Mit Perls Datei-Operatoren lassen sich sehr prägnant die Eigenschaften von Dateien testen. Ob eine Datei, deren Name in dem Skalar `$file` abgelegt ist, tatsächlich existiert, bringt

```
if(-f $file) {
    print "Datei $file existiert!\n";
}
```

an den Tag. Der Operator `-f` liefert jedoch *auch* einen falschen Wert, falls sich `$file` als Directory herausstellt.

Ein Skript, das auf der Kommandozeile eine Reihe von Verzeichnissen erwartet, könnte die Gültigkeit seiner Eingangsparameter mit

```
#!/usr/bin/perl -w

while($dir = shift @ARGV) {     # Schleife über alle Kommandozeilen-
                                # parameter

                                # Verzeichnis testen
    -d $dir || die "Ungültiges Verzeichnis: $dir";
}
```

prüfen. Ob das aktuelle Skript an einer Datei `$file` Lese-, Schreib- oder Ausführungsrechte[23] besitzt, stellt das folgende Codefragment fest:

```
(-r $file) && print "Leserechte an $file\n";
(-w $file) && print "Schreibrechte an $file\n";
(-x $file) && print "Ausführungsrechte an $file\n";
```

Tabelle 1.4 stellt die wichtigsten Datei-Operatoren zusammen.

[23] UNIX unterscheidet zwischen Rechten für die effektive und die reale UID/GID. Das vorgestellte Beispiel prüft die Rechte anhand der effektiven UID/GID, was das üblichere Verfahren ist.

`-r -R`	Effektive / Reale UID+GID hat Leserechte
`-w -W`	Effektive / Reale UID+GID hat Schreibrechte
`-x -X`	Effektive / Reale UID+GID hat Ausführungsrechte
`-o -O`	Effektive / Reale UID+GID ist Eigentümer
`-e -z`	Existiert / hat Größe Null
`-s`	Größer als 0 Bytes (gibt Größe zurück)
`-f -d -l`	Typ: Datei / Verzeichnis / Symbolischer Link
`-S -p`	Socket / Named Pipe
`-b -c`	Block / Char Device
`-u -g -k`	Setuid / Setgid / Sticky-Bit gesetzt
`-t`	Ist ein tty
`-T -B`	Text / Binärdatei
`-M -C`	Gibt die Anzahl der Tage seit der letzten Modifikation / Rechteänderung zurück

Tabelle 1.4: Datei-Operatoren

1.7.2 Die Funktion stat

Die Funktion `stat` ermittelt, analog zur gleichnamigen Funktion des C-Interfaces, sämtliche Datei-Zusatzinformationen auf einmal:

```
($dev, $ino,       # Device Nummer im Filesystem
 $mode,            # Dateityp und Zugriffsrechte
 $nlink,           # Anzahl der Hard-Links
 $uid, $gid,       # User ID, Gruppen ID
 $rdev,            # Device-ID (nur Special-Files)
 $size,            # Größe in Bytes
 $atime,           # Zeitpunkt des letzten Lese-Zugriffs
 $mtime,           # Zeitpunkt der letzter Modifikation
 $ctime,           # Zeitpunkt der letzter Mode-Änderung
 $blksize,         # Bevorzugte I/O-Blockgröße
 $blocks)          # Anzahl belegter Blocks
          = stat($filename);
```

Das nachfolgende Skript `timestamp.pl` gibt die Zeitpunkte

- der letzten Modifikation
- des letzten lesenden Zugriffs

- der letzten Rechteänderung

einer als Kommandozeilenparameter überlieferten Datei in einem lesbaren Format aus. Für die eigene Skriptdatei liefert es:

```
mysite> timestamp.pl timestamp.pl
timestamp.pl:
Read ........... Sun Oct 6 12:24:14 1996
Modified ....... Wed Sep 18 16:59:27 1996
Rights changed .. Tue Sep 24 19:45:50 1996
```

Da das Skript `timestamp.pl` sich während des Aufrufs selbst »liest«, entspricht das Datum des letzten lesenden Zugriffs auf die Datei `timestamp.pl` – der aktuellen Uhrzeit.

timestamp.pl

```
#!/usr/bin/perl -w

while($_ = shift @ARGV) {
    (($atime, $mtime, $ctime) = (stat($_))[8..10]) ||
                   die "$_: stat error";

    print "$_:\n";
    print "Read ........... ", scalar localtime $atime, "\n";
    print "Modified ....... ", scalar localtime $mtime, "\n";
    print "Rights changed .. ", scalar localtime $ctime, "\n";
}
```

timestamp.pl

Die drei interessierenden Zeitstempel liegen im von `stat` zurückgelieferten Array auf den Index-Positionen `8`, `9` und `10`. Die UNIX-üblichen »Sekunden-seit-1970« wandelt der Befehl `localtime` in skalarem Kontext in das lesbarere String-Format um.

1.8 Here-Dokumente

Mit dem aus der Shell-Programmierung bekannten Konstrukt des *Here-Dokuments* lassen sich mehrzeilige Strings bequem im Skript beschreiben.

Der Operator << legt den Terminations-String fest, der einen in der folgenden Zeile beginnenden, eventuell mehrzeiligen Text abschließt:

```
$text = <<BriefEnde;
Lieber Anwender!

Wegen dringender Wartungsarbeiten ist derzeit kein
Zugriff auf den Server $server möglich.

Fröhliches Kopfrechnen! Ihre Systemadministration
BriefEnde
```

Der Terminations-String (im Beispiel `BriefEnde`) muß am Ende des Here-Dokuments allein am Anfang einer Zeile stehen, um den Textabschluß zu bewirken.

Variablen (im Beispiel `$server`) ersetzt Perl durch ihre Werte. Eine einleitende Definition des Terminations-Strings mit einfachen Anführungszeichen hat jedoch zur Folge, daß Perl eventuell im Text vorhandene Variablen nicht expandiert und somit keine Escape-Sequenzen für Sonderzeichen notwendig sind:

here.pl

```
print <<'TheEnd';
Die Kosten betragen $100.
TheEnd
```

here.pl

Die Definition des Terminations-Strings darf auch von Perl-Syntax umringt sein, wie folgendes Skript zeigt, das trivialerweise alle Zeilen des Here-Dokuments ausgibt:

```
foreach $i (split(/\n/, <<TextEnde)) {
Zeile1
Zeile2
TextEnde
    print "$i\n";       # Zeile ausgeben
}
```

In Texte von Here-Dokumenten lassen sich auch dynamisch erzeugte Werte einfügen. Rückgabewerte von Funktionen finden ihren Weg über das `@{[...]}`-Konstrukt (siehe Abschnitt 1.3.7) in den Text:

```
print <<EOT;
Diese Zeile wird @{[&getdata]} erzeugt.
EOT

sub getdata {
    return ("dynamisch");
}
```

Da die Funktion `getdata` den String `"dynamisch"` zurückliefert, lautet die Ausgabe dieses Skripts entsprechend

```
Diese Zeile wird dynamisch erzeugt.
```

1.9 Reguläre Ausdrücke

Perls reguläre Ausdrücke eignen sich ideal zur Extraktion von Informationen aus gegebenen Texten. Ob ein String einen gesuchten Text enthält, analysiert die Bedingung

```
$string =~ /PATTERN/
```

Sie liefert einen wahren Wert zurück, falls `$string` den Bedingungen von `PATTERN` genügt. Im einfachsten Fall stellt `PATTERN` eine Zeichenfolge dar. Folgende Konstruktion stellt fest, ob der Text in `$string` den Namen `Bill` enthält:

```
if($string =~ /Bill/) {
    print "Bill in string!\n";
}
```

Mit einigen Metazeichen lassen sich noch zusätzliche Bedingungen definieren. So trifft `/^Bill/` nur zu, falls `Bill` am Anfang des zu untersuchenden Strings steht, und `/Bill$/`, falls der String mit `Bill` endet.

Wiederholungen von Zeichen oder Zeichenfolgen legen die Zeichen `*` (keinmal oder mehrmals) und `+` (einmal oder mehrmals) fest. So trifft der Ausdruck `/Billy*/` auf `Bill`, `Billy`, `Billyy` usw. zu, während `/Billy+/` nur auf `Billy`, `Billyy` usw. paßt.

Wenden wir uns nun noch einmal dem Mail-Header aus Abschnitt 1.3.3 zu:

mail

```
Date: Fri, 12 Jul 96 16:25:18 +0200
From: schilli@remote.site.com
To: gates@microsoft.com
Subject: Re: Newbie Unix Question
Status: RO

Bill,

concerning your question, I can tell you that it isn't that easy.
```

mail

In Abschnitt 1.3.3 ging es darum, den Inhalt der Header-Zeilen unter dem einleitenden Schlüsselwort in einem Hash abzulegen. Thema dieses Abschnitts ist nun die Textanalyse, welche die Aufteilung der einzelnen Textzeilen in *Key* und *Value* zum Ergebnis hat.

Der Code aus Listing `mailheader.pl` liest die Zeilen der Datei `mail` der Reihe nach ein, untersucht ihren Inhalt und legt die gewonnenen Informationen im Hash `%mailheader` ab.

mailheader.pl

```
#!/usr/bin/perl -w

open(MAILFILE, "<mail") || die "Fehler beim Öffnen von 'mail'";

while(<MAILFILE>) {
    last if /^\s*$/;        # Leerzeile: Ende des Headers

                            # Headerzeile (Key: Value) analysieren
    next unless /^(\w+):\s+(.*)/;

    $header{$1} = $2;       # Ergebnis in einem Hash abspeichern
}

close(MAILFILE);
                            # Ausgabe
foreach $key (keys %header) {
    printf "KEY: %-10s VALUE: %s\n", $key, $header{$key};
}
```

mailheader.pl

Der erste reguläre Ausdruck im Schleifenkörper sucht nach Zeilen, die nichts außer eventuellem »Whitespace« (Tabulatoren oder Leerzeichen) enthalten, und bricht die Schleifenbearbeitung ab, sobald eine Zeile dieser Bedingung genügt. Das Pattern

```
/^\s*$/
```

paßt auf Zeilen, die zwischen Zeilenanfang (`^`) und Zeilenende (`$`) keinen oder beliebig viel (`*`) Whitespace (`\s`) aufweisen.

Da der reguläre Ausdruck nicht mit der Konstruktion

```
$var =~ /PATTERN/
```

aufgerufen wird, zielt er auf die Default-Variable `$_`, die in `while(<...>)`-Schleifen implizit immer die aktuelle Zeile enthält. Falls das Pattern zutrifft, liefert es einen wahren Wert zurück, so daß der Ausdruck

```
last if /^\s*$/;       # Leerzeile: Ende des Headers
```

die Analyse der Maildatei abbricht, sobald eine Leerzeile erscheint, die konventionsgemäß den Header vom Textteil der Mail trennt. Hängt dem Pattern der Modifikator `x` an, gestattet Perl zur besseren Lesbarkeit regulärer Ausdrücke das Einfügen von Leerzeichen, Zeilenumbrüchen und Kommentaren. So läßt sich die oben formulierte Bedingung augenfreundlicher schreiben als

```
last if /^       # Zeilenanfang
         \s*     # Whitespace: Kein oder beliebig viele
         $       # Zeilenende
        /x;      # Modifikator x gestattet Kommentare
```

Die Abkürzung `\s` stellt die verkürzte Notation für eine Bereichsdefinition dar, die hier auch als `[ \t]` geschrieben werden könnte[24]: Eine Menge von Zeichen, die sich aus Leerzeichen bzw. Tabulatoren zusammensetzt. Alternativ ließe sich die Bedingung also auch formulieren als

```
last if /^[ \t]*$/;
```

---

[24] Bei einem mehrzeiligen Pattern-Match beinhaltet `\s` auch noch Newlines, Return-Zeichen und vertikalen Space.

Im Gegensatz zu anderen Werkzeugen, die auch reguläre Ausdrücke unterstützen (z. B. *grep* und *awk*), bietet Perl eine ganze Reihe von nützlichen Abkürzungen für Zeichenmengen, deren wichtigste Tabelle 1.5 zeigt.

`\s` `\S`	Whitespace / Kein Whitespace
`\w` `\W`	Alphanumerisches Zeichen / Nicht alphanumerisch
`\d` `\D`	Ziffer/ Keine Ziffer
`\b` `\B`	Wortgrenze / Keine Wortgrenze

Tabelle 1.5: Zeichenmengen in regulären Ausdrücken

Die nächste Anweisung in Listing `mailheader.pl`

```
next unless /^(\w+):\s+(.*)/;
```

macht sich die Gruppierungseigenschaften regulärer Ausdrücke zunutze. Sie sucht nach einer alphanumerischen Zeichenkette (`\w+`) am Zeilenanfang (`^`), auf die ein Doppelpunkt (`:`) und ein oder mehrere Leerzeichen folgen (`\s+`). Anschließend reiht sich eine Kette beliebiger Zeichen bis zum Zeilenende (`.*`). Trifft der Ausdruck nicht auf die aktuelle Zeile zu, folgt sofort der nächste Schleifendurchlauf mit der nächsten Zeile.

Die Gruppierungsklammern im Ausdruck stellen sicher, daß Perl die gefundenen Strings in Zwischenspeichern ablegt, deren Inhalt auch nach Ausführung des Pattern-Matchings noch in den Spezial-Variablen `$1, $2, $3` usw. zur Verfügung steht. In Listing `mailheader.pl` enthält `$1` das gefundene Schlüsselwort und `$2` den nachfolgenden Text, was

```
$header{$1} = $2;
```

schließlich in einem Hash ablegt.

Gruppierungsklammern beeinflussen auch den Rückgabewert einer Pattern-Matching-Operation. Während normalerweise ein wahrer oder falscher Wert zurückkommt, je nachdem, ob der reguläre Ausdruck »paßte« oder nicht, liefert ein gruppierter regulärer Ausdruck eine Liste der gefundenen Teilausdrücke. Die Zuweisung

```
($keyword, $text) = /^(\w+):\s+(.*)/;
```

besetzt die Skalare `$keyword` und `$text` mit den im Text gefundenen passenden Werten[25].

Die Numerierung der gefundenen Teil-Pattern erfolgt von außen nach innen. Gruppierte Patterns mit Quantifikatoren legen, egal wie oft sie »treffen«, immer nur *eine* Rückwärtsreferenz an. Der Inhalt bestimmt sich aus dem *letzten* Match. So legt

```
"Eins Zwei" =~ /((\w)+)/
```

zwei Rückwärtsreferenzen ab: `"Eins"` in `$1` und `"s"` in `$2`.

Um bei verschachtelten Gruppenstrukturen keine langwierigen Zählaktionen starten zu müssen, sollten nur diejenigen Pattern-Gruppen Back-References verwenden, deren Inhalt hinterher auch benötigt wird: Sind Klammern nur zu Strukturierungszwecken vorhanden, ist oft die Unterdrückung durch das Konstrukt `(?:...)` sinnvoll: Das Pattern-Matching-Konstrukt

```
"Eins Zwei" =~ /(?:(\w+)\s*)+/
```

sucht nach Ansammlungen von Buchstaben, die durch Leerzeichen voneinander getrennt sind. Es legt jedoch wegen des »`?:`«-Operators nur *eine* Back-Reference an: `$1` enthält anschließend den Wert `"Zwei"`.

Innerhalb eines regulären Ausdrucks ist der Inhalt bereits gefundener Teilpatterns über `\1`, `\2` usw. zugänglich. So findet

```
/\b(\w+)\s+\1\b/
```

eine gruppierte Anzahl von alphanumerischen Zeichen nach einem Wortanfang, gefolgt von beliebigem Whitespace und – einer Wiederholung des bereits gefundenen Teilpatterns einschließlich einer Wortgrenze: Der Ausdruck spricht auf Wörter an, die in einem Text zweimal hintereinander vorkommen.

1.9.1 Minimales Matching

Eine böse Überaschung erwartet den unerfahrenen Regex-Programmierer, sollte er versuchen, einen Text wie

---

[25] Da der reguläre Ausdruck nur im Array-Kontext die gefundene Textstelle liefert, muß auch bei nur *einem* erwarteten Wert die Listen-Klammer stehen: `($val) = /(...)/` ist richtig, `$val = /(...)/` würde im Erfolgsfall einen wahren Wert und `undef` bei Mißerfolg liefern.

```
Subject: Der Doppelpunkt : und seine Folgen
```

mit einem regulären Ausdruck wie

```
($key, $value) = /^(.+): (.+)/
```

zu erfassen und eine beliebige Anzahl von Zeichen vor und nach einem Doppelpunkt zu suchen. Das Ergebnis

```
$key:     Subject: Der Doppelpunkt
$value:   und seine Folgen
```

zeigt, daß Perl im Zweifelsfall versucht, eine *maximale* Anzahl von Zeichen mit einem Teil-Pattern zur Deckung zu bringen, bevor es mit der Bearbeitung des Gesamt-Patterns fortfährt. Im vorliegenden Beispiel »schluckt« es jedoch mehr als eigentlich beabsichtigt. Mit dem *Non-greedy*-Operator, einem Fragezeichen nach dem Wiederholungs-Operator, wird Perl jedoch angewiesen, nur eine *minimale* Überdeckung anzustreben. Die Anweisung

```
($key, $value) = /^(.+?): (.+)/
```

liefert dann das »erwartete« Ergebnis

```
$key:     Subject
$value:   Der Doppelpunkt : und seine Folgen
```

1.9.2 Reguläre Ausdrücke über mehrere Zeilen

Der Modifizierer »s« an einem regulären Ausdruck bewirkt, daß Perl einen zu bearbeitenden Text, auch wenn dieser aus mehreren Zeilen besteht, als Einzeiler behandelt. Dies bedeutet, daß eine Bedingung wie

```
if($multiline_text =~ /\b(\w+)\s+\1\b/s) {
    print "Wiederholtes Wort: $1\n";
}
```

auch auf einen Text wie

```
Reguläre Ausdrücke mit dem Single-Line-Modifier behandeln
behandeln Newlines wie Whitespace
```

anspricht und Wortwiederholungen auch zeilenübergreifend feststellt:

```
Wiederholtes Wort: behandeln
```

1.9.3 Zero-Patterns

Manche Patterns definieren Bedingungen, ohne Teile des Eingabetexts zu »schlucken«. Das Pattern `\b`, das auf Wortgrenzen anspricht, ist ein Beispiel. Look-Ahead-Patterns arbeiten nach dem gleichen Prinzip: Sie definieren Text, der folgen muß (oder nicht folgen darf) – ohne ihn zu absorbieren.

Positive Look-Ahead Bedingungen definiert das Pattern `(?=...)`, negative beschreibt der Ausdruck `(?!...)`.

Sie finden vor allem Anwendung in Patterns für das Suchen und Ersetzen (Abschnitt 1.9.6). Das Pattern muß zwar in eventuell nachfolgendem Text schnüffeln, darf ihn jedoch nicht vereinnahmen, da er sonst durch den Replace-String mit ersetzt würde.

Tabelle 1.6 zeigt noch einmal die wichtigsten Konstrukte regulärer Ausdrücke in Perl.

`[1234] [1-4]`	Menge als Aufzählung/Bereich
`[^567] [^5-7]`	Ausgeschlossene Mengen
`.`	Beliebiges Zeichen (außer Newline)
	Quantifikatoren für vorhergehendes Pattern:
`*`	Keinmal oder beliebig oft
`?`	Keinmal oder einmal
`+`	Einmal oder beliebig oft
`{m}`	Genau m-mal
`{m,}`	Mindestens m-mal
`{m,n}`	m-mal bis n-mal
`\1, \2, ...`	Rückwärtsreferenz
`(...)`	Gruppierung
`(?:...)`	Gruppierung ohne Rückwärtsreferenz
`^`	Zeilenanfang
`$`	Zeilenende
`a|b|c`	Alternativen
`*? +? ?? {...}?`	*Non-greedy*-Operator (Minimalmatch)
`(?=...) (?!...)`	Look-Ahead positiv/negativ

Tabelle 1.6: Reguläre Ausdrücke in Perl

1.9.4 Ausmaskieren von Metazeichen

Um Metazeichen in regulären Ausdrücken ihre besonderen Eigenschaften zu entziehen, muß ihnen ein Backslash (\) vorangestellt werden. Auf den String `"2^16"` in einem Text spricht also der reguläre Ausdruck `/2\^16/` an, da »^« in diesem Fall *nicht* den Zeilenanfang bezeichnen soll.

Die Funktion `quotemeta` führt die Maskierung für einen gegebenen String durch. So erzeugt

```
$string = 'Dollar($) Backslash(\)';

print quotemeta($string), "\n";
```

die Ausgabe

```
Dollar\(\$\)\ Backslash\(\\\)
```

`quotemeta` maskiert nicht nur die in regulären Ausdrücken bekannten Metazeichen, sondern allgemein nicht-alphanumerische Zeichen.

1.9.5 Anwendungsbeispiel

Wie elegant sich reguläre Ausdrücke in Perl einsetzen lassen, zeigt das folgende Beispiel: Sind in einem Verzeichnis die Distributionsdateien des Programms `mysoft` mit den Namen

```
mysoft-1.01.tar.gz
mysoft-1.02.tar.gz
```

gegeben, und es stellt sich die Frage, wie der Name des nächsten Releases zu ermitteln sei, so lautet die Antwort:

```
                                # Alte Versionsnummer bestimmen
($oldversion) = reverse sort map /(\d\.\d+)/, <mysoft-*.tar.gz>;

                                # Neuen Dateinamen konstruieren
printf "mysoft-%3.2f.tar.gz\n", $oldversion + 0.01;
```

Die erste Zeile dieses Skripts besteht aus einer langen Befehlsschlange. Um sie zu analysieren, geht man am geschicktesten von rechts nach links vor. Es werden jeweils Funktionen ausgeführt, die Listen zurückliefern, die ihrerseits wieder als Eingabeparameter weiterer Funktionen dienen.

Das Globbing-Konstrukt `<mysoft-*.tar.gz>` gibt eine Liste aller Dateien aus dem aktuellen Verzeichnis zurück, deren Namen dem angegebenen Muster entsprechen. Zusammen mit einem regulären Ausdruck, der Versionsangaben wie z. B. `1.01` »schluckt«, liefert die Funktion `map` eine Liste gefundener Versionsnummern. Der reguläre Ausdruck enthält nämlich ein geklammertes Pattern und gibt so für jede gefundene Datei die extrahierte Versionsnummer zurück.

Ein anschließender `sort` bringt die Liste der Versionsnummern (z. B. `1.01`, `1.02` usw.) in eine aufsteigende Reihenfolge, die vorgeschaltete `reverse`-Funktion kehrt die Liste um, und `$oldversion` auf der linken Seite der Zuweisung nimmt anschließend einfach das erste Element – die größte Versionsnummer – entgegen.

Wichtig ist auch noch die Klammerung auf der linken Seite: Sie zwingt `reverse`, in einem Array-Kontext zu operieren, also eine Liste zurückzuliefern und nicht etwa (wie bei `reverse` in skalarem Kontext üblich) die Liste als String. Links steht eine Liste mit einem Element, welche die rechts entstehende Liste zugewiesen bekommt – überschüssige Elemente fallen bekannterweise unter den Tisch.

1.9.6 Suchen und Ersetzen

Perl findet nicht nur Muster, sondern ersetzt sie gegebenenfalls auch gleich durch vorgegebene Strings. Angelehnt an die Syntax des UNIX-Werkzeugs `sed` ersetzt

```
$text =~ s/suche/ersetze/g;             # Text-Ersatz in $text
```

alle gefundenen `suche`-Patterns in `$text` durch `ersetze`. Die *Substitute*-Konstruktion arbeitet *global*, falls, wie im Beispiel, der Modifizierer `g` angegeben ist. In diesem Fall wird nicht nur der erste passende Ausdruck ersetzt, sondern alle gefundenen.

Als zusätzliches Feature gegenüber `sed` kann der Perl-Substitutionsmechanismus auch die Zeilentrennung manipulieren. Fortzusetzende Zeilen, an deren Ende ein Backslash (\) steht, verbindet die Anweisung

```
$text =~ s/\\\n//g;     # \ vor Newline: Durch Leerstring ersetzen
```

mit der folgenden Zeile. So wird aus

```
Diese Zeile wird \
```

```
weiter \
fortgesetzt.
```

schließlich

```
Diese Zeile wird weiter fortgesetzt
```

Statt des Trennzeichens » / « darf auch jedes beliebige andere Zeichen (z. B. » # «), das nicht in der Pattern-Definition auftaucht, verwendet werden. So läßt sich permanentes Ausmaskieren des » / «-Zeichens umgehen, falls es in einem Muster auftritt.

Soll Text nicht in einer angegebenen Variable ersetzt, sondern der modifizierte Text einer anderen Variablen zugewiesen werden, während die ursprüngliche Variable ihren Wert behält, ist folgende Konstruktion notwendig:

```
($base = $path) =~ s#.*/##;        # $base = 'basename $path'
```

Das Beispiel wandelt, entsprechend der UNIX-Funktion `basename`, den Pfad `$path` (z. B. `/usr/bin/perl`) in seine letzte Komponente um (z. B. `perl`) und legt das Ergebnis in `$base` ab. Hierbei ersetzt es eine beliebige Zeichenfolge (`.*`), die von einem » / « gefolgt ist, durch den Leerstring. Da Perl im Zweifelsfall immer die maximale Anzahl verfügbarer Zeichen zur Deckung bringt, bezieht es sich im Beispiel auf den Zeichenbereich vom Zeilenanfang bis zum letzten » / «-Zeichen.

Natürlich erlaubt Perls Substitute-Operation auch den Einsatz der Modifizierer `s` und `x`. Das folgendes Beispiel entfernt aus einem Programmtext die C-Kommentare. Es behandelt den gesamten Text als einzelne Zeile (Modifizierer `s`) und ersetzt `/* ... */` durch den Leerstring.

```
$program =~ s@           # Substitute (Klammeraffe als Trenner)
              /\*        # '/*' Kommentaranfang
              .*?        # Minimale Anzahl beliebiger Zeichen
              \*/        # '*/' Kommentarende
@@gsx;                   # global, single-line, extended
```

1.10 Strukturen mit pack und unpack

Perl unterstützt keine Strukturen, wie sie beispielsweise C bietet; Datenstrukturierung erfolgt über die vorgegebenen erweiterten Datentypen wie Listen oder Hashes.

Doch erwarten z. B. manche Schnittstellen zum Betriebssystem gepackte Strukturen als Parameter im *Binary-Format*. So erhält die Funktion `semop` (siehe Abschnitt F.2 in Anhang F) beispielsweise als zweiten Parameter eine Struktur, die eine Reihe von *Signed-Short*-Werten enthält.

Die Funktion `pack` widmet sich diesen Aufgabenstellungen, indem sie Einzeldaten nach vorgegebenen Formatanweisungen in Datenpuffer »packt«. Die Funktion `unpack` »entpackt« andererseits solche Puffer wieder und extrahiert die darin enthaltenen Einzelwerte.

So erzeugt die Anweisung

```
$buffer = pack('sss', 1, 2, 3);
```

einen Puffer `$buffer`, der die *Signed-Short*-Werte `1`, `2` und `3` gepackt enthält. Die Formatanweisung (`'sss'`) darf auch mit einem Wiederholfaktor notiert werden (`'s3'`). So entpackt

```
($v1, $v2, $v3) = unpack('s3', $buffer);
```

die Werte wieder und legt sie in `$v1`, `$v2` und `$v3` ab.

Tabelle 1.7 faßt die wichtigsten Formatanweisungen der Funktionen `pack` und `unpack` zusammen.

`a A`	Ascii-String, mit Null / Leerzeichen aufgefüllt
`b B`	Bit-String, aufsteigende / absteigende Bitfolge
`c C`	Signed / Unsigned Character
`s S`	Signed / Unsigned Short
`i I`	Signed / Unsigned Integer
`l L`	Signed / Unsigned Long
`n N`	Short / Long im Network-Format
`f d`	Float / Double im nativen Format
`u`	String, uuencoded
`p`	Pointer auf einen Null-terminierten String
`P`	Pointer auf einen String fester Länge

Tabelle 1.7: Wichtige Formatparameter für `pack/unpack`

Eine komfortable Methode, eine `uuencode`-Codierung[26] bzw. Decodierung durchzuführen, ist die Nutzung des `pack`-Parameters `'u'`.

So ist das Ergebnis[27] von

uuencode.pl

```
#!/usr/bin/perl -w

print pack('u', <<EndOfText);
Dieser Text besteht aus vielen, vielen
Zeilen, die unter Umständen sehr, sehr lang werden können, so lang ...
und enhält Sonderzeichen wie \n, \r und \f.
EndOfText
```

uuencode.pl

der String

```
M1&EE<V5R(%1E>'0@8F5S=&5H="!A=7,@=FEE;&5N+"!V:65L96X*6F5I;&5N
M+"!D:64@=6YT97(@56US=&%E;F1E;B!S96AR+"!S96AR(&QA;F<@=V5R9&5N
M(&MO96YN96XL('-O(&QA;F<@+BXN"G5N9"!E;FAA96QT(%-O;F1E<GIE:6-H
396X@=VEE('HL('T@=6YD('PN"@''
```

Das Decodierungsprogramm hingegen zeigt Listing `uudecode.pl`. Zu Testzwecken hängt es sich an die Ausgabe von `uuencode.pl` an, liest alle Zeilen in den Array `@lines` ein, transformiert diesen mit einer `join`-Anweisung in einen mehrzeiligen String und reicht ihn schließlich an die `unpack`-Funktion zum Decodieren weiter.

uudecode.pl

```
#!/usr/bin/perl -w

open(UUENCODE, "uuencode.pl |");
@lines = <UUENCODE>;
close(UUENCODE) || die "Fehler in uuencode.pl";

print unpack('u', join('', @lines));
```

uudecode.pl

---

26 Mit dem Programm `uuencode` lassen sich Binärdateien in Textdateien mit fester Zeilenlänge überführen, die keinerlei undruckbare Sonderzeichen mehr enthalten – sich also problemlos per E-Mail über das Internet verschicken lassen. Nachdem der Empfänger dann einen `uudecode` ausgeführt hat, liegt die Datei wieder im Original vor.

27 Ausführungen zur »<<«-Syntax der Here-Dokumente finden sich in Abschnitt 1.8.

Die insbesondere bei Microsoft-Produkten in Mode gekommene Base64-Kodierung unterstützt `pack` derzeit nicht. Der Vollständigkeit halber sei deshalb hier ein Skript vorgestellt, welches das Modul `MIME::Base64` von *Gisle Aas* verwendet[28]:

base64.pl

```
#!/usr/bin/perl -w

use MIME::Base64;

                        # Base64 Encoding
$encoded = MIME::Base64::encode($data);

                        # Base64 Decoding
$text = MIME::Base64::decode($encoded);
```

base64.pl

1.11 Perl und die Shell

Perl bietet auch eine Schnittstelle zur UNIX-Shell an. Es delegiert von *Backticks* umschlossene Kommandos an die Shell[29] und liefert deren Ausgabe zurück. So läßt sich das gegenwärtige Verzeichnis etwa mit

```
$dir = ‘pwd’;
```

ermitteln. Auch die `system`-Funktion führt die ihr als String übergebenen Kommandos in einer Sub-Shell aus. Der Rückgabewert entspricht dem Exit-Code des aufgerufenen Programms.

```
system("cp file1 file2") && die "Copy failed";
```

UNIX-Kommandos liefern im Erfolgsfall konventionsgemäß `0` zurück, bei einem Fehler einen positiven Wert. Aus diesem Grund muß die Fehlerprüfung (siehe oben) etwas abweichend vom üblichen Verfahren in Perl erfolgen: Statt der sonst praktizierten *Kommando-oder-Fehler*-Logik findet die logische Und-Verknüpfung Verwendung.

---

[28] Die Beschaffung von frei verfügbaren Modulen beschreibt Anhang G.

[29] Genauer gesagt: An eine Sub-Shell.

1.12 Weitere Funktionen

Dieser Abschnitt soll einen Überblick über eine Reihe wichtiger Perl-Funktionen vermitteln, die bislang noch nicht diskutiert wurden. Der volle Funktionsumfang von Perl füllt halbe Bücher – und aus diesem Grund sei hier nur eine kleine Auswahl vorgestellt. Die Manual Page `perlfunc`, die jeder Perl-Distribution beiliegt, stellt eine vollständige Referenz dar. An dieser Stelle sei auch noch einmal auf das Standardwerk [Wal96] oder den auch sehr empfehlenswerten Reference-Guide [Vro96] verwiesen.

`fork()` erzeugt einen Child-Prozeß. Der Befehl liefert:

- `0` an den neu entstehenden Child-Prozeß
- die Child-Prozeßnummer an den laufenden (Parent-)Prozeß
- `undef` im Fehlerfall

Einen komfortableren Umgang mit Prozessen bietet die Klasse `Process.pm`, die in Abschnitt 2.3 auf Seite 85 vorgestellt wird.

`localtime()` gibt im Array-Kontext die Liste

```
($sec, $min, $hour,       # Uhrzeit
 $mday, $mon, $year,      # Datum (Monat 0-11)
 $wday,                   # Wochentag (0-6: So-Sa)
 $yday,                   # Julianischer Tag
 $isdst)                  # Sommerzeit Ja/Nein
```

für die aktuelle Uhrzeit zurück. In skalarem Kontext (siehe Abschnitt 1.3.6) ist es ein String wie etwa

```
"Thu Sep 19 02:52:23 1996"
```

`printf` unterstützt alle Formatierungsanweisungen der gleichnamigen C-Funktion. Einige Beispiele:

```
printf("%-20s", $string);   # String linksbündig in einem
                            # 20 Zeichen langen Feld formatieren
printf("%03d", $number);    # Numerischen Wert mit führenden
                            # Nullen ausgeben
printf("%5.2f", $float);    # Fließkommazahl im Format xxx.xx
```

Zur Formatierung von Strings existiert die Funktion `sprintf`, die im Gegensatz zur gleichnamigen C-Funktion den zu formatierenden String nicht als erstes Argument fordert, sondern zurückliefert:

```
$hexval = sprintf("%x", $number);
```

legt in `$hexval` die hexadezimale Repräsentation des Wertes `$number` ab.

Die `print`-Funktionen puffern ihre Eingabedaten, bis eine lohnende Menge vorhanden ist, und veranlassen dann erst die Ausgabe. Dies hat zur Folge, daß ein `print` auf die Standardausgabe den spezifizierten Text nicht unmittelbar auf dem Bildschirm erscheinen läßt[30]. Den Durchfluß steuert die Variable `$|`, die, auf einen Wert ungleich Null gesetzt, den *Standard-Autoflush* aktiviert, also jedes übermittelte Zeichen sofort ausgibt:

```
$| = 1;

print "func ... ";      # Sofort ausgeben trotz fehlendem Newline
func();                 # Funktion ausführen
print "OK.\n";          # Statusmeldung ausgeben
```

`select(FILEHANDLE)` stellt die Standard-Ausgabe auf das angegebene File-Handle ein. Künftig abgesetzte `print`-Anweisungen, die kein File-Handle spezifizieren, schreiben dorthin.

`system("shell-command")` setzt ein Shell-Kommando ab. Der Rückgabewert von `system` entspricht dabei dem Exit-Status des ausgeführten Kommandos.

`syswrite(FILEHANDLE, $buffer, $length, $offset)` entspricht dem `write`-Befehl in C. `syswrite` schreibt eine Anzahl `$length` von Bytes aus dem Skalar `$buffer` an den über das File-Handle `FILEHANDLE` spezifizierten Ausgabekanal. Der optionale Parameter `$offset` darf noch einen Offset in `$buffer` spezifzieren.

1.13 Erweiterte Datenstrukturen

»Einfache« Arrays und Hashes reichen zur Abbildung komplexer Datenstrukturen oft nicht aus. Die folgenden Abschnitte zeigen Lösungen für anspruchsvollere Modellierungsprobleme.

---

[30] Bei der Ausgabe an ein `tty` veranlaßt meist erst das nächste Newline-Zeichen einen Flush.

1.13.1 Listen von Listen

Die Einträge einer Liste können auf weitere Listen verweisen. Besteht die Notwendigkeit, eine Reihe verschiedener Listen zusammenhängend zu speichern, ist eine Liste von Listenreferenzen die geeignete Datenstruktur:

```
@list1 = ("Äpfel", "Birnen");
@list2 = ("ZZ-Top", "ACDC", "Pet Shop Boys");
@list_of_listrefs  = (\@list1, \@list2);
```

Die Liste `@list_of_listrefs` enthält nun Referenzen auf die Listen `@list1` und `@list2`. Nachdem aber die Namen der Unter-Listen nicht unbedingt benötigt werden, läßt sich das ganze auch mit anonymen Listen formulieren:

```
@list_of_listrefs = (["Äpfel", "Birnen"],
                     ["ZZ-Top", "ACDC", "Pet Shop Boys"]);
```

Den Zugriff auf die Unter-Listen und ihre Einträge zeigt das nachfolgende Codefragment:

```
foreach $listref (@list_of_listrefs) {
    print "LIST: ";
                           # Listenreferenz dereferenzieren
                           # und Liste von Skalaren
                           # durchlaufen
    foreach $element (@$listref) {
        print "$element ";
    }
    print "\n";
}
```

1.13.2 Listen von Hashes

Analog zu Listen von Listenreferenzen lassen sich auch Listen von Hash-Referenzen anlegen:

```
$hash1{'key11'} = 'val11';
$hash1{'key12'} = 'val12';

$hash2{'key21'} = 'val21';
$hash2{'key22'} = 'val22';

@list_of_hashrefs  = (\%hash1, \%hash2);
```

Mit Referenzen auf *anonyme* Hashes schreibt sich die Zuweisung so:

```
@list_of_hashrefs = ({'key11' => 'val11', 'key12' => 'val12'},
                     {'key21' => 'val21', 'key22' => 'val22'}
                    );
```

Das nächste Codestück durchläuft die angelegte Liste von Hash-Referenzen und gibt die Key-Value-Paare jedes gespeicherten Hashes aus:

```
                            # Liste von Hashreferenzen
                            # durchlaufen
foreach $hashref (@list_of_hashrefs) {
    print "HASH: ";
                            # Hashreferenz dereferenzieren
                            # und über alle Keys laufen
    foreach $key (keys %$hashref) {
                            # Key und Value ausgeben
        print "$key => $hashref->{$key}  ";
    }
    print "\n";
}
```

1.13.3 Erweiterte Listenkonstrukte im Überblick

Nachfolgend sind alle erweiterten Listen- und Hash-Konstrukte aufgelistet. Die Codebeispiele definieren jeweils Referenzen auf anonyme Listen bzw. Hashes, die ihrerseits wieder anonyme Listen bzw. Hashes enthalten. Zusätzlich zeigen die Codefragmente, wie die Einzelelemente wieder aus den komplexen Strukturen extrahiert werden können.

Liste von Listen

```
# Referenz auf Liste von Listenreferenzen

$listrefref = [[1, 2], [3, 4, 5]];

foreach $listref (@$listrefref) {
    foreach $element (@$listref) {
        print $element;
    }
}
```

Liste von Hashes `# Referenz auf Liste von Hashreferenzen`

```
$hashreflistref = [{'k11' => 'v11', 'k12' => 'v12'},
                   {'k21' => 'v21'}
                  ];

foreach $hashref (@$hashreflistref) {
    foreach $key (keys %$hashref) {
        print $key, $hashref->{$key};
    }
}
```

Hash mit Listeneinträgen `# Referenz auf Hash von Listenreferenzen`

```
$hashref = {'key1' => [1, 2], 'key2' => [3, 4, 5]};

foreach $key (keys %$hashref) {
    foreach $element (@{$hashref->{$key}}) {
        print $element;
    }
}
```

Hash mit Hashes `# Referenz auf Hash von Hashreferenzen`

```
$hashrefref = {'k1' => {'k11' => 'v11', 'k12' => 'v12'},
               'k2' => {'k21' => 'v21'}
              };

foreach $key_outer (keys %$hashrefref) {
    foreach $key_inner (keys %{$hashrefref->{$key_outer}}) {
        print $key_inner, $hashrefref->{$key_outer}->{$key_inner};
    }
}
```

1.14 Persistente Speicherung von Hashes in DBM-Dateien

Persistente Implementierungen von Variablen sichern deren Werte auch über den Lauf eines Skripts hinaus. Bei einem Neustart gewährleisten sie die Reinitialisierung.

Mit der `tie`-Funktion bietet Perl die Möglichkeit, Variablen an `dbm`-Dateien zu binden – die unter UNIX gebräuchliche Art, Daten im *Key-Value*-Format persistent zu speichern. Hierzu legt `tie` zwei Dateien mit den Endungen `.dir` bzw. `.pag` an.

Listing sdbm.pl zeigt einen Hash, der über die SDBM-Implementierung mit einer Datei verknüpft ist.

sdbm.pl

```
#!/usr/bin/perl -w

use SDBM_File;
use Fcntl;                    # Definition von O_RDWR, O_CREAT usw.

$filename = "mySDBMfile";

                              # Persistenten Hash öffnen
tie(%myhash, SDBM_File, $filename, O_RDWR|O_CREAT, 0644) ||
     die "Cannot open $filename";

                              # Initialisierung, falls noch
                              # undefiniert
$myhash{"key"} = 0 unless defined($myhash{"key"});

                              # Wert ausgeben
print "myhash{key} = $myhash{key}\n";


$myhash{"key"}++;             # Neuen Wert setzen

untie %myhash;                # Hash wieder lösen
```

sdbm.pl

sdbm.pl legt beim ersten Aufruf die Persistenz-Dateien an (O_CREAT-Flag der tie-Funktion) und initialisiert den Hash-Eintrag unter dem Schlüssel "key" mit 0 und inkrementiert diesen Wert auf 1. Die Funktion untie schließt die Persistenz-Dateien wieder. Nachfolgende Aufrufe von sdbm.pl lesen den Hash-Eintrag aus den SDBM-Dateien und inkrementieren ihn jeweils, so daß sdbm.pl bei jedem Aufruf einen um 1 höheren Wert ausgibt.

Alternativ zum SDBM-Verfahren existieren noch NDBM, ODBM und GDBM. Diese Pakete repräsentieren lediglich andere Implementierungen mit gleicher Schnittstelle.

Persistenzmethoden für komplexere Datentypen stellt Abschnitt 2.5 auf Seite 103 im Rahmen einer Abhandlung über objektorientierte Programmierung vor.

1.15 Verzeichnisse rekursiv durchsuchen

Das Programm `find` ermöglicht auf Shell-Ebene das systematische Durchsuchen von File-Systemen nach Dateien bestimmten Namens oder Inhalts.

Mit Perls `open`-Befehl läßt sich ein Shell-Kommando absetzen und dessen Ausgabe abfangen und analysieren. Das Perl-Skript nach Listing `shellfind.pl` durchsucht alle Verzeichnisse unterhalb des gegenwärtigen (».«) nach Dateien mit der Endung `.pl` und gibt deren Namen aus, falls sie größer als 1000 Bytes sind und den String `pattern` enthalten.

shellfind.pl

```
#!/usr/bin/perl -w

open(FIND, "find . -name '*.pl' -print |");

while(<FIND>) {
    chop;
                          # Nur Dateien > 1000 Bytes untersuchen
    next unless -f;
    next if (stat($_))[7] <= 1000;

                          # Datei öffnen und analysieren
    open(FILE, "<$_");
    print "$_\n" if grep(/pattern/, <FILE>);
    close(FILE);
}

close(FIND);
```

shellfind.pl

Derartige Aufgaben löst man jedoch eleganter mit dem Modul `File::Find`, welches die Funktion `find` exportiert, die als Argumente die Referenz auf eine Callback-Funktion und das Start-Directory für die Suche entgegennimmt. Für jeden gefundenen Eintrag springt `File::Find::find` die angegebene Callback-Funktion an, wobei die Variable `$_` jeweils den Namen des gefundenen Eintrags (Datei, Verzeichnis, Link) enthält und `$File::Find::dir` den zugehörigen Pfad. Gleichzeitig wechselt `Find::Find::find` jeweils in das aktuell durchsuchte Verzeichnis, so daß gefundene Einträge innerhalb der Callback-Funktion mit `$_` erreichbar sind.

Listing `findgrep.pl` implementiert eine Kombination der unter UNIX populären

Programme `find` und `grep`: Ausgehend von einem Start-Verzeichnis `dir`, arbeitet sich das Skript rekursiv durch alle darunterliegenden Textdateien und sucht nach einem spezifizierten Pattern.

Um mit `findgrep.pl` alle Textdateien in `/tmp` und den darunterliegenden Verzeichnissen nach dem Wort `main` zu durchsuchen, ist der Aufruf

```
mysite> findgrep /tmp main
```

notwendig.

findgrep.pl

```
#!/usr/bin/perl -w

use File::Find;
use strict;

# Kommandozeilenparameter holen
my ($startdir, $pattern) = @ARGV;

# Kommandozeilenparameter prüfen
(defined $startdir && defined $pattern) || usage();
(-d $startdir) || die "Cannot open directory $startdir";

# Traverse-Algorithmus anstoßen
File::Find::find(\&fc, $startdir);


sub fc {                                # Callback-Funktion
    my $i;

    return unless -f;                   # Keine Directories
    return unless -T;                   # Nur Textdateien

                                        # Textsuche in der Datei
    open(FILE, "<$_") || warn "Cannot open $_";
    foreach $i (grep(/$pattern/, <FILE>)) {
        print "$File::Find::dir/$_: $i";
    }
    close(FILE);
}

sub usage {                             # Meldung bei falschen
                                        # Kommandozeilenparametern
    $0 =~ s#.*/##g;                     # basename() für Skriptpfad
```

```
    print "usage: $0 startdir pattern\n";
    exit 0;                             # Programmabbruch
}
```

findgrep.pl

Das nächste Beispielskript, `latest.pl`, sucht hingegen die zuletzt modifizierten zehn Dateien unterhalb eines Verzeichnis-Zweiges. Die `find`-Funktion dringt dabei bis in beliebige Tiefen der Directory-Struktur vor, legt gefundene Dateien und deren Modifikationsdatum in einer internen Speicherstruktur ab, sortiert diese anschließend absteigend nach dem Datum und gibt die zehn ersten Einträge aus.

Da die Modifikationszeit einer Datei unter UNIX mit der Auflösung voller Sekunden gespeichert ist, kann es durchaus vorkommen, daß zwei oder mehr Dateien zur »gleichen« Zeit modifiziert wurden.

Aus diesem Grund wurde als Speicherstruktur ein Hash gewählt, dessen Keys Modifikationszeiten darstellen, während die Values Referenzen auf Listen repräsentieren, welche wiederum eine Reihe von Dateinamen aufnehmen.

Eine interessante Frage wäre zum Beispiel, welche Module als letztes in das Library-Verzeichnis der lokalen Perl-Installation gelangten. `latest.pl` gibt die Antwort:

```
mysite > latest.pl /usr/lib/perl5
/usr/lib/perl5/site_perl/CGI.pm (Wed Jul 31 23:04:31 1996)
/usr/lib/perl5/site_perl/LWP/Protocol/ftp.pm (Tue Jul 30 22:06:47
1996)
/usr/lib/perl5/News/Newsrc.pm (Thu Jul 25 19:29:54 1996)
/usr/lib/perl5/i486-linux/5.002/perllocal.pod (Thu Jul 25
19:20:05 1996)
...
```

latest.pl

```
#!/usr/bin/perl -w

use File::Find;

foreach $arg (@ARGV) {                # Alle angegebenen Ver-
    File::Find::find(\&fc, $arg);     # zeichnisse durchlaufen
}                                     # und %Filesbydate aufbauen
```

```
$maxcount = 10;                  # Maximal 10 Dateien ausgeben

                                 # Auswertung: Nach
                                 # letztem Datum sortieren
hash:foreach $date (sort { $b <=> $a } keys %Filesbydate) {

                                 # Listen von Einträgen
                                 # gleichen Datums
    $timestr = localtime($date);

    foreach $file (@{$Filesbydate{$date}}) {

                                 # Ausgabe mit Datum
        print "$file (", $timestr, ")\n";
        last hash unless $maxcount--;
    }
}


#
# Callback-Funktion von File::Find::find
#
sub fc {
    return unless -f;            # Keine Directories

    my $filedate = (stat($_))[9];

                                 # Datum noch nicht belegt:
                                 # Neue Listenreferenz
    $Filesbydate{$filedate} = [] unless
                               exists $Filesbydate{$filedate};

                                 # Eintrag in Liste aufnehmen
    push(@{$Filesbydate{$filedate}}, "$File::Find::dir/$_");

}
```

latest.pl

1.16 Tips & Tricks für Fortgeschrittene

1.16.1 Strengere Variablenkonventionen

Ein sauber programmiertes Skript weist nur sehr wenige globale Variablen auf. Der *Default Global* Einstellung von Perl arbeitet das Modul `strict` entgegen. Bei Verwendung von

```
use strict;
```

prüft der Interpreter vor Ablauf des Skripts unter anderem, ob alle global verwendeten Variablen in der *fully qualified*-Form `$Package::var` vorliegen. Flüchtigkeits-*Globals*, bei denen nur der `my`-Operator vergessen wurde, fallen so sofort auf.

1.16.2 Fehlermeldungen mit dem Carp-Paket

Auf schwere Fehler reagieren Applikationen meist mit dem Aufruf der Funktion `die`, die eine Meldung ausgibt und anschließend das Skript abbricht. Analog dient die Funktion `warn` dazu, eine spezifizierte Warnung auszugeben.

Zur leichteren Lokalisierung eines Fehlers geben beide dieser Standardfunktionen zusätzlich zur Meldung noch den Modulnamen und die Zeilennummer aus. Tritt etwa ein Fehler in einem Anwendungsmodul `Obscure.pm` auf, lautet die Ausgabe

```
obscure error at Obscure.pm line 678
```

Dies ist jedoch häufig nicht das gewünschte Verhalten. Die Fehlermeldung muß zwar aus dem verwendeten Modul kommen, die Fehlerlokalisierung aber die Stelle spezifizieren, an der vom Anwendungsskript in das Modul verzweigt wurde. Ein Anwender erhält so einen Hinweis auf die Stelle, an der er eine Modulfunktion eventuell unter falschen Voraussetzungen aufgerufen hat. Die Implementierung eingebundener Module soll ja in jedem Fall vollständig vom Anwender abgeschottet sein. Das Modul `Carp.pm` leistet diesen Beitrag.

Es stellt die folgenden Funktionen bereit:

```
#!/usr/bin/perl -w

use Carp;

carp("Warningtext");  # Warnung mit Lokalisierung ausgeben
```

```
croak("Errortext");    # Error mit Lokalisierung ausgeben
                       # und Skript abbrechen

confess("Errortext"); # Error mit Lokalisierung und Stacktrace
                       # ausgeben und Skript abbrechen
```

Setzt das Beispielmodul `Obscure.pm` statt normaler `die`-Notausgänge die Funktionalität des Pakets `Carp.pm` ein, gibt ein Skript `obscuretest.pl`, welches das Modul `Obscure.pm` einbindet, folgende Meldung aus, falls der Modul-Code auf eine `carp`-Anweisung läuft:

```
obscure warning at .//obscure.pl line 5
```

Zeile 5 des Skripts `obscure.pl` markiert also den Eintrittspunkt in das Modul, in dem anschließend der Fehler passiert.

Obscure.pm

```
package Obscure;

use Carp;                    # Carp einbinden

sub obscure {
    carp "obscure warning";  # Warnung auslösen
}

1;
```

Obscure.pm

obscuretest.pl

```
#!/usr/bin/perl -w

use Obscure;

Obscure::obscure();    # Hier wird der Fehler ausgelöst werden
```

obscuretest.pl

1.16.3 Exception-Handling

Zwar bietet Perl kein ähnlich komfortable Exception-Handling wie beispielsweise C++ mit seinem Throw-Catch-Mechanismus, doch ein fataler Fehler, der in einem Codeblock oder Unterprogramm einen `die`-Befehl auslöst, läßt sich zumindest so abfangen, daß das laufende Skript nicht sofort den Betrieb einstellt.

Hierzu wird der kritische Codeblock, wie Listing `exception.pl` zeigt, durch ein `eval`-Konstrukt eingeschlossen. Tritt im Block ein Fehler auf, der eine `die`-Anweisung oder die entsprechenden Befehle des `Carp`-Pakets (Abschnitt 1.16.2) ausführt, bricht der Interpreter die Ausführung des Blocks ab, weist der Variablen `$@` den (sonst ausgegebenen) Fehlertext zu und setzt die Ausführung des Skripts mit der ersten Anweisung *nach* dem Block fort. Bei fehlerfreier Abarbeitung des Blocks ist `$@` hingegen leer.

exception.pl

```
#!/usr/bin/perl -w

eval {            # Kritischer Block

    for($i=1; $i<10; $i++) {
        if($i == 9) {
            die "i ist 9!";      # die() bricht das Skript
                                 # _nicht_ ab, sondern nur die
                                 # Abarbeitung des eval-Blocks
        }
    }
};                # Ende des kritischen Blocks

if($@) {          # Fehlerabfrage
    print "Ein Fehler ist aufgetreten: $@";
}
```

exception.pl

1.16.4 Protoypes

Für mehr Typsicherheit bietet Perl seit Version 5.002 das Konzept des *Prototypings* an. Jede Funktion darf also festlegen, welche Arten von Parametern sie akzeptiert.

Stimmen bei einem Funktionsaufruf die Datentypen der zur Verfügung gestellten

Parameter nicht mit denen der Prototype-Definition überein, oder stimmt die Anzahl nicht, so bricht das Perl-Skript mit einer Fehlermeldung ab.

Die Prototype-Deklaration einer Funktion, die beispielsweise als Parameter zwei Skalare erwartet, kann im Code entweder mit

```
sub f($$);
```

explizit angegeben werden oder aber direkt in die Subroutinen-Definition eingearbeitet sein:

```
sub f($$) {
    my ($v1, $v2) = @_;

    # ...
}
```

Hier eine Reihe von möglichen Deklarationen:

```
# Deklaration # Aufruf:
              #
sub f();      # f();        // Keine Parameter erwartet
sub f($);     # f($a);      // Ein Skalar erwartet
sub f($;$$);  # f($a); oder f($a,$b); oder f($a,$b,$c);
              #             // ';' trennt notwendige von
              #             // optionalen Parametern
sub f(@);     # f(@l); oder f($a, $b);
              #             // Liste oder Reihe von Skalaren
sub f(\@);    # f(@l);      // Explizite Liste
sub f(\%);    # f(%h);      // Hash
sub f(\&);    # f({ $a <=> $b});
              #             // Codeblock (Keine Referenz!)
```

Zeigt die Deklaration eine explizite Liste oder einen Hash, erfolgt die Übergabe dieser erweiterten Datentypen *per reference* und nicht *per value*, wie dies ohne Prototyping der Fall wäre. So (oder auch per Referenz) kann die Subroutine Arrays oder Hashes getrennt aus der Parameterübergabeliste holen.

Die nachfolgend definierte Funktion `hash_and_array` nimmt in ihrem Aufruf

```
hash_and_array(%myhash, @myarray);
```

einen Hash und einen Array entgegen (keine Referenzen!), verarbeitet diese jedoch intern als Referenzen:

```
sub hash_and_array (\%\@) {
    my ($hashref, $listref) = @_;

    print "Die Liste enthält: @$listref\n";

    foreach $key (keys %$hashref) {
        print "hash($key) = $hashref->{$key}\n";
    }
}
```

1.17 Signale

UNIX-Prozesse können Signale senden und empfangen. Sie dienen zur Kommunikation von Prozessen untereinander, werden aber auch von Seiten des Betriebssystems zum Zwecke der Benachrichtigung an Prozesse gesendet. Die wichtigsten Signale sind:

```
SIGHUP      # Prozeß vom tty gelöst (Hangup)
SIGINT      # Abbruch, meist durch CTRL-C von der Tastatur
SIGQUIT     # Abbruch, meist durch CTRL-\ von der Tastatur
SIGUSR1     # Benutzerdefiniert
SIGUSR2     # Benutzerdefiniert
SIGALRM     # Abgelaufener Alarm-Timer
SIGTERM     # Default-Signal des kill-Befehls
SIGCHLD     # Prozeß-Child terminierte
SIGSTOP     # Unterbrechung, meist CTRL-Z
SIGCONT     # Fortsetzung, meist fg oder bg
```

Empfangene Signale verarbeitet ein Prozeß über die Definition von Signal-Handlern: Jedem eventuell eintreffenden Signal wird eine Funktion zugeordnet, die Perl in diesem Fall anspringt. Perl verfügt über einen vordefinierten Hash namens `%SIG`, der als *Keys* die abgekürzten Signalnamen (ohne »`SIG`«) und als *Values* Funktionsreferenzen entgegennimmt. Die Zuweisung

```
$SIG{'TERM'} = \&func;
```

definiert, daß das Skript die Funktion `func` anspringt, falls der laufende Prozeß das Signal `SIGTERM` erhält[31].

---

[31] Signal-Handler verfügen traditionsgemäß weder über Input-Parameter noch über Rückgabewerte. Die Umgehung dieses Standards kann – betriebssystemabhängig – zu undefinierbarem Verhalten führen.

Bei `SIG_IGN` handelt es sich um einen Dummy, der *nichts* tut – also das eintreffende Signal ignoriert. Die Zuweisung

```
$SIG{'INT'} = SIG_IGN;
```

macht einen Prozeß also unempfindlich gegen die Tastenkombination CTRL-C, da er das entsprechende Signal in Zukunft einfach nicht bearbeitet.

1.18 Environment

Die in C über die Funktionen `getenv` bzw. `putenv` erreichbaren Environment-Variablen liegen in Perl im vordefinierten Hash `%ENV`.

Die Pfad-Environment-Variable läßt sich so mit

```
$path = $ENV{'PATH'};
```

nach Perl importieren. Eine gesetzte Umgebungsvariable vererbt sich in alle Sub-Prozesse des laufenden Prozesses. So setzt

```
$ENV{'NEWVAR'} = "newvarvalue";
system('echo $NEWVAR');
```

zunächst einen neuen Wert für die Environment-Variable `NEWVAR`, um darauf eine Sub-Shell aufzurufen, die mit dem `echo`-Kommando den Wert von `NEWVAR` (einer Shell-Variablen!) ausgibt.

Kapitel 2

Objektorientierte Programmierung

Mit der Freigabe von Version 5 hielt die Objektorientierung Einzug in Perl. Wozu war das notwendig? Objektorientiertes Denken fördert den Entwurf von Software auf abstrakterer Ebene. Es sorgt für übersichtliche, modulare Programm-Logik und erleichtert so Wartung und Wiederverwendung. Gerade der Skriptsprache Perl tut diese Strukturierung gut, ist sie doch als »Write-only«-Sprache verschrieen: Man könne zwar gut mit ihr programmieren, aber hinterher den Code nicht mehr lesen[1].

Perl ist ohne Zweifel durch »Wegwerf«-Skripts großgeworden. Doch für die Entwicklung umfangreicher Systeme, die unter Umständen erst nach vielen Wochen von vielleicht völlig fremden Menschen modifiziert werden, gelten strengere Anforderungen. Die neuen objektorientierten Features können, richtig eingesetzt, einen Beitrag dazu leisten, Perl als Sprache für anspruchsvolle Anwendungen zu etablieren.

2.1 Einführung

Entwurf und Implementierung nach objektorientierter Manier sind jeweils ein Kapitel für sich und können an dieser Stelle unmöglich in zufriedenstellender Breite behandelt werden. Vollständige und empfehlenswerte Ausführungen zu diesem

---

[1] Noch ein beliebter Scherz: Perl sei die einzige Sprache, die man uuencoden könne, ohne hinterher einen inhaltlichen Unterschied festzustellen.

Thema finden sich in [Rum91] oder [Boo94], einen Katalog bewährter Modellierungen bietet [Gam95]. Dennoch soll wenigstens eine kurze Einführung das Interesse derjenigen Leser wecken, die noch nicht mit objektorientierten Methoden vertraut sind.

2.1.1 Objekte, Daten und Methoden

»Alles ist ein Objekt!« – diese Phrase mag schon keiner mehr hören. Begnügen wir uns damit, festzustellen, was ein Objekt *hat*: Einen Zustand und eine Schnittstelle für Methoden, die diesen internen Zustand, eine Ansammlung unterschiedlichster Daten, modifizieren oder abfragen.

Für die praxisnahe Erklärung der nachfolgend vorgestellten objektorientierten Methoden soll eine Perl-Liste dienen, die einmal als »normaler« Perl-Datentyp `@plist` und einmal als objektorientierte Blackbox *olist* vorliegt. Die Implementierung dieser Liste spielt zu keiner Zeit eine Rolle, sie existiert nur fiktiv zur Erläuterung objektorientierter Prinzipien. Die Bezeichnung *olist* ist dabei ein Platzhalter für die tatsächliche Objekt-Repräsentation, die erst später zur Sprache kommt.

Die Perl-Liste `@plist` und das Listen-Objekt *olist* enthalten beide eine Reihe von Werten. Objektorientiert gesprochen, spiegeln diese Werte den inneren Zustand von *olist* wider.

Für `@plist` existieren Funktionen wie `push`, `shift` usw., die den Listeninhalt manipulieren und abfragen. So fügt der Aufruf

```
push(@plist, "item1");
```

den Skalar `"item1"` an das Ende der Liste an.

Das Listenobjekt *olist* hingegen hält nicht nur die Listendaten vorrätig, sondern bietet auch noch einen festen Satz von Funktionen an, die den Zugriff auf sein Innerstes ermöglichen. Das Objekt »kennt« die zulässigen Operationen auf seine Daten. Der mit der obigen Anweisung äquivalente Methodenaufruf heißt:

```
olist->push("item1");
```

Ausgehend von einer Objektrepräsentation greift der Programmierer über eine Methode auf den Objektinhalt zu[2] – ein wichtiges Prinzip der Objektorientierung.

[2] Einzelheiten zum Operator `->` finden sich erst in Abschnitt 2.2.2.

2.1.2 Klassen

Die Erzeugung eines Objektes, seine Instantiierung, läuft nach dem Bauplan der zugehörigen Klasse ab. Die Klasse definiert die Implementierung ihrer Objekte. Sie legt die interne Datenrepräsentation und die Schnittstelle nach außen für jedes Objekt fest, das nach ihrem Muster entsteht.

`@plist` ist vom Perl-Datentyp »Liste«. Analog soll das Listenobjekt *olist* von der fiktiven Klasse `ListClass` abstammen, die die interne Struktur von *olist* sowie die Methoden festlegt, die darauf zugreifen dürfen. *olist* besteht intern vermutlich aus einer doppelt verketteten Liste mit dynamisch allokierten Einträgen. Doch diese internen Strukturen sind nach außen hin nicht sichtbar, Methoden wie `push`, `shift` usw. abstrahieren sauber die tatsächliche, unter Umständen haarsträubende Implementierung.

Dieses Kapselungsprinzip, das »Verstecken« interner Strukturen, ist ein zentrales Thema der Objektorientierung. Ein Objekt bietet eine Methodenschnittstelle nach außen an, der Direktzugriff auf seine Daten ist verpöhnt. Den Entwickler zwingt dies, beim Software-Entwurf Implementierung und Schnittstelle sauber voneinander zu trennen. Diese Anstrengung macht sich jedoch später bezahlt, wenn sich alte Implementierungen problemlos austauschen oder an anderer Stelle weiterverwenden lassen, weil die Schnittstelle gleich oder zumindest aufwärtskompatibel bleibt.

2.1.3 Klassenbeziehungen

Objektorientiertes Design bietet aber noch mehr Möglichkeiten, Entwicklungszeit durch Wiederverwendung zu sparen: Klassenbeziehungen erlauben es, Verbindungen zwischen bestehenden Konzepten herzustellen.

Vererbung

Vererbung ist wohl die bekannteste Klassenbeziehung. Sie ist auch als Generalisierung / Spezialisierung bekannt. Allgemeine Klassen vererben ihre Eigenschaften an spezialisierte Klassen, die sowohl die vererbten Eigenschaften nutzen oder überschreiben als auch zusätzliche Funktionalität definieren können.

Einen Spezialtyp der Listenklasse `ListClass` stelle die Klasse `NumListClass` dar, die nur Zahlenwerte aufnehmen kann. Sie offeriert an ihrer Schnittstelle zwar alle typischen Listenfunktionen, doch zusätzlich noch eine Methode `sum`, die die gespeicherten Zahlenwerte addiert. Als zusätzliches Feature im Sinne der Typsicherheit modifiziert `NumListClass` die ererbte Methode `push` noch dahin, daß sie von vorneherein nicht-numerische Werte zurückweist. Dieser Vorgang ist allgemein auch als *Überladen* von ererbten Funktionen bekannt.

Vererbung setzt die Unterstützung durch Konstrukte der Programmiersprache voraus. In diesem Sinne sucht der Perl-Interpreter in der abgeleiteten Klasse nicht definierte Methoden oder Datenstrukturen automatisch in der Implementierung der Basisklasse. Diesen Vorgang löst nicht etwa eine spezielle Anweisung aus. Die Methodensuche in der Klassenhierarchie entspricht vielmehr einem eingeprägten Verhalten, das allein die Klassendefinition implizit festlegt.

Vererbte Klassen stehen über die »ist ein«-Beziehung in Verbindung. Doch nicht immer ist ein Konzept der Spezialfall eines anderen. Oft beinhaltet eine Klasse eine andere (Aggregation, »hat ein«), kennt sie flüchtig (Assoziation) oder nutzt ihre Dienste (Using).

Aggregation

Eine aggregierte Klasse ist tatsächlich Bestandteil der aggregierenden Klasse, was durch die Beziehung »ist ein Teil von« zum Ausdruck gebracht wird. Gelungene Aggregationen liegen dann vor, wenn die betroffenen Objekte beider Klassen gemeinsam existieren und das Objekt der aggregierenden Klasse die Verantwortung für das aggregierte Objekt übernimmt.

Die Implementierung der Beispiel-Listenklasse `ListClass` soll zur schnellen Elementsuche auch noch einen Hash führen, der über Schlüsselwörter allen abgelegten Listenelementen einen Index zuordnet. Jeder Instanz der Klasse `ListClass` ist dann ein Objekt der Klasse `HashClass` nicht nur zugeordnet, sondern »beigepackt«. Beide Objekte existieren nur miteinander, und das Listenobjekt ist für das Hash-Objekt verantwortlich.

Assoziation

Die Assoziation hingegen modelliert eine Beziehung, bei der die assoziierende Klasse die assoziierte Klasse nur »kennt«, aber nicht beinhaltet. Aggregation und Assoziation sind leicht zu verwechseln, zumal sie sich im Perl-Code vollkommen identisch darstellen[3].

Letztlich bestimmt nur die Verwendungsintension darüber, ob Klassen nun aggregierend oder assoziierend in Verbindung stehen. Aus der Art der gewählten Bezie-

[3] Ähnlich wie es auch in C++ oft realisiert wird, enthalten sowohl aggregierende als auch assoziierende Klassen Referenzen auf Objekte der Ziel-Klasse.

hung ergeben sich jedoch noch zusätzliche Nebeneffekte: Während zum Beispiel bei der Aggregation oft nur die gemeinsame Existenz von Objekten der aggregierten Klassen sinnvoll ist, sind assoziierte Objekte so lose gekoppelt, daß sie auch einzeln existieren können. Dieser Effekt schlägt sich schließlich in der Implementierung nieder, die die »Verantwortung« aggregierter Objekte untereinander realisieren muß.

Um elegant über alle Einträge der Beispiel-Liste *olist* zu iterieren, soll eine Klasse `ListIterator` Verwendung finden. Ein Objekt dieser Iteratorklasse soll nichts anderes tun, als initialisierend einen Zeiger auf den Anfang einer Liste zu positionieren, um ihn anschließend auf Anforderung von Element zu Element weiterzuschieben. Die Iteratorklasse verbindet dann mit der Listenklasse `ListClass` eine Assoziationsbeziehung – sie »kennt« `ListClass`, kommuniziert mit ihr, aber vereinnahmt sie nicht.

Using

Die Using-Beziehung implementiert eine Client-Server-Architektur mit den beteiligten Klassen. Der Clientklasse nutzt hierbei die Dienste der Serverklasse.

Ein Beispiel für eine Using-Beziehung ist die Beziehung der Listenklasse zu einer Fehlerklasse, die sich auf die Ausgabe von Fehlermeldungen spezialisiert. So »weiß« ein Listenobjekt im Fehlerfall zwar um die Existenz eines passenden Fehlerobjekts, beinhaltet es aber nicht, sondern nutzt lediglich seine Dienste.

Aggregation, Assoziation und Using lassen sich im Gegensatz zur Vererbung einfach durch Klassen-Verweise auf Programmierungs-Level implementieren und setzen lediglich Klassen-Unterstützung der Programmiersprache voraus.

Diese Informationen aus der Welt der Klassen und Objekte sollen als Grundlage für die angewandte Objektorientierung in Perl zunächst genügen. Die nachfolgende Sektion führt ins Detail der Programmierung.

2.2 Objektorientiertes Perl

Perl unterstützt ab Version 5 Konstrukte, die folgende Modellierungen erlauben:

- Klassen
- Klassenbeziehungen

- Instantiierung von Objekten
- Instanzdatenzugriff über Methoden

Bereits Perl 4 kannte das Verfahren der Modularisierung – Codepakete konnten in externe Dateien ausgelagert und mittels des `require`-Befehls zum Hauptprogramm hinzugebunden werden. Hierbei stellte das Package-Konstrukt sicher, daß jedes Programm-Paket seinen eigenen Namensraum für Variablen erhielt, ohne sich beispielsweise mit dem des Hauptprogramms zu überschneiden.

Mit einer geschickten Kombination von Referenzen auf Hashes und Modul-Abstraktion gelang es in Perl 5, ohne viele Änderungen an der Sprachsyntax objektorientierte Funktionalität zu integrieren. Die nachfolgenden Ausführungen machen ausführlichen Gebrauch von den in Abschnitt 1.3.5 erläuterten Grundlagen von Referenzen und setzen deren Verständnis voraus.

2.2.1 Klassen und Module

Als ernüchternde Vorweg-Information sei gleich gesagt, daß eine Klasse in Perl 5 nichts weiter ist als ein Package, dessen Subroutinen Objekte manipulieren und damit Methoden im Sinne objektorientierter Programmierung sind. Jede dieser Methoden erwartet als erstes Argument eine Objektreferenz und operiert anschließend auf den Instanzvariablen.

Die typische Klassendefinition schreibt sich

```
package Myclass;

sub new {              # Konstruktor
    ...
}

sub method1 {          # Methode
    ...
}

sub method2 {          # Methode
    ...
}

1;
```

Hierbei entsteht lediglich ein Perl-Package, das üblicherweise in einem eigenen Modul residiert. Das Package liefert getreu den Perl-Konventionen `1` als Rückgabewert und signalisiert so dem Skript, das es einbindet, die ordnungsgemäße Initialisierung[4].

Die definierten Subroutinen implementieren die Methoden `method1` und `method2` sowie den Konstruktor `new`, der für die Objekt-Instantiierung verantwortlich zeichnet.

2.2.2 Objekte

Perl stellt im Gegensatz zu objektorientierten Sprachen wie C++ oder Smalltalk keinen Automatismus zur Instanziierung von Objekten bereit, sondern fordert vom Programmierer etwas Handarbeit.

Die nachfolgenden Überlegungen sollen helfen, festzustellen, was ein Objekt zum Existieren braucht. Ein Objekt

- realisiert mit seinen Methoden ein eingeprägtes Verhalten
- befindet sich zu jedem Zeitpunkt in einem definierten Zustand, den die Werte seiner Instanzvariablen widerspiegeln
- verfügt über eine Identität, unterscheidet sich also eindeutig von anderen Objekten derselben Klasse oder Objekten fremder Klassen

Die Aufgabe eines Konstruktors ist es also, ein Objekt ins Leben zu rufen, das

- einen Bezug zu seiner Klasse besitzt (d.h., das Objekt »weiß«, von welchem Typ es ist) und damit seine Membervariablen und Methoden kennt
- einen Satz von Werten für seine Instanzvariablen speichert

Den Klassenbezug eines neues Objekts stellt die Funktion `bless`[5] her, die einen Datentyp auf »magische« Weise mit einem Package verbindet. Doch von welchem Perl-Datentyp ist eigentlich ein Objekt?

Bei dieser Frage hilft ein Blick auf die zweite Anforderung: Die Realisierung eines eigenen Namensraumes für Instanzvariablen des Objekts. Dieser garantiert dann, daß die Variable `membervar` des Objekts `A` einen anderen Wert annehmen kann als die gleichnamige Variable des Objekts `B` derselben Klasse.

---

[4] Grundlagen zur Moduleinbindung zeigt Abschnitt 1.3.4.

[5] to bless, *engl.*: segnen.

Diesen Namensraum implementiert ein Hash, dessen *Keys* die Variablennamen und dessen *Values* deren Werte sind. Der Rest ist einfach: Der `bless`-Befehl bindet den Hash an die zugehörige Klasse, und eine Referenz des Hashes dient dann als Objektreferenz.

Für das oben schematisch angedeutete Package `Myclass` schreibt sich der Konstruktor einfach

```
sub new {                  # Konstruktor
    bless {};
}
```

Perl-typisch definiert diese kurze Notation eine Menge Funktionaliät. Als erstes erzeugt {} einen anonymen Hash für den Namensraum des neuen Objektes und liefert eine Referenz zurück. Der Hash benötigt keinen Namen, da er später über die Objektreferenz eindeutig identifizierbar ist. Er ist zum Zeitpunkt der Initialisierung leer, d.h., er enthält keinerlei *Key-Value*-Paare: Für das Objekt sind noch keinerlei Instanzvariablen definiert. Über die *Keys* dieses Hashes werden später die Instanzvariablen angesprochen und mit Werten belegt.

Der anonyme Hash realisiert alles, was das Objekt ausmacht: Einen Namensraum für Membervariablen und den Klassenbezug. Letzteren stellt die `bless`-Funktion her, die den Hash als der Klasse `Myclass` zugehörig markiert. Da `bless` auch gleichzeitig die Referenz des »gesegneten« Hashes zurückliefert und zudem als letzte Funktion im Konstruktor steht, gibt `new` dem rufenden Hauptprogramm die Hashreferenz zurück – welches sie anschließend als »Objektreferenz« interpretiert.

Im Hauptprogramm löst

```
use Myclass;

$objref = Myclass->new();
```

den Aufruf des Konstruktors aus. Nachdem `use Myclass` das Package `Myclass` gefunden und initialisiert hat, aktiviert `Myclass->new()` die Subroutine `new`, welche, wie oben ausgeführt, die »gesegnete« Referenz des anonymen Hashes (die Objektreferenz) zurückgibt.

2.2.3 Methoden

Die Objektreferenz hat nicht nur Zugriff auf Membervariablen, sondern verfügt auch noch über den Klassenbezug, der den Aufruf von Methoden ermöglicht. So aktiviert ein nachfolgender Aufruf von

```
$objref->method1();
```

die Methode `method1` im Package `Myclass`.

Wie sieht nun die Implementierung einer typischen Methode der Klasse `Myclass` aus? Dies soll ein Beispiel illustrieren, das eine Methode `check` definiert, die den Zustand einer (noch nicht definierten) Instanzvariablen namens `running` prüft. Bei undefiniertem Wert oder für den Fall `running == 0` soll `check` den Wert `0` zurückliefern, in allen anderen Fällen `1`.

Der Aufruf

```
$ret = $objref->check();
```

im Hauptprogramm aktiviert die Methode `check` aus dem Package `Myclass` und sorgt gleichzeitig dafür, daß `check` als ersten Funktionsparameter die Referenz `$objref` beigepackt erhält.

Die Methode `check` selbst holt sich die Objektreferenz wiederum vom Stack und kann so auf Instanzdaten operieren:

```
sub check {
    my $self = shift;

    exists($self->{'running'}) &&        # Existenz
        $self->{'running'};              # != 0
}
```

Die lokale Variable `$self` erhält so die Referenz des anonymen Hashes zugewiesen. Die Hash-Daten liegen damit über

```
$value = ${$self}{'key'}
```

oder auch

```
$value = $self->{'key'}
```

offen[6]. `$self` entspricht damit ungefähr dem `this`-Pointer in C++, der in jedem C++-Objekt als Selbstreferenz bereitsteht. In Perl erledigt die `$self`-Initialisierung jedoch kein Compiler, vielmehr weist der Programmierer am Anfang jeder Methode der Variablen `$self` die über den Stack hereingereichte Objektreferenz explizit zu.

---

[6] Siehe Abschnitt 1.3.5.

`$self->{'running'}` greift also auf den anonymen Hash des Objektes zu und holt den zum *Key* `running` gehörigen Wert. Auf Objektebene heißt das: Abfrage der Instanzvariablen `running` des aktuellen Objektes.

2.3 Erstes Beispiel

Nun ist es an der Zeit, das erste objektorientierte Anwendungsbeispiel anzugehen. Die nachfolgend vorgestellte Klasse `Process` modelliert UNIX-Prozesse. Instantiierte Prozeß-Objekte verhalten sich entsprechend ihren realen Pendants: Sie verfügen über Methoden, um einen Prozeß zu starten, seinen Zustand abzufragen und ihn wieder zu beenden. Über diese Abstraktion lassen sich sogar Prozesse überprüfen, die ihre Aktivitäten längst eingestellt haben – ihre Kapsel-Objekte überdauern sie.

Prozeß-Objekte modellieren entweder Shell-Prozesse oder Perl-Subroutinen. Einen Shell-Prozeß startet ein Skalar, der die entsprechende Shell-Kommandozeile als String enthält. Andererseits legt eine Referenz auf eine Subroutine den Start derselben als Hintergrundprozeß fest.

Listing `process.pl` zeigt ein Testbeispiel für einen Sleep-Prozeß. Der Aufruf des Konstruktors erzeugt ein neues Prozeß-Objekt, welches anschließend die Methode `start` mit dem String `"sleep 10"` als Parameter aufruft. Die Schleife prüft im Sekundentakt den Prozeßstatus, wobei nach dem dritten Durchlauf die `kill`-Methode den Prozeß frühzeitig beendet.

process.pl

```
#!/usr/bin/perl -w

use Process;

$myproc = Process->new();       # Neues Prozess-Objekt
                                # anlegen
$myproc->start("sleep 10") ||   # Sleep-Prozess starten
    die "Start: Error";

for($i=1; $i<=5; $i++) {        # Prozess-Status periodisch
                                # abfragen
    if($myproc->poll()) {
        print "Läuft\n";
    } else {
        print "Läuft nicht\n";
    }
```

```
    if($i==3) {                  # Im dritten Durchlauf ...
        $myproc->kill() ||       # Prozess terminieren
            die "Kill: Error";
    }

    sleep(1);
}
```

process.pl

Entsprechend lautet die Ausgabe von `process.pl`:

```
Läuft
Läuft
Läuft
Läuft nicht
Läuft nicht
```

Das Modul `Process.pm`, welches `process.pl` zu Anfang mit dem Konstrukt `use Process;` einbindet, stellt eine typische Klassenimplementierung dar, die außer dem Konstruktor `new` noch die Methoden `start`, `poll` und `kill` definiert.

Process.pm

```
package Process;

###
### $proc_obj=Process->new();
###
sub new {
  bless {};
}

###
### $ret = $proc_obj->start("prg"); - Shell-Prozeß im
###                                   Hintergrund starten
sub start {
  my $self  = shift;
  my $func  = shift;

  # Zombies verhindern
  $SIG{'CHLD'} = sub { wait };

  # Mit fork einen Subprozeß erzeugen
  $self->{'pid'} = fork();

  if(!defined $self->{'pid'}) {
```

```
    return 0;                          # Forkfehler
  } elsif($self->{'pid'} == 0) {       # Child-Prozeß:
    if(ref($func) eq "SCALAR") {
      exec "$func";                    # Shell-Prozeß starten
    } else {
      &$func; exit 0;                  # Subroutine starten
    }
  } else {                             # Parent-Prozeß:
    return 1;                          # OK zurückgeben
  }
}

###
### $ret = $proc_obj->poll(); - Prozeßstatus abfragen:
###                             1="läuft" 0="läuft nicht"
sub poll {
  my $self = shift;

  exists $self->{'pid'} &&         # pid initialisiert &&
    kill(0, $self->{'pid'});       # Prozeß reagiert
}

###
### $ret = $proc_obj->kill([SIGXXX]); - Signal an Prozeß
###                                     schicken, Default-
###                                     Parameter: SIGTERM
sub kill
{
  my $self = shift;
  my $sig  = shift;

  # Falls kein Parameter spezifiziert => SIGTERM-Signal
  $sig = SIGTERM unless defined $sig;

  # Prozeß initialisiert?
  return 0 if !exists $self->{'pid'};

  # Signal senden
  kill($sig, $self->{'pid'}) || return 0;

  # Prozeß als nicht-existent markieren
  delete $self->{'pid'};

  1;
}

1;
```

Process.pm

Die Implementierung der Prozeß-Klasse verwendet nur eine einzige Instanzvariable: Die `start`-Methode legt die Nummer des gestarteten Prozesses in der Instanzvariablen `pid` ab, damit sie den Methoden `poll` bzw. `kill` anschließend zur Verfügung steht. Da der Konstruktor keinerlei Initialisierung von Instanzvariablen vornimmt, bleibt `pid` bis zum Start des ersten Prozesses undefiniert, was den Methoden `kill` und `poll` wiederum als Information dafür dient, ob je ein Prozeß aktiv war. Die Funktion

```
exists($hashname{'key'})
```

liefert ja bekanntlich 1, falls zu einem gegebenen *Key* ein *Value* im Hash existiert, während

```
delete($hashname{'key'})
```

die *Key-Value*-Zuordnung auflöst, aber den Hash selbst bestehen läßt.

Der Rest ist UNIX: Die `start`-Methode erzeugt mittels des System-Calls `fork` einen Child-Prozeß. Abhängig davon, ob `start` als erster Parameter eine Subroutinen-Referenz oder ein Skalar vorliegt, startet es eine Perl-Funktion oder einen Shell-Prozeß, dessen Kommandozeile der Skalar birgt.

Während `exec` eine Shell startet, die das vorgegebene Kommando ausführt, aber danach nie wieder in den Fluß des rufenden Programmes zurückkehrt, sondern terminiert, muß dem Aufruf einer spezifizierten Perl-Subroutine eine explizite `exit 0` Anweisung folgen, da sonst der Child-Prozeß in die Fußstapfen des Parent-Prozesses tritt und diesem irgendwann ins Gehege kommt.

Aufmerksamkeit verdient noch der Signal-Handler, der die Entstehung von Zombies unterbindet. *Zombies* sind terminierte Child-Prozesse, die noch nicht von ihren Parent-Prozessen durch einen `wait`-Befehl erlöst wurden und so dazu verdammt sind, auf ewig im System herumzugeistern.

Im Beispiel löst das `SIGCHLD`-Signal, das ein Parent-Prozeß als Todesnachricht seines terminierenden Child-Prozesses empfängt, im Signal-Handler einen `wait`-Befehl aus, der einen Zombie »erntet«[7].

Der `poll`-Mechanismus basiert darauf, daß man einem laufenden Prozeß fehlerfrei das Signal mit der Nummer `0` senden kann. Scheitert diese Aktion, existiert der Prozeß nicht mehr. Die `kill`-Methode hingegen schickt dem Child-Prozeß ein mitgeliefertes Signal oder, falls kein Parameter gesetzt ist, `SIGTERM`[8].

---

[7] Es heißt tatsächlich: »to reap a zombie«.

[8] SIGTERM ist das Signal, das der `kill`-Befehl einem Prozeß normalerweise schickt.

2.4 Objektorientierte Programmierung im Detail

Den ersten objektorientierten Schritten mit Perl 5 folgen nun detailliertere Ausführungen der objektorientierten Features.

2.4.1 Package-Definition

Zur Instantiierung eines Objektes muß die Definition der zugehörigen Klasse bekannt sein. Das Konstrukt `use Myclass` veranlaßt den Perl-Interpreter, in allen ihm bekannten Include-Pfaden nach einer Datei namens `Myclass.pm` zu suchen und die angegebene Package-Definition aus dem Modul einzulesen[9].

Wichtig dabei ist, daß die inkludierte Datei einen »wahren« Wert zurückliefert, sonst scheitert die Anweisung `use Myclass`.

Des weiteren existiert die Möglichkeit, Klassendefinition und Skript in ein und derselben Datei abzulegen:

```
package Myclass;

sub new {                 # Konstruktor
    bless{};
}

...                       # Weitere Methoden

package main;

$obj = Myclass->new();    # Objekt-Instantiierung

...
```

Im Unterschied zur Einbindung mit `use Myclass` darf hier die abschließende `1;` entfallen[10].

2.4.2 Statische und virtuelle Methoden

Perl unterscheidet zwischen sogenannten statischen und virtuellen Methoden. Konstruktoren sind durchweg statisch: Weil bei ihrem Aufruf noch keine Objektreferenz

---

[9] Siehe auch Abschnitt 1.3.4.

[10] Das sonst verwendete Konstrukt `use Myclass;` verlangt, daß die eingebundene Datei einen Wert ungleich `undef`, 0 oder dem Leerstring zurückgibt.

bekannt ist, da sie diese erst erzeugen müssen, werden sie durch den Package-Namen spezifiziert. Die Anweisungen

```
$objref = Mypackage->new();
```

und

```
$objref = new Mypackage;
```

sind äquivalent und rufen die Subroutine `new` im Package `Mypackage` auf, wobei sie ihr als ersten Parameter den Namen `"Mypackage"` übergeben. Diese Information nutzen manche Konstruktor-Formen (siehe Abschnitt 2.4.3).

Über die vom Konstruktor zurückgelieferte Objektreferenz ist es anschließend möglich, mittels

```
$objref->method();
```

die sogenannten virtuellen Methoden anzusprechen, die als ersten Parameter im Gegensatz zu den statischen Methoden keinen Package-Namen, sondern eine Objektreferenz erwarten – und über den oben gezeigten Aufruf auch implizit mitgeliefert bekommen.

2.4.3 Konstruktor

Die bisher vorgestellte Konstruktor-Kurzform

```
sub new {
    bless {};
}
```

bietet in manchen Fällen nicht die gewünschte Funktionalität, denn die `bless`-Anweisung im Beispiel bindet den anonymen Hash hier an das Package, das den Konstruktor definiert. Die Langform

```
sub new {
    my $class = shift;        # Package-Namen empfangen
    my $self = {};            # Anonymen Namens-Hash anlegen
    bless($self, $class);     # Segnen
}
```

hingegen bindet den Hash mit der erweiterten Signatur der `bless`-Anweisung an das Package, dessen Name dem Konstruktor als statischer Methode standardmäßig als erster Parameter vorliegt. Verwendung findet die Langform vor allem bei der Klassenvererbung[11] (siehe Abschnitt 2.4.6).

Auch zur Initialisierung von Instanzvariablen ist der Konstruktor die richtige Stelle. Nach der Definition des Namens-Hashes[12] sind Zuweisungen möglich. Wichtig ist nur, daß der Konstruktor am Ende tatsächlich die Referenz des »gesegneten« Hashes zurückgibt:

```
sub new {
    my $class = shift;
    my $self = {};

    $self->{'varname'} = 42;        # Initialisierung
                                    # einer Instanz-Variablen

    bless($self, $class);           # Blessen und zurückgeben
}
```

2.4.4 Destruktor

Der Reference-Mechanismus in Perl 5 zerstört automatisch nicht mehr benötigte Instanzen, deren Referenzzähler bei null angelangt ist. Eine vom Konstruktor gelieferte Objektreferenz `$objref` (und mit ihr das Objekt selbst bzw. der Namens-Hash) verschwindet erst nach einem expliziten

```
undef $objref;
```

oder am Ende des Gültigkeitsbereichs von `$objref`, sofern nicht noch mehr Referenzen auf das Objekt existieren.

Sind hingegen noch zusätzliche Aufräumarbeiten für eine Klasse notwendig, spricht nichts gegen die Implementierung eines Destruktors, der passenderweise

```
sub delete {
    ...
}
```

---

11 Da man nie wissen kann, ob nicht eines Tages jemand von der Klasse erben möchte, empfehlen erfahrene Perl-Programmierer, die Langform generell zu verwenden.

12 Um hier keinen falschen Eindruck entstehen zu lassen: Der Hash als Speichermedium für die Instanzvariablen eines Objektes ist keineswegs zwingend vorgeschrieben. Es handelt sich lediglich um *eine* von mehreren möglichen Implementierungen.

heißen sollte und explizit mit

```
$objref->delete();
```

aufzurufen ist, *bevor* das Objekt seine Gültigkeit verliert. Kurz vor der automatischen Zerstörung, die einsetzt, sobald die letzte Referenz auf ein Objekt verschwindet, sucht der Interpreter noch eine Methode mit dem Namen `DESTROY` im Package und führt sie, falls vorhanden, aus. Als einziges Argument erhält sie die letzte verbliebene Objektreferenz, darf also wie alle anderen Methoden die Referenz auf den Namens-Hash über den Stack entgegennehmen. Notwendige Last-Minute-Aktionen vor der *automatischen* Müllbeseitigung liegen also in einer für diesen Zweck definierten `DESTROY`-Methode einer Klasse richtig.

2.4.5 Instanzvariablen

Über die Objektreferenz, die jede Methode automatisch als ersten Parameter mitgeliefert bekommt, erfolgt der Zugriff auf die Instanzvariablen. Die Anweisung

```
$self->{'varname'}
```

liefert über den Hash-Eintrag mit dem *Key* `varname` den skalaren Wert der Instanzvariablen `varname` zurück. Nun bestehen Objekte aber oft auch aus komplizierteren Datentypen, definieren selbst weitere Listen, Hashes oder Referenzen auf weitere Objekte.

Da ein Hash-Eintrag entweder ein Skalar oder eine Referenz darstellen kann, darf der Namens-Hash ruhig auch Referenzen auf weitere Perl-Typen enthalten. Soll die Instanzvariable `mylist` eine Perl-Liste halten, bezeichnet

```
$self->{'mylist'}
```

eine Listenreferenz, die mittels des Dereferenzierungs-Operators `@{...}` zur Liste mutiert. Diese Notation erlaubt dann alle möglichen Listenoperationen:

```
@{$self->{'mylist'}} = ("item1", "item2");  # Zuweisung

push(@{$self->{'mylist'}}, "item3");        # Push
pop(@{$self->{'mylist'}});                  # Pop

$self->{'mylist'}->[1];                     # 2. Element
$self->{'mylist'}[1];                       # 2. Element
```

Analog dazu können Instanzvariablen Referenzen auf Hashes oder Subroutinen beherbergen.

Referenzen auf andere Objekte sind Hash-Referenzen und können als solche behandelt werden. Bei Schwierigkeiten mit der ungewohnten Deferenzierungs-Notation hilft Abschnitt 1.3.5 weiter.

2.4.6 Vererbung

Vererbung ist eine Möglichkeit, Beziehungen zwischen Konzepten herzustellen. Klassen repräsentieren Konzepte: Läßt sich von einer Klasse `Derivedclass` sagen, daß sie »eine Art« einer Klasse `Baseclass` ist, spricht vieles dafür, die Eigenschaften von `Baseclass` an `Derivedclass` zu vererben.

Ein Auto stellt »eine Art« Fahrzeug dar. Also darf die abgeleitete Klasse Auto von ihrer Basisklasse Fahrzeug eine Reihe von Eigenschaften erben. Ein Auto verfügt beispielsweise, wie andere Fahrzeuge auch, über die Eigenschaft, sich fortbewegen zu können. Darüber hinaus bietet ein Auto Funktionalität, die es deutlich von anderen Fahrzeugen unterscheidet: So lassen sich damit auch schwere Lasten transportieren, was mit einem Fahrrad, auch einer von der Fahrzeugklasse abgeleiteten Klasse, im allgemeinen nicht möglich ist.

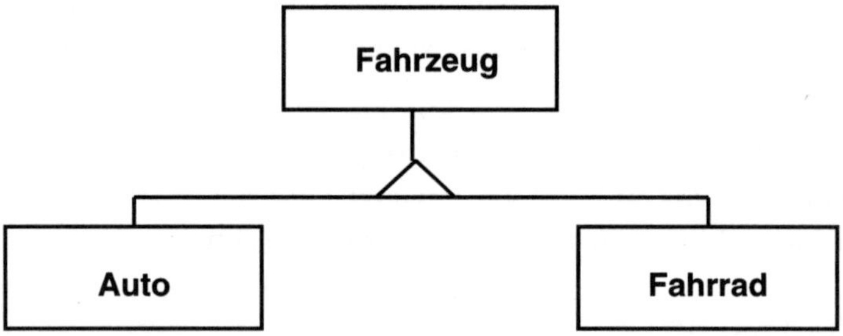

Offensichtlich sind die Vorteile dieses Verfahrens: Nicht jede Klasse muß von Grund auf implementiert werden, vielmehr reicht es, ein bekanntes Konzept zu übernehmen und zusätzlich erforderliche Funktionalität zu definieren. Um auch diesen Mechanismus in Perl zu aktivieren, ist – wie gewohnt – etwas Handarbeit notwendig.

Ein Package erhält die Lizenz zum Ausführen fremder Methoden über einen Eintrag in dem package-eigenen Array `@ISA`. Der Name dieses Arrays soll die vererbungstypische »is a«-Beziehung von Klassen symbolisieren, im Sinne von »ist ein« oder

»ist eine Art von«. Findet ein Objekt eine Methode nicht im eigenen Package, beginnt es, alle in `@ISA` enthaltenen Packages abzusuchen. Dies entspricht einer *depth-first*-Suche in der Klassenhierarchie: Jedes untersuchte Package kann nämlich seinerseits ein `@ISA`-Array definieren und dadurch Methoden anderer Packages nutzen.

Dadurch kann ein Objekt nicht nur auf seine eigenen Methoden zugreifen, sondern auch auf die aller Packages, aus denen seine eigene Klasse direkt oder indirekt abgeleitet ist. Dies erfolgt völlig transparent, also ohne Angabe, in welchem Package sich die gesuchte Methode letztlich befindet.

So legt

```
package Deripac;
@ISA = ("Basepac1", "Basepac2");
```

fest, daß das aktuelle Package die Funktionalität von `Basepac1` und `Basepac2` erbt.

Anders als zum Beispiel in C++, wo der Compiler vor der Erzeugung eines Objekts einer abgeleiteten Klasse den Konstruktor der Basisklasse aufruft, ist in Perl der Konstruktor eine Methode wie jede andere. Wenn für die Erzeugung eines abgeleiteten Objekts zunächst der Konstruktor der Basisklasse aufzurufen ist, muß die Implementierung dies explizit sicherstellen.

Üblicherweise ruft der Konstruktor einer abgeleiteten Klasse einfach den der Basisklasse auf. Falls die abgeleitete Klasse keine zusätzlichen Daten initialisieren muß, gibt es aber auch eine elegantere Lösung: Die Basisklasse vererbt einfach ihren Konstruktor an die abgeleitete Klasse.

Listing `inhCon.pl` zeigt die Vererbung eines Konstruktors: Die Basisklasse `Basepac` enthält den Konstruktor `new`, die abgeleitete Klasse `Deripac` definiert nur eine zusätzliche Methode `derimethod`.

inhCon.pl

```
#!/usr/bin/perl -w

### Basisklasse

package Basepac;

sub new {                  # Basisklassen-Konstruktor
    my $type = shift;
```

```
    my $self = {};
    bless $self, $type;
}

sub basemethod {           # Basisklassenmethode
    print "Methode: basemethod\n";
}


### Abgeleitete Klasse

package Deripac;

@ISA = qw ( Basepac );     # Erbt von Basepac

sub derimethod {           # Methode der abgeleiteten Klasse
    print "Methode: derimethod\n";
}


package main;

$derobj = Deripac->new();  # Objekt der abgeleiteten
                           # Klasse initiieren

$derobj->derimethod();     # Eigene Methode
$derobj->basemethod();     # Geerbte Methode
```

inhCon.pl

Wenn `main` nun über `Deripac->new()` den Konstruktor der Klasse `Deripac` aufruft, greift Perl, da diese Methode in `Deripac` nicht existiert, einfach auf die Funktion `new` der Basisklasse zurück.

Damit das entstehende Objekt nun zur Klasse `Deripac` und nicht zu `Basepac` gehört, muß der Konstruktor den Anforderungen der Vererbbarkeit genügen. Die in Abschnitt 2.4.1 verwendete Kurzform

```
sub new {
    bless {};
}
```

reicht dafür nicht mehr, denn ein `bless` des anonymen Hashes auf das aktuelle Package `Basepac` würde statt eines `Deripac`-Objekts eines der Klasse `Basepac` erzeugen. Dagegegen wertet die in Abschnitt 2.4.3 vorgestellte Langform

```
sub new {
    my $class = shift;
    my $self = {};
    bless $self, $class;
}
```

einfach den standardmäßig mitgelieferten Klassennamen aus und bindet den anonymen Namens-Hash an die richtige Klasse. Es zählt letztlich nur, welches Package den Aufruf des Konstruktors ursprünglich initiiert hat, *nicht* in welchem Package der Konstruktor *steht*.

Müssen hingegen sowohl die abgeleitete als auch die Basisklasse eigene Variablen initialisieren, bleibt der abgeleiteten Klasse nichts übrig, als in ihrem Konstruktur den Konstruktor der Basisklasse explizit aufzurufen.

Genau dies realisiert Listing `inherit.pl`. Der Konstruktor `new` der Klasse `Deripac` enthält die Anweisung `Basepac->new()`, die den Namens-Hash von `Basepac` anlegt. Den zurückgelieferten Wert weist `Deripac` dann seiner eigenen `$self`-Variablen zu, die `Deripac` dann verwendet, als wäre es die Referenz auf den eigenen Namens-Hash.

Dieses Verfahren automatisiert das Überladen von Variablen der Basisklasse seitens der abgeleiteten Klasse, denn beide teilen sich einen Namensraum.

inherit.pl

```
#!/usr/bin/perl -w

package Basepac;                # Basisklasse


sub new                         # Konstruktor
{ my $type = shift;
  my $self = {};

  $self->{'basevar'} = 'BASE';  # Basisklassen-Variable
                                # initialisieren

  bless $self, $type;
}


package Deripac;                # Abgeleitete Klasse

@ISA = qw ( Basepac );          # Vererbung
```

```
### Constructor
sub new                             # Konstruktor
{ my $type = shift;
  my $self = Basepac->new();

  $self->{'derivar'} = 'DERI';  # Variable der abgeleiteten
                                # Klasse initialisieren
  bless $self, $type;
}

sub derimethod                      # In der abgeleiteten Klasse
{ my $self = shift;                 # ererbte und lokale Variablen
                                    # ausgeben

  print "basevar=", $self->{'basevar'}, " ",
        "derivar=", $self->{'derivar'}, "\n";
}


package main;                       # Hauptprogramm

$derobj = Deripac->new();           # Objekt erzeugen
$derobj->derimethod();              # Variablen ausgeben
```

inherit.pl

Noch einmal zurück zur Vererbung von Methoden: In Listing `inhCon.pl` auf Seite 93 löst die Anweisung `$derobj->basemethod()` eine Methodensuche aus. Perl versucht, beginnend bei der Klasse, der `$derobj` angehört, *depth-first* in der Klassenhierarchie die nächsterreichbare Methode mit dem Namen `basemethod` zu finden.

Das für das objektorientierte Programmieren typische Überladen von Funktionen in einer abgeleiteten Klasse ist so jederzeit möglich – eine Methode gleichen Namens muß lediglich dort definiert sein, wo sie der Such-Algorithmus in der Klassenhierarchie zuerst findet. Die in der aktuellen Klasse definierte Methode hat so gegenüber allen anderen den Vorrang.

Die Frage des Erbens wäre also geklärt – es bleibt das »Erben lassen«. Während es in C++ Regeln dafür gibt, welche Teile einer Klasse für wen sichtbar sind (Einträge in den Sektionen `public` und `protected`), läßt Perl dem Programmierer freie Hand: Es ist eben keine »totalitäre« Sprache, wie es in den Manual-Pages so schön heißt. Nur ein wenig gesunder Menschenverstand ist notwendig.

Theoretisch spricht auch nichts dagegen, eine Klasse von mehreren Basisklassen erben zu lassen. Zumindest für die Methoden ist dies kein Problem, denn es genügt, die Namen der beteiligten Packages in das `@ISA`-Array aufzunehmen.

Dies ist aber leider nur die halbe Miete: Falls die Konstruktoren der Basisklassen Daten initialisieren, müssen die Namensräume aller vererbten Klassen gemischt werden. Für den Trivialfall, daß die Packages nur eine Reihe von Skalaren als Instanzvariablen nutzen, läßt sich eine multiple Vererbung nach Listing `inhMult.pl` implementieren. Dort ruft der Konstruktor der abgeleiteten Klasse nacheinander die Konstruktoren der Basisklassen auf und kopiert deren skalare Instanzvariablen in den eigenen Namens-Hash.

inhMult.pl

```
#!/usr/bin/perl -w

package Basepac1;             # Erste Basisklasse

sub new                       # Konstruktor
{ my $type = shift;
  my $self = {};

  $self->{'b1'} = "b1";       # Basisklassen1-Variable
                              # initialisieren
  bless $self, $type;
}

package Basepac2;             # Zweite Basisklasse

sub new                       # Konstruktor
{ my $type = shift;
  my $self = {};

  $self->{'b2'} = "b2";       # Basisklassen2-Variable
                              # initialisieren
  bless $self, $type;
}


package Deripac;              # Abgeleitete Klasse

                              # Multiple Vererbung
@ISA = qw ( Basepac1 Basepac2 );

sub new                       # Konstruktor
```

```
{ my $type = shift;
  my $self = {};

  my ($pac, $key);

  foreach $pac (@ISA)       # Fuer alle Basisklassen ...
  {
                            # Konstruktor aufrufen
    my $hashref = $pac->new();

                            # Geerbte Variablen in lokalen
                            # Namensraum hineinmischen
    foreach $key (keys %$hashref) {
        $self->{$key} = $hashref->{$key};
    }
  }

  bless $self, $type;
}

sub derimethod              # Variablen ausgeben
{ my $self = shift;

  my $key;

  foreach $key (keys %{$self}) {
      print "\$self->{'$key'}=", "$self->{$key}\n";
  }
}


package main;               # Hauptprogramm

$derobj = Deripac->new();   # Konstruktor aufrufen
$derobj->derimethod();      # Geerbte Variablen ausgeben
```

inhMult.pl

Da eine Klasse aber nicht nur skalare Variablen definieren, sondern ihren Namens-Hash auch dazu verwenden kann, Referenzen auf neue Hashes und Arrays oder gar fremde Objekte zu speichern, ist dieses Beispiel nur für einfache Fälle geeignet[13]. Vollständig läßt sich das Problem nur durch rekursives Untersuchen der Namens-Hashes lösen. Eine Routine muß hierzu Referenzen in beliebige Verschachtelungs-

---

[13] Tatsächlich legt das Skript im Falle tiefer verschachteleter Strukturen keine »tiefe« Kopie der Datenstruktur an, sondern kopiert lediglich die Referenzen auf oberster Ebene. Ein weiteres Problem stellen doppelte oder zirkuläre Referenzen dar.

tiefen verfolgen und alle gefundenen Arrays und Hashes durchstöbern. Abschnitt 2.5 zeigt eine Anwendung, die dieses Verfahren implementiert.

Das Verfahren der multiplen Vererbung ist allerdings mit Vorsicht zu genießen: Mangelnde Sorgfalt beim Klassenentwurf führt sehr schnell zu Chaos, und Vererbungskonflikte erfordern manuelle Nacharbeit. Oft entstehen Modelle, die die multiple Vererbung benötigen, auch nur als Spätfolge falschen Designs.

Vererbung ist zweifellos die populärste Klassenbeziehung. Doch oft übersieht der in der Spezialisierungseuphorie befangene Designer, daß eine Beziehung zwischen zwei Klassen keinerlei vererbungsspezifische Anforderungen erfüllt. Weil ein Auto und ein Rad beide einen Preis haben, darf noch nicht die Vererbungsmaschinerie angeworfen werden: Ein Rad ist nunmal nicht »eine Art« Auto.

Aber auch falls sich Argumente für Vererbung finden, muß der Einsatz derselben nicht der Weisheit letzter Schluß sein. Häufig läßt sich ein Modellierungsproblem statt mit Vererbung passender über eine der folgenden Klassenbeziehungen lösen.

2.4.7 Aggregation

Die »hat ein«- oder »whole-part«-Beziehung legt fest, daß eine Klasse Teil einer anderen Klasse ist. So ist das Datum Teil eines Briefes, ein Scrollbar Teil eines Windows und die Adresse »Teil« einer Firma. Hierbei sind 1:1-, 1:N- oder M:N-Beziehungen möglich.

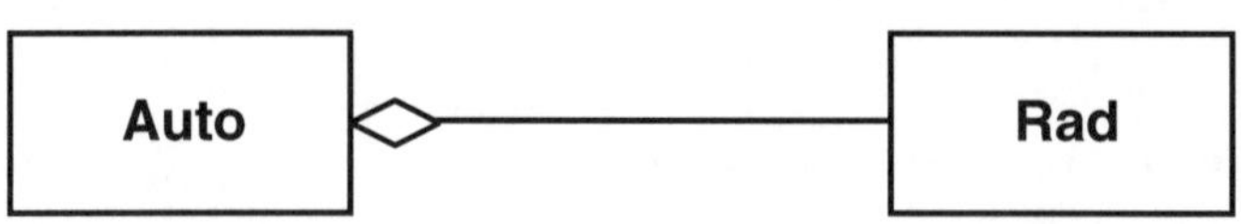

Listing `aggregation.pl` zeigt ein Beispiel. Ein Auto hat vier Räder. Demgemäß geht die Instanziierung eines neuen Autos mit der Erzeugung von vier Rad-Objekten im Auto-Konstruktor einher.

aggregation.pl

```
#!/usr/bin/perl -w

package Rad;

sub new {                          # Neues Rad
```

```
    my $class = shift;
    my $self = {};
                                # Produktionsnummer 1 ... n
    $self->{'serial'} = defined $serial ?
                               ++$serial : ($serial=1);

    bless $self, $class;
}

sub bewege {                    # Rad bewegen
    my $self = shift;

    print "Rad $self->{'serial'}: faehrt!\n";
}


package Auto;

sub new {                       # Neues Auto
    my $class = shift;
    my $self = {};

    foreach $i (1..4) {         # 4 Raeder pro Auto
        push(@{$self->{"Raeder"}}, Rad->new());
    }

    bless $self, $class;
}

sub fahre {                     # Auto bewegen
    my $self = shift;

                                # Raeder bewegen
    foreach $i (@{$self->{"Raeder"}}) {
        $i->bewege();
    }
}

$auto = Auto->new();
$auto->fahre();
```

aggregation.pl

Der Konstruktor der Auto-Klasse legt in der Instanzvariablen `Raeder` eine Referenz auf einen Array ab, der wiederum Referenzen auf die einzelnen Autoräder enthält. Für jedes der vier notwendigen Räder ruft der Auto-Konstruktor den Rad-

Konstruktor auf. Die instantiierten Rad-Objekte führen nichts weiter als eine laufende Seriennummer mit sich.

Die Methode `fahren` der Auto-Klasse leitet den erteilten Fahrauftrag an die `bewege` Methoden der ins Auto-Objekt aggregierten Räder weiter. Die Instanzvariable `Raeder` ergibt dereferenziert eine Liste von Referenzen auf Rad-Objekte, die mit einer `foreach`-Anweisung durchlaufen wird. Der Aufruf der `bewege`-Methoden setzt dann die Räder eins nach dem anderen in Bewegung.

Für eine Aggregation typisch übernimmt die aggregierende Klasse `Auto` die Verantwortung für Objekte der aggregierten Klasse `Rad`. Der Auto-Konstruktor läßt vier Räder entstehen und speichert die Referenzen im Namens-Hash des Objektes. Verliert das Objekt seine Gültigkeit, gehen deswegen auch die Rad-Referenzen verloren, und Perl läßt die Rad-Objekte unauffällig verschwinden.

2.4.8 Assoziation

Die Assoziation beschreibt die lose Beziehung zweier Klassen. Dabei »kennt« eine Klasse die andere, ohne daß sie diese aggregierend vereinnahmt.

Ein Auto parkt in einer Garage. Jedem Autoobjekt liegt dazu die Information bei, in welcher Garage es gegenwärtig abgestellt ist.

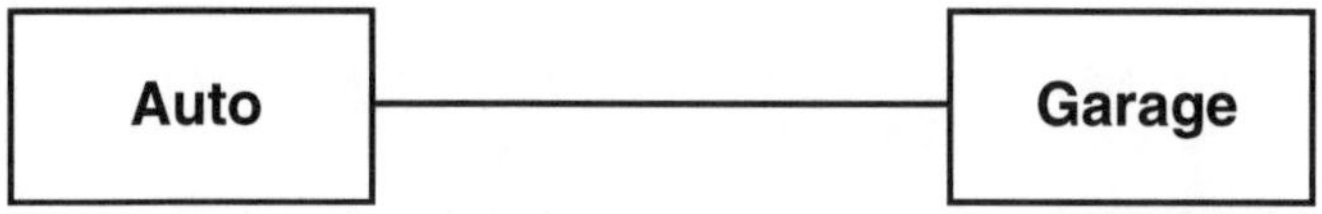

Die Zuordnung Auto → Garage implementiert eine Instanzvariable `garage`, über die jedes Auto-Objekt verfügt. Sie speichert eine Referenz auf das zugeordnete Garagenobjekt. So »weiß« das Auto-Objekt, in welcher Garage es steht. Da im Sinne der Datenkapselung die Instanzvariable `garage` außerhalb des Auto-Objekts nicht greifbar ist, übernimmt deren Aktualisierung die Methode `setgarage` mit einer Garagenreferenz als Parameter. Ihre Implementierung in der Auto-Klasse von Listing `garage.pl` holt die Referenz auf das Garagenobjekt mit einer zweiten `shift`-Anweisung nach dem Setzen von `$self` vom Stack und aktualisiert die Instanzvariable `garage`.

garage.pl

```
#!/usr/bin/perl -w


package Garage;                    # Garagenklasse

sub new {
    bless {};
}


package Auto;                      # Autoklasse

sub new {
    bless {};
}

sub setgarage {                    # Garage zuordnen
    my $self = shift;

    $self->{'garage'} = shift;
}


package main;                      # Hauptprogramm

$garage = Garage->new();
$auto   = Auto->new();

$auto->setgarage($garage);
```

garage.pl

Die lose assoziierende Kopplung zweier Klassen drückt auch aus, daß zwischen beiden Partnern kaum Verantwortlichkeit herrscht. So existiert ein Garagenobjekt völlig unabhängig von in ihm parkenden Autos. Umgekehrt kann ein Auto auch durchaus ohne Garage leben. Dieser Tatsache trägt die Implementierung dadurch Rechnung, daß nicht etwa der Auto-Konstruktor die Garage mit erzeugt, sondern beide Objekte im Hauptprogramm unabhängig voneinander entstehen. Wäre, wie bei der Aggregation, die Referenz eines Garagenobjektes nur über das Autoobjekt zugänglich, fiele die Garage bei der Zerstörung des Autos dem Garbage-Collector zum Opfer. Doch so leben die Partner-Objekte verbunden und doch eigenständig.

2.4.9 Using-Beziehung

Besteht zwischen zwei Klassen eine Using-Beziehung, nutzt eine Klasse das Serviceangebot einer anderen für ihre Zwecke mit.

Ein Fahrer nutzt die Dienste eines Autos, um sich fortzubewegen.

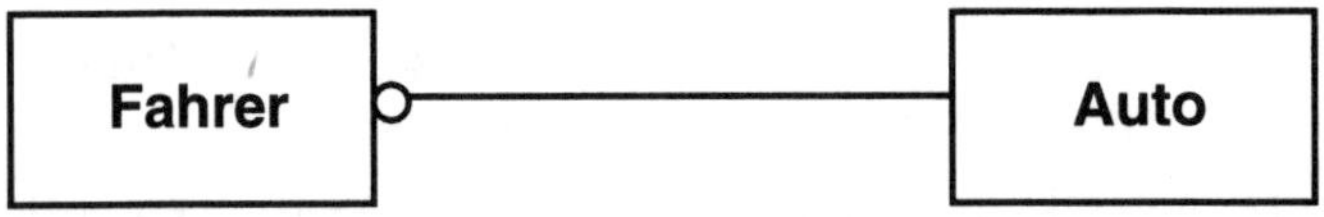

Ein Fahrerobjekt unterstützt die Methode `steuere`, die ein ausgewähltes Auto bewegt. Für die Using-Beziehung typisch taucht die Referenz des genutzten Objekts (des Autos) beim Methodenaufruf des nutzenden Objekts (des Fahrers) in dessen Parameterliste auf:

```
$fahrerref->steuere($autoref);
```

Die `steuere`-Methode implementiert in diesem einfachen Beispiel objektintern nichts anderes als den Aufruf der `fahre`-Methode des genutzten Auto-Objekts:

```
sub steuere {
    my $self    = shift;
    my $autoref = shift;

    $autoref->fahre();
}
```

2.5 Persistenz durch Vererbung

Vererbung von Persistenz-Methoden ist in der Software-Entwicklung mit objektorientierten Datenbanken üblich, um eine Schnittstelle zwischen objektorientierten Programmiersprachen und der Datenbank bereitzustellen.

Klassen, die die Daten ihrer Objekte nicht nur während eines laufenden Programmes benötigen, sondern auch nach Programmende und einem erfolgreichen Wiederanlauf darüber verfügen wollen, wenden Persistenz-Methoden an. Objektdaten liegen so nicht nur transient im Speicher, sondern auf Anforderung auch auf persistenten Medien wie der Festplatte.

Klassen mit persistenten Daten erben die Methoden `store` und `load` von einer Persistenzklasse. `store` durchstöbert die Daten eines Objektes und legt sie der Reihe nach in einer Datenbank oder einer Datei ab. Analog bewirkt ein Aufruf von `load` die Initialisierung eines Objektes mit persistent hinterlegten Daten.

2.5.1 Implementierung

Listing `Persistent.pm` zeigt eine Persistenzklasse, deren Methoden abgeleitete Klassen erben und für ihre Objektdaten nutzen. Die einfache Implementierung spricht keine Datenbank an, sondern legt die Instanzvariablen lediglich in einer »flachen« Datei ab.

Ein Objekt der Anwendungsklasse `Myclass`, die von der Klasse `Persistent` erbt, kann seine Daten über den Vererbungsmechanismus mit

```
$objref->store("filename");
```

in `filename` speichern beziehungsweise restaurieren mittels

```
$objref->load("filename");
```

Listing `persistent.pl` zeigt das zugehörige Testbeispiel. Die vererbten Routinen `store` und `load` bedienen sich dabei des Namens-Hashes des Objekts und speichern beziehungsweise laden die Daten. Hierbei müssen sie bis in beliebige Verschachtelungstiefen der Datenstruktur vordringen, falls die Instanzvariablen des Objektes ihrerseits Referenzen auf weitere Hashes, Arrays oder andere Objekte sind.

persistent.pl

```
#!/usr/bin/perl

package PersTest;            # Beispielklasse, die persistente
                             # Eigenschaften erbt.
use Persistent;

@ISA = qw ( Persistent );

sub new {                    # Konstruktor
    my $type = shift;
    my $self = {};
    bless $self, $type;
```

```
}

sub initdata {
    my $self = shift;

    $self->{'the_hash'}   = \%the_hash;
    $self->{'the_array'}  = \@the_array;
    $self->{'the_scalar'} =
      "Dieser Skalar enthaelt einen sehr " .
      "langen Wert mit einigen Sonderzeichen: " .
      " @,\$,\\,\",'.";
    $the_hash{'hash_key'} = 'hash_value';
    $the_array[1]         = 'array_value';

                                # Neues Objekt als Teil des
                                # persistenten Objekts erzeugen
    my $objref = PersTest->new();
    $objref->{'myobjvar'} = 'myobjvarval';
    $self->{'the_object'} = $objref;
}

package main;                   # Hauptprogramm

                                # Persistentes Objekt
$obj1 = PersTest->new();        # erzeugen
$obj1->initdata();              # initialisieren
$obj1->store("myobj.sav") ||    # speichern
    print "Cannot save\n";

$obj2 = PersTest->new();        # Neues persistentes
                                # Objekt erzeugen
$obj2->load("myobj.sav") ||     # ... und mit den gespeicherten
    print "Cannot load\n";      # Daten von obj1 initialisieren

                                # Objektdaten ausgeben
print
  "\$obj2->{'the_object'}->{'myobjvar'} = ",
  "$obj2->{'the_object'}->{'myobjvar'}\n";
print
  "\$obj2->{'the_array'}->[1]           = ",
  "$obj2->{'the_array'}->[1]\n";
print
  "\$obj2->{'the_hash'}->{'hash_key'}   = ",
  "$obj2->{'the_hash'}->{'hash_key'}\n";
print
  "\$obj2->{'the_scalar'}               = ",
  "$obj2->{'the_scalar'}\n";
```

persistent.pl

In diesem Zusammenhang verwendet das Programm Perls `ref`-Operator, der den Typ einer Referenz liefert. Entdeckt die Prozedur `ref_deep_print` im Namens-Hash des Objektes eine Referenz auf eine weitere Datenstruktur, verfolgt sie sie so lange, bis sie nur noch Skalare sichtet. Diese schreibt sie dann inklusive der Zugriffspfade innerhalb der Struktur und den zugehörigen Werten in die angegebene Datei. Um Sonderzeichen, mehrzeilige Strings und Nullbytes problemlos ablegen zu können, gibt `ref_deep_print` die Werte *uuencoded* aus, was sehr kompakt über die Perl-eigene `pack`-Funktion implementiert ist.

Im Bedarfsfall liest `load` die Daten wieder ein und setzt die Variablen dementsprechend – was dank der dynamischen Strukturerweiterung von Perl bekanntlich sehr einfach ist, denn eine Zuweisung wie

```
$hashref->{'key'}[17][42]{'key2'} = 17;
```

setzt ja keineswegs voraus, daß die notwendigen Hashes und Arrays bereits existieren. `load` extrahiert dabei Strings aus der Persistenz-Datei, die die `eval`-Anweisung als Zuweisungen interpretiert und ausführt.

Persistent.pm

```
# Vererbbare Persistenzmethoden

package Persistent;

### Objekt persistent in File speichern
### Syntax: $objref->store("filename")
sub store {
    my $self = shift;
    my $name = shift;

    # File öffnen, Ausgabe dorthin umleiten
    open(FILE, ">$name") || return 0;
    my $oldfh = select(FILE);

    ref_deep_print("", $self);  # Objektinhalt ausgeben

    # File schließen und Ausgabe wieder normalisieren
    close(FILE);
    select($oldfh);

  1;
}
```

```
### Objekt laden
### Syntax: $objref->load("filename")
sub load {
    my $self   = shift;
    my $name   = shift;

    my($uustring, $string, $varname);

    # File mit gespeicherten Daten öffnen
    open(FILE, "<$name") || return 0;

    while(<FILE>) {
        chop($varname  = $_); # Variablenname einlesen

        $uustring = "";       # Wert uu-encoded einlesen
        $uustring .= $line
        while ($line=<FILE>) !~ /^$/;

        $string = unpack('u', $uustring);

        # Variable durch eval restaurieren
        eval "\$self->$varname = \$string";
    }

    close(FILE);

  1;
}


### Referenz rekursiv verfolgen und gefundene
### Variablen und deren Werte (uuencoded) ausgeben.
### Syntax: ref_deep_print("name", $ref)
sub ref_deep_print {
    my $name = shift;
    my $ref  = shift;

    if(!ref($ref)) {
        # Name und uuencoded-Wert
        # eines Skalars ausgeben
        print "$name\n";
        my $uustring = pack('u', "$ref");
        print "$uustring\n";
    }
    elsif(ref($ref) eq "ARRAY") {
        # Arrayelemente rekursiv ausgeben
        for($i=0; $i<=$#$ref; $i++) {
            ref_deep_print("$name\[$i]",
```

```
                $ref->[$i]) if defined $ref->[$i];
            }
        }
        elsif(ref($ref) eq "CODE") {
            # Referenzen auf Subroutinen werden nicht
            # unterstützt.
        }
        else {
            # Hashelemente oder Instanzvariablen
            # eines Objektes rekursiv ausgeben
            foreach $i (keys %$ref) {
                ref_deep_print("$name\{'$i'}", $ref->{$i});
            }
        }
    }


    1;
```

Persistent.pm

Die Implementierung von `Persistent.pm` ist darauf ausgelegt, auf übersichtliche Weise das Traversieren von Objektstrukturen zu illustrieren.

Allgemein gültige Persistenzmethoden sind hingegen nicht ganz trivial zu schreiben. Zum Beispiel verarbeitet `Persistent.pm` doppelte Referenzen nicht korrekt: Enthält ein Objekt mehr als eine Referenz auf ein und diesselbe Datenstruktur, legt die `store`-Routine *Kopien* derselben in der Datei ab, die nach dem Wiederladen mit `load` tatsächlich mehrfach im Speicher stehen. Auch zirkuläre Referenzen bereiten `Persistent.pm` Probleme. Enthielte beispielsweise ein Liste eine Listenreferenz, die wiederum auf die Liste selbst verwiese, hätte dies eine Endlosschleife von `Persistent.pm` zur Folge.

Ein weiteres Problem stellen Referenzen auf Subroutinen dar: Sie lassen sich weder vernünftig analysieren noch speichern. Die Implementierung der Klasse `Persistent.pm` ignoriert sie deshalb einfach; nach einem Neustart gehen sie folglich verloren.

2.5.2 Beispiel

Den praktischen Einsatz der Klasse `Persistent` zeigt Listing `fortune.pl`. Dieses Skript verfügt über eine Liste von Sprichwörtern, von denen es bei jedem Aufruf ein zufälliges ausgibt. Die Liste verkleinert sich persistent mit jedem Aufruf von `fortune.pl`, so daß jedes Sprichwort genau einmal erscheint, bis alle verfügbaren abgearbeitet wurden. Nach dem letzten Sprichwort initialisiert sich das Skript neu, und der Kreislauf beginnt von vorne.

Die Information, welche Sprichwörter sich noch in der Liste befinden, speichert ein Objekt der persistenten Klasse `Fortune`. `Fortune` erbt von der Basisklasse `Persistent` und verfügt so über die Methoden `store` und `load`.

Mit jedem Aufruf initialisiert `fortune.pl` ein Objekt der Klasse `Fortune`, lädt dessen Daten mit der Persistenzmethode `load` aus der Datei `fortune.data` und wählt über die Methode `getany` ein beliebiges Sprichwort aus. `getany` entfernt gleichzeitig das Sprichwort aus der abzuarbeitenden Liste, die das `fortune`-Objekt intern verwaltet.

Für den Fall, daß noch keine Persistenzdaten gespeichert wurden oder aber die Liste der Sprichwörter abgearbeitet ist, initialisiert `fortune.pl` das persistente Objekt neu. Die Methode `add` hängt eine Reihe von Sprichworten an die objekt-interne Liste, die über die Instanzenvariable `aphorisms`, eine Listenreferenz, zugänglich ist.

Kurz vor Abschluß des Skripts wandern die transienten Objektdaten dann mittels der `store`-Methode in die Persistenzdatei `fortune.data`, damit sie beim erneuten Starten des Skripts wieder zur Verfügung stehen.

fortune.pl

```
#!/usr/bin/perl

package Fortune;                # Persistente Klasse

use Persistent;
@ISA = qw(Persistent);

sub new {                       # Konstruktor
    my $class = shift;
    my $self = {};
    bless($self, $class);

    $self->{'aphorisms'} = [];  # Referenz auf leere
                                # Fortune-Liste

    return $self;
}

sub getany {                    # Fortune holen
    my $self = shift;
```

```
                                # Zufaelliger Listenindex
    my $index = rand() * ($#{$self->{'aphorisms'}} + 1);
                                # Element extrahieren
    splice(@{$self->{'aphorisms'}}, $index, 1);
}

sub add {                       # Fortune hinzufuegen
    my $self = shift;
                                # Liste an Liste anhaengen
    push(@{$self->{'aphorisms'}}, @_);
}


package main;

srand(time);

my $datafile = "fortune.data";  # File fuer
                                # persistente Daten
my $text;

my $fortune = Fortune->new();   # Persistentes Objekt
                                # anlegen

if(! $fortune->load($datafile) ||     # Daten aus File laden
   ! ($text = $fortune->getany())) { # Fortunes aufgebraucht ?

    $fortune->add(              # Neu-Initialisierung
        "Geteiltes Unrecht ist halbes Recht",
        "Wenn Du zum Weibe gehst, vergiss die Peitsche nicht",
        "Lang lebe Fortran!",
        "Echte Programmierer haben keine Angst vor GOTOs");

    $text = $fortune->getany(); # Fortune holen
}

print "$text\n";                # Fortune ausgeben

$fortune->store("$datafile");   # Modifiziertes Objekt
                                # zurueckspeichern
```

fortune.pl

2.6 Tips & Tricks

Die nachfolgenden Abschnitte erläutern einige Strategien, die für die Nutzung erweiterter objektorientierter Funktionalität nützlich sind.

2.6.1 Die Klasse SUPER

Oft kommt es vor, daß eine bestehende Klassenbibliothek eine gewünschte Funktionalität nur teilweise bietet. Ihren frei erhältlichen Sourcecode zu modifizieren ist zwar prinzipiell möglich, doch nur selten ratsam, da so eventuelle Updates für Bug-Fixes nicht in die Anwendung einfließen können.

Geschickter ist es, eine eigene Klasse anzulegen, die von der Bibliothek erbt, aber die dortigen Methoden unter gleichen Namen redefiniert. Diese implementieren dann die zusätzlich benötigte Funktionalität, aber verzweigen, wo dies sinnvoll ist, zu den Funktionen der Klassenbibliothek[14].

Hier ergibt sich das Problem, den Interpreter zu veranlassen, aus einer Methode `method` der neuen Klasse die Methode `method` der Klassenbibliothek aufzurufen. Dabei resultierte `method()` im Aufruf der `method`-Methode der aktuellen Klasse, während `CLASS::method()` zwar den Namen der Klassenbibliotheksroutine vollständig spezifizierte, doch falls zwischen Bibliothek und Applikation irgendwann noch eine weitere Software-Schicht käme, müßten sämtliche Methodenaufrufe in der Applikation nachgebessert werden.

Dieses Dilemma löst die Pseudo-Klasse `SUPER`.

```
$objref->SUPER::method();
```

ruft die Methode `method` auf, die in der ersten erreichbaren Basisklasse oberhalb der aktuellen Klasse auftaucht. Große Software-Pakete wie das Perl/Tk-Package machen regen Gebrauch von diesem Feature.

Listing `super.pl` zeigt ein Beispiel, in dem eine abgeleitete Klasse eine Methode der Basisklasse redefiniert, aber dennoch deren Funktionalität nutzt. Das `SUPER`-Konstrukt gewährleistet der abgeleiteten Klasse `Derived` die Unabhängigkeit von der Basisklasse: Durch seine Verwendung taucht der Name `Base` – außer in der Vererbungsdefinition – nirgendwo mehr im Code von `Derived` auf.

---

[14] Ein anderes Verfahren zeigt Abschnitt 2.6.2.

super.pl

```
#!/usr/bin/perl -w

package Base;                ### Basisklasse

sub basemethod { print "Methode der Basisklasse\n"; }


package Derived;             ### Abgeleitete Klasse

@ISA = qw(Base);             # Erbt von 'Base'

sub new {                    # Konstruktor
    my $class = shift;
    bless {}, $class;
}

sub basemethod {             # Redefiniert 'basemethod' von
    my $self = shift;        # 'Base', nutzt aber deren
                             # Funktionalität

                             # Aufruf der Methode in 'Base'
    $self->SUPER::basemethod();

    # ... Zusätztliche Funktionalität ...
    print "Methode der abgeleiteten Klasse\n";
}


package main;                ### Hauptprogramm

$dobj = Derived->new();      # Objekt anlegen

$dobj->basemethod();         # ... wird mit SUPER zur Classlib
                             # umgeleitet.
```

super.pl

2.6.2 Delegation mit AUTOLOAD

Eine Klasse, die die in einer Fremdklasse bereits zur Verfügung stehende Funktionalität teilweise nutzen und teilweise überschreiben will, kann außer dem in Abschnitt 2.6.1 beschriebenen Weg auch den des *Autoloadings* einschlagen.

Ohne die dort propagierte Vererbung stehen allerdings zunächst nur explizit implementierte Methoden zur Verfügung. Der Aufruf anderer Methoden führt unweigerlich zu einem Laufzeitfehler – es sei denn, die Klasse stellt eine Methode mit dem speziellen Namen `AUTOLOAD` bereit.

Die `AUTOLOAD`-Methode stellt eine zentrale Klassenfunktion dar, deren Aufgabe es ist, alle nicht-erfüllbaren Methodenanforderungen abzufangen und weiterzuleiten. Findet der Interpreter eine gesuchte Methode weder in der Klasse eines Objektes noch in deren Basisklassen jeglicher Hierarchiestufe, springt er die `AUTOLOAD`-Methode an und belegt die globale Variable `$AUTOLOAD` mit dem Namen der geforderten Methode. `AUTOLOAD` startet mit denselben Argumenten, die auch der nicht gefundenen Methode ursprünglich mitgeliefert wurden.

Die Definition

```
sub AUTOLOAD {
    print "Methode $AUTOLOAD ist noch nicht implementiert\n";
    print "Argumente waren: @_\n";
}
```

in einer Klasse fängt einen Laufzeitfehler für Aufrufe noch nicht implementierter Methoden ab.

Mit dem AUTOLOAD-Mechanismus lassen sich auch Funktionen an andere Module delegieren. Vorausgesetzt, es ist bekannt, daß die Methode in einer anderen Klasse existiert[15], leitet `AUTOLOAD` den Aufruf einschließlich aller Parameter einfach dorthin weiter:

```
sub AUTOLOAD {

    $AUTOLOAD =~ s/.*:://g;      # Urspruenglichen Package-
                                 # Namen entfernen

                                 # Neuen Funktionsnamen zu-
                                 # sammensetzen und aufrufen
    &{"Otherclass::" . $AUTOLOAD}(@_);
}
```

Der Beispielcode entfernt erst den alten Package-Namen aus dem Inhalt der Variablen `$AUTOLOAD`, um anschließend über eine einfache String-Operation den neuen »voll-qualifizierten«-Namen zusammenzubauen. Der Operator `@{...}` macht aus dem String dann eine aufrufbare Funktion.

Falls die verzweigte Methode ursprünglich mit der Syntax

---

[15] Falls nicht, darf auch die Fremdklasse ihrerseits eine `AUTOLOAD`-Umleitung implementieren.

```
$objref->method()
```

aufgerufen wurde, enthält die Parameterliste als erstes Argument die Referenz auf das Objekt, das den Aufruf initiierte. Ist dies nicht das gewünschte Verhalten, muß `AUTOLOAD` die falsche Objektreferenz aus der Argumentliste entfernen und die richtige aus einer Instanzvariablen hervorzaubern:

```
sub AUTOLOAD {
    my $self = shift;           # Falsche Objektreferenz
                                # entfernen

    $AUTOLOAD =~ s/.*:://g;     # Urspruenglichen Package-
                                # Namen entfernen

                                # Methode in fremdem Modul
                                # mit $self->{'delegate'} als
                                # Objektreferenz aufrufen
    $self->{'delegate'}->$AUTOLOAD(@_);
}
```

`$self->{'delegate'}` wurde im Konstruktor der delegierenden Klasse durch einen Aufruf des Fremdklassenkonstruktors auf eine gültige Objektreferenz gesetzt. Listing `autoload.pl` zeigt ein Anschauungsbeispiel für das Verfahren. Die Klasse `Delegate` implementiert die Methode `method_defined` selbst und delegiert andererseits Aufrufe der Methode `method_delegated` an die Klasse `Otherclass`.

autoload.pl

```
#!/usr/bin/perl -w

package Otherclass;             # Klasse, an die die Klasse
                                # Delegate Methoden delegiert
sub new {                       # Konstruktor
    my $class = shift;
    bless({}, $class);
}

sub method_delegated {          # Hier definierte Methode, die
    my $self = shift;           # die Klasse Delegate nutzt

    print "Delegierte Methode. Parameter: (@_)\n";
}


package Delegate;               # Delegierende Klasse
```

```
sub new {                          # Konstruktor
    my $class = shift;

    my $self = bless({}, $class);

                                   # Konstruktor der Klasse
                                   # aufrufen, an die delegiert
                                   # wird
    $self->{'delegate'} = Otherclass->new();

    return $self;
}

sub method_defined {               # Selbstdefinierte Methode
    my $self = shift;
    print "Eigene Methode. Parameter: (@_)\n";
}

sub AUTOLOAD {
    my $self = shift;              # Falsche Objektreferenz
                                   # entfernen

    $AUTOLOAD =~ s/.*:://g;        # Urspruenglichen Package-
                                   # Namen entfernen

                                   # Methode in fremdem Modul
                                   # mit $self->{'delegate'} als
                                   # Objektreferenz aufrufen
    $self->{'delegate'}->$AUTOLOAD(@_);
}


package main;                      # Hauptprogramm

$dlgref = Delegate->new();         # Neues Objekt der delegierenden
                                   # Klasse anlegen

                                   # Methode, die Delegate nicht
                                   # selbst definiert, sondern
                                   # an Otherclass delegiert.
$dlgref->method_delegated("param1", "param2");

                                   # Methode, die Delegate selbst
                                   # defininiert.
$dlgref->method_defined("param1", "param2");
```

autoload.pl

Die Ausgabe von `autoload.pl` lautet entsprechend:

```
Delegierte Methode. Parameter: (param1 param2)
Eigene Methode. Parameter: (param1 param2)
```

Kapitel 3

Graphische Oberflächen mit Tk

Wer schon einmal versucht hat, mit einem Toolkit wie *Motif* eine noch so kleine graphische Applikation zu erstellen, der weiß, daß dies kaum unter einer Seite Code zu bewerkstelligen ist. Ausgefeilte Oberflächen erfordern manchmal wochenlange Implementierungsarbeit. Mit dem Perl / Tk-Package bricht ein ganz neues Zeitalter der GUI-(*Graphical User Interface*-)Entwicklung an. Ein schneller Prototyp ist damit nur eine Frage von *Minuten*.

3.1 Hello World

Vor der eigentlichen Einführung in das Tk-Package sei eines der einfachsten Perl / Tk-Programme vorgestellt: Ein Fenster mit einem beschrifteten Button, der, falls er gedrückt wird, das Programm beendet. Der Code wirft sicher einige Fragen auf, die jedoch erst Abschnitt 3.3 klären wird, denn noch fehlen einige grundlegende Ausführungen zur Programmierung graphischer Oberflächen.

Das Listing `hello.pl` zeigt, wie kompakt sich diese kleine Aufgabe in Perl / Tk formulieren läßt:

hello.pl

```
#!/usr/bin/perl -w

use Tk;                        # Tk package einbinden

$top    = MainWindow->new(); # Applikations-Fenster erzeugen
```

```
                                # PushButton erzeugen,
                                # Text und Callback setzen

$button = $top->Button(-text =>
                      "Hello World! Push me to exit !",
                      -command => sub { exit 0 });

$button->pack();                # PushButton in Applikations-
                                # Fenster einhängen

MainLoop;                       # Haupt-Event-Schleife starten
```

hello.pl

Perl nutzt das Tk-Interface als ganz normales Package. Nach dem Einbinden mittels des Konstrukts

```
use Tk;
```

steht dem Programmierer das gesamte Arsenal der Tk-Funktionen zur Darstellung von Dialogobjekten und Weiterverarbeitung von Benutzereingaben zur Verfügung.

Für den Fall, daß das Tk-Package für Perl installiert ist[1] und die X-Window-spezifischen Parameter korrekt eingestellt sind[2], erzeugt das Skript eine Oberfläche wie in Abbildung 3.1 dargestellt[3].

Abbildung 3.1: Das »Hello World« der Perl/Tk-Programmierung

Die Applikation bietet volle X-Window-Funktionaliät, denn nicht nur der explizit definierte Button in der Mitte des Fensters ist aktiv, sondern auch der vom Window-Manager zur Verfügung gestellte Rahmen. Mit der Maus kann das Fenster verscho-

[1] Einzelheiten zur Installationsprozedur stehen in Anhang A.2.

[2] Anhang C zeigt typische Fehlersituationen.

[3] Fenstergestaltung und Schrift können je nach Art des laufenden Window-Managers leicht von der Abbildung abweichen.

ben, vergrößert / verkleinert und mit den in den Rahmen eingearbeiteten Buttons auf maximale Größe gebracht, ikonisiert oder geschlossen werden.

3.2 Grundlagen graphischer Benutzerschnittstellen

Was ist nun eigentlich Tk? Ziemlich nichtssagend steht das Akronym schlicht für *Toolkit* – in Wahrheit handelt es sich um ein graphisches User-Interface, das auf dem X-Window-System aufbaut.

3.2.1 Das X-Window-System

Das X-Window-System ist das Fenstersystem der UNIX-Welt. Doch ist es äußerst mühselig, damit ohne weitere Hilfsmittel graphische Applikationen zu entwickeln. Das liegt daran, daß die X-Window-API, die `Xlib`, nur rudimentäre Funktionalität bietet.

Auch das Konzept für das X-Window-System sah schon vor, nur Basisfunktionalität bereitzustellen. Die in der Distribution enthaltenen X-Intrinsics bieten denn auch schon eine Schnittstelle für Toolkits auf höherer Ebene, deren bekannteste Vertreter wohl OSF / Motif, Open Look und die Athena Widgets sind.

Das X-Window-System stellt nur die Technik zur Verwaltung von graphischen Oberflächen zur Verfügung, die Toolkits hingegen bringen *Verhalten* mit ins Spiel, ein spezielles *Look and Feel* der Benutzerschnittstelle. Daß ein Pulldown-Menü auf Knopfdruck herunterklappt oder ein Push-Button hinein- und wieder herausschnappt, ist eine Frage der Oberflächengestaltung des Toolkits. So stehen die verschiedenen Systeme auch für grundsätzlich unterschiedliche Philosophien der Benutzerführung, alles ist eine Frage von Ergonomie, Gewöhnung und – ja, auch persönlichem Geschmack. Es ist aber durchaus sinnvoll, das Verhalten von graphischen Oberflächen zu normieren, schließlich möchte niemand die Bedienung mittels Tastatur und Maus für jedes Programm neu erlernen, der Benutzer *erwartet* einfach bestimmte Reaktionen.

3.2.2 Toolkits und ihre Widgets

Allen Toolkits gemeinsam ist, daß sie eine Reihe von sogenannten *Widgets* definieren, graphische Einheiten, die nach einem bestimmten Verhaltensmuster funktionieren. *Widget*, ein aus den Begriffen *Window* und *Gadget*[4] zusammengesetztes Kunstwort, läßt sich wohl am ehesten noch mit »Dialogobjekt« übersetzen.

Bekannte Widgets sind der Push-Button, das Label oder die Listbox. Allen diesen Einheiten ist gemein, daß sie ein graphisches Layout besitzen, nach einem bestimmten Muster auf Benutzereingaben mit Maus oder Tastatur (Benutzer-*Events*) reagieren und dabei ihren Status verändern bzw. angehängte Programme (*Callbacks*) abarbeiten.

Das Programmieren mit den erwähnten Toolkits gestaltet sich jedoch immer noch relativ komplex. Der Aufwand vom Entwurf zum lauffähigen Programm ist einfach noch zu groß. Hinzu kommt, daß der Toolkit-Code aufgrund seiner epischen Breite bei komplexeren Anwendungen schnell unübersichtlich wird.

3.2.3 Tk und Tcl

Das Toolkit Tk hingegen ermöglicht eine wesentlich kompaktere Formulierung graphischer Steuerungen, auch auf der Basis des Widget-Konzepts.

John Ousterhout, der Erfinder von Tk, stellte es zusammen mit der Skriptsprache Tcl vor. Tk selbst ist ja nur ein Toolkit, eine Bibliothek von Funktionen für graphische Applikationen, Tcl hingegen die Steuerungssprache, die den Kontrollfluß steuert und hin und wieder Tk-Befehle absetzt.

Auch heute noch sind Tcl und Tk praktisch nicht voneinander zu trennen – die meisten Tk-Anwendungen sind in Tcl geschrieben. Tcl ist jedoch syntaktisch höchst eigenwillig und läßt in puncto Performance stark zu wünschen übrig. Während Tcl-Skripts etwa mit der Geschwindigkeit vergleichbarer Shell-Skripts ablaufen, übertreffen gleichartige Perl-Skripts diese oft um mehr als das zehnfache.

Letztens kam nun ein findiger Perl-Entwickler, *Nick Ing-Simmons*, auf die Idee, den Tk-Code einfach dynamisch in objektorientiertes Perl einzubinden, und schuf damit eine Kombination von Skriptsprache und GUI, die ihresgleichen sucht. Perls elegante Sprachkonstrukte zusammen mit den mächtigen Tk-Befehlen ergeben eine Entwicklungsumgebung, mit der man in atemberaubendem Tempo graphische Anwendungen mit OSF / Motif-ähnlichem *Look and Feel* schreiben kann.

---

[4] Engl. für *Dings(da), Apparat.*

3.2.4 Event-Verarbeitung

Wie läuft nun eine typische Applikation mit graphischer Oberfläche ab? Sehr unterschiedlich im Vergleich zu konventionellen Programmen! Denn nach dem initialisierenden »Malvorgang«, der das äußere Erscheinungsbild der Applikation, ihre Oberfläche, auf den Bildschirm zeichnet, kann der Benutzer eine Vielzahl unterschiedlicher Abläufe einleiten, je nachdem, ob er dieses Menü aufblättert oder jenen Push-Button drückt. Weil kein statischer Ablauf auszumachen ist, nennt man derartige Programme *event-gesteuert*.

So heben sich auch die Implementierungen graphischer Applikationen gegenüber solchen herkömmlicher Programme ab. Der typische Aufbau einer GUI-Applikation enthält einen Initialisierungsteil, der die Gestalt der Oberfläche sowie die zugelassenen Benutzerreaktionen und deren potentielle Behandlung festlegt.

Kernstück des Programms ist dann ein einziger Befehl, die Event-Hauptschleife, in der ein versteckter Mechanismus externe Ereignisse entgegennimmt und deren Abarbeitung einleitet. Ereignisse in diesem Sinne sind nicht nur die Mausklicks des Benutzers, sondern zum Beispiel abgelaufene Timer oder auch Refresh-Events, die der Applikation signalisieren, daß ein anderes Fenster, das bislang einen Teil ihrer Oberfläche verdeckte, nun beiseite gezogen wurde und ein Nachzeichnen der eigenen Grafik erforderlich ist.

Diese Hauptschleife ist vom Start der Event-Steuerung bis zum Programmende durchgehend aktiv, denn die Oberfläche muß zu jedem Zeitpunkt auf Benutzereingaben reagieren. Nichts ist störender als eine scheinbar »tote« Oberfläche.

Die Aktionen, die die Applikation auf bestimmte Benutzereingaben hin auslöst, nennt man *Callbacks*. Im Initialisierungsteil der Implementierung ordnet der Programmierer eventuell auftretenden Ereignissen die entsprechenden Aktionen statisch zu. Ist erst einmal die Haupt-Event-Schleife aktiv, läuft alles seinen einprogrammierten Gang, und den Ablauf des Programms steuert ausschließlich der Benutzer, der sich mittels seiner Eingaben durch die verschiedenen Programmteile manövriert.

Werfen wir nun noch einmal einen Blick auf das am Anfang dieses Kapitels kurz vorgestellte Perl/Tk-Programm: Anscheinend wird im Initialisierungsteil ein Button-Objekt erzeugt, dessen Callback-Funktion aus einer Subroutine besteht, die nur das `exit`-Kommando ausführt. Das `MainLoop`-Kommando am Ende des Skripts bewirkt nichts anderes als den Eintritt in die Haupt-Event-Schleife, aus der es kein Entrinnen gibt, es sei denn, der Benutzer drückt den `Exit`-Button und löst damit den bereits erwähnten Callback aus, der wiederum das Programm beendet.

3.2.5 Window-Hierarchie

Ein Push-Button erscheint stets in einem zugehörigen Window. Tatsächlich ist der Button dem Window hierarchisch untergeordnet: Ein Window beinhaltet eine Anzahl von arrangierten Widgets, die teilweise ihrerseits auch wieder Widgets enthalten können.

So kann beispielsweise ein Window einige Frame-Widgets (einfache Rahmen als Container für andere Widgets) beinhalten, die wiederum mehrere Push-Buttons beherbergen. Diese Hierarchie

```
Window → Frame → PushButton
```

bestimmt stark die äußere Erscheinungsform der Applikation, denn sie legt die Reihenfolge fest, in der Tk die Widgets zeichnet, und bestimmt dadurch, wie die Widgets nebeneinander liegen.

Eine sauber programmierte X-Window-Applikation ordnet die Widgets in einem Container-Widget wie dem Frame ohne Angabe irgendwelcher Koordinaten an. Vielmehr bestimmen vage Ortsangaben die Szenerie. »Plaziere den Frame links oben im Fenster« wäre ein Beispiel für eine Positionierung oder auch »Diese drei Text-Widgets stehen nebeneinander aufgereiht«.

Die Positionierung einzelner Widgets übernimmt in Tk der Packer. Jedes Widget-Objekt verfügt über eine Methode `pack`, mit der es sich selbst – falls nichts anderes angegeben ist – in sein Parent-Widget hineinpackt. Die hierarchische Parent-Child-Beziehung steht schon früher fest, da in Perl/Tk Parent-Widgets ihre Child-Widgets wirklich selbst erzeugen: So entsteht im Skript `hello.pl` am Anfang dieses Kapitels zunächst ein Objekt vom Typ `MainWindow`, welches wiederum mittels seiner Methode `Button` ein Push-Button-Objekt ins Leben ruft. Das anschließende `$button->pack` macht die Tatsache, daß der Button hierarchisch direkt unter dem Top-Window hängt, auch in der Grafik sichtbar: Der Button ist in das Window gut sichtbar eingepaßt.

Die Window-Hierarchie ermöglicht dann Positionierungen wie »Ordne die beiden Labels untereinander, links oben im Fenster an« möglich: Ein Hilfswidget vom Typ Frame würde in diesem Fall zwei untereinander angeordnete Labels umschließen und sich selbst mitsamt seinem Inhalt wiederum in Richtung linker oberer Ecke des Fensters wegpacken. Abbildung 3.2 zeigt die optische Darstellung. Das beteiligte Frame-Widget verfügt dort der Anschaulichkeit halber über einen Rahmen, der jedoch genausogut wegfallen kann.

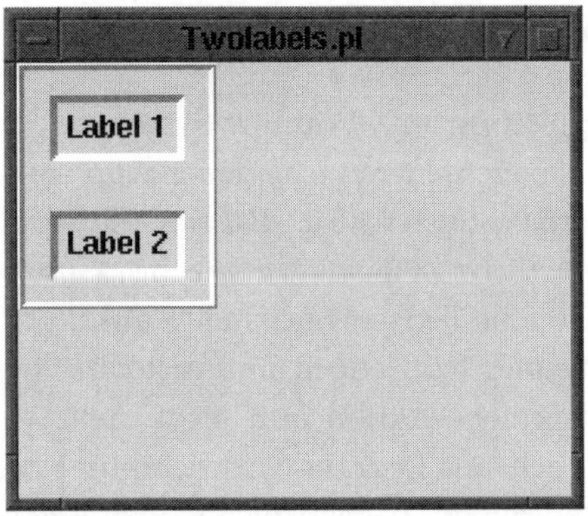

Abbildung 3.2: Zwei untereinander gepackte Labels in der linken oberen Ecke des Hauptfensters – realisiert durch ein Frame-Widget

3.2.6 Client und Server im X-Window-System

Die Begriffe Client und Server nehmen etwas verwirrende Bedeutungen an, wenn das X-Window-System im Spiel ist. Das eigentliche Programm, der Steuerungscode für die Applikation, ist der Client, der die Befehle zur Grafiksteuerung an den Display-Server absetzt. Zum Zeichnen der Oberfläche beispielsweise übermittelt der Client dem Server die Daten der Linien und Flächen, die nötig sind, um die entsprechenden Objekte darzustellen. Der Display-Server hingegen übernimmt die hardwarenahen Aufgaben: Er zeigt die Objekte auf dem Bildschirm an, fängt Maus- und Tastatureingaben des Benutzers ab und teilt sie dem Client mit.

Verwirrenderweise läuft die ablaufsteuernde Client-Software aus Performance-Gründen häufig auf größeren Hardware-Plattformen, während für die Anzeige des Servers oft ein kleiner PC herhalten muß, so daß die intuitiv angewendete Faustregel Server $\rightarrow$ groß, Client $\rightarrow$ klein hier unweigerlich zum falschen Ergebnis führt.

Server und Client können selbstverständlich auch auf ein und demselben Rechner arbeiten. Doch in der Praxis finden häufig sogenannte X-Terminals Verwendung, Bildschirme mit eingebautem Kleinrechner, die nur den Display-Server-Code abarbeiten, während die eigentliche Applikation auf einem leistungsstarken Rechner im Netz läuft.

3.2.7 Der Window-Manager

Die zentrale Client-Applikation im X-Window-System ist der Window-Manager. Er ist zuständig für das Management verschiedener Applikations-Fenster. Ein wichtiges Prinzip des X-Window-Systems ist, daß nur die Applikation für den Inhalt ihres Fensters verantwortlich zeichnet. Umgekehrt kümmert sich der Window-Manager um Rahmen für die Fenster und stellt Funktionalität zum Modifizieren der Windows zur Verfügung. Muß jedoch ein Fenster nachgezeichnet werden, weil es z. B. durch eine Verschiebe-Aktion nun nicht mehr verdeckt ist, sendet der Window-Manager lediglich eine Redraw-Nachricht mit Koordinatenangabe an die Applikation, die den Redraw der nachzuzeichnenden Rechtecke dann selbständig ausführt.

Diese kurzen Ausführungen zur X-Window-Technologie sollten genügen, die im Rahmen dieses Buches vorgestellten Tk-Applikationen erfolgreich anzuwenden. Für detailliertere Ausführungen zu Grundlagen und Programmierung sei auf das Standardwerk [Nye90] verwiesen. Nützliche Ratschläge für den Endanwender von X-Applikationen gibt [QO90].

3.3 Klassen und Objekte im Tk-Package

Widget-Klassen repräsentieren die verfügbaren Widget-Typen. Buttons, Labels und Listboxen sind Beispiele dafür. Die Grundlage jeder graphischen Anwendung bildet in jedem Fall ein Objekt der Klasse `MainWindow`, das Hauptfenster der Applikation, unter dessen Hierarchiestufe alle weiteren Widgets entstehen.

```
$top = MainWindow->new();
```

oder auch

```
$top = new MainWindow;
```

erzeugt eine Referenz `$top` auf ein neues Objekt der im Tk-Package definierten Klasse `MainWindow`, das nun seinerseits Methoden anbietet, um weitere Widget-Objekte zu erzeugen. So entstehen ein Button, ein Frame oder ein Text-Feld, die im Hauptfenster liegen, einfach durch:

```
$button = $top->Button();  # Button-Widget-Objekt erzeugen
$frame  = $top->Frame();   # Frame-Widget-Objekt erzeugen
$text   = $top->Text();    # Text-Widget-Objekt erzeugen
```

Auch alle anderen Klassen bieten diese Methoden – durch Vererbung – an. So kann z. B. auch vom Frame `$frame` ein weiterer Button ausgehen:

```
$button_in_frame = $frame->Button();
```

Eine Kurzbeschreibung aller[5] von Tk unterstützten Widgets findet sich in der nachfolgenden Aufzählung. Abschnitt 3.6 widmet sich dann den technischen Details der einzelnen Widget-Typen.

Button Push-Button wie z. B. der `OK`-Button eines Dialogs

Canvas Universelles Widget zur Anordnung von Objekten wie Linien, Polygonen, Bitmaps oder Textstrings

Checkbutton Kippschalter, der seinen Zustand (An / Aus) ändert und anzeigt

Entry Editierbares, einzeiliges Textfeld

Frame Container-Widget mit einstellbarem Rahmen zur räumlichen Anordnung anderer Widgets

Label Nicht-editierbares Textfeld

Listbox Liste von auswählbaren Strings, die zusammen mit einem Scrollbar eine typische Auswahlbox ergibt

MainWindow Die »Mutter« aller Widgets. Es handelt sich um das Hauptfenster der Applikation, um das der Window-Manager den Rahmen zeichnet.

Menu Menubar, die obere Leiste, aus der die Pulldown-Menüs herausfallen

MenuButton Eintrag eines Pulldown-Menüs

Message Labels mit mehreren, automatisch gebrochenen Zeilen, die zur Ausgabe von Meldungen dienen

Radiobutton Check-Button, der zusammen mit anderen Radio-Buttons einen Verbund bildet, in dem nur jeweils ein einziger Button aktiv ist

Scale Schieberegler mit Zahlenangabe

Scrollbar Widget am Rand von Listbox-, Canvas- oder Text-Widgets, das deren Scrolling steuert, falls sie größere Ausmaße annehmen und nicht mehr auf einmal dargestellt werden können.

---

[5] Während das Perl / Tk-Package sich weiterentwickelt, kommen natürlich ständig neue Widget-Typen hinzu.

Text Mehrzeiliges, editierbares Textfeld

Toplevel Neues Window auf gleicher Hierarchiestufe wie `MainWindow`. Wird haupsächlich zur Anzeige von Nachrichten und Fehlermeldungen verwendet.

Jedem dieser Widget-Typen entspricht eine gleichnamige Konstruktionsmethode, die ein neues Widget-Objekt des geforderten Typs erzeugt, als neues Child hierarchisch unter das aufrufende Parent-Objekt hängt und eine Objektreferenz zurückliefert.

3.4 Optionen

Der typische Aufruf eines Widget-Konstruktors übermittelt auch eine Reihe von *Option-Value*-Paaren, die Form und Funktion des neuen Widgets bestimmen.

Name und aktueller Wert einer Option liegen dabei als getrennte Parameter vor. Der Übersichtlichkeit halber verwendet man in der Tk-Programmierung als Kommaersatz den Operator `=>`. Ab Perl 5.001 ergibt dies den zusätzlichen Vorteil, daß das *quoting* des Optionsnamens entfällt, da der Operator `=>` ihn auch ohne Anführungszeichen als String erkennt:

```
$widgetref = $parentwidgetref->widgetmethod(-opt1 => "val1",
                                            -opt2 => "val2");
```

Auch ein bereits existierendes Widget kann seinen Status mit der `configure`-Methode noch verändern:

```
$widgetref->configure(-opt1 => "val1", -opt2 => "val2");
```

Die nachfolgende Tabelle zeigt eine Reihe von Optionen, die viele Widgets standardmäßig unterstützen.

-background	=>	*colorname*	Hintergrundfarbe
		"blue"	Stringformat
		"#0000ff"	numerisches Format
			#rrggbb
			(Seite 174)
-foreground	=>	*colorname*	Vordergrundfarbe
		"red"	Stringformat
		"#ff0000"	numerisches Format
			#rrggbb
			(Seite 174)
-bitmap	=>	*bitmap*	Flächenmuster
			(Abschnitt 3.6.14, Seite 166)
		'@bitmapfile'	Bitmap-Datei
		"tk_bitmap_name"	Vordefinierte Tk-Bitmaps
			(Seite 176)
-borderwidth	=>	*pixel*	Randbreite
			(Abschnitt 3.6.4, Seite 138)
		2	2 Pixel
-command	=>	*funcref*	Aufzurufende Aktion
			(Abschnitt 3.6.1, Seite 133)
		sub { ... }	Anonyme Subroutine
		\&*funcname*	Funktionsreferenz
		[*command_list*]	Interne Tk-Kommandos
			(Abschnitt 3.6.11, Seite 157)
-font	=>	*fontname*	Font (Seite 174)
		"9x15"	9x15 Font
		"*times-*-r-*12*"	Times Roman
			12pt Font
-geometry	=>	*wxh*	Breite und Höhe
		"200x100"	
-width	=>	*width*	Breite
		"200"	200 Pixel
-height	=>	*height*	Höhe
		"100"	100 Pixel
-orient	=>	*orientation*	Ausrichtung
			(Abschnitt 3.6.14, Seite 166)
		"horizontal"	Waagrecht
		"vertical"	Senkrecht

`-relief`	=>	*reliefstyle*	3-D-Gestaltung
		`"flat"`	Kein 3-D-Effekt (Default)
		`"groove"`	Randfurche
		`"raised"`	Plateau
		`"ridge"`	Randleiste
		`"sunken"`	Senke
`-state`	=>	*status*	Status
		`"normal"`	Aktivierbar
		`"disabled"`	Nicht aktivierbar
		`"active"`	Selektiert-Status bei Buttons
`-text`	=>	*text*	Beschriftung
		`"Text"`	
`-textvariable`	=>	*variableref*	Referenz auf
		`\$scalar`	Textvariable

Tabelle 3.1: Widget-Optionen

3.5 Der Packer

Ein erzeugtes Widget bleibt zunächst unsichtbar. So kann beispielsweise ein Button zwar hierarchisch ordnungsgemäß unter einem Window hängen, doch Tk benötigt noch zusätzliche Informationen über die relative Lage des Buttons im Window, bevor es ihn tatsächlich zeichnen kann. Für diese geometrische Anordung der Widgets untereinander zeichnet der Tk-Packer verantwortlich. Jedes Widget-Objekt unterstützt die Methode `pack`, mit der es sich selbst an einen bestimmten Ort innerhalb eines Bezugswidgets positionieren kann.

Im Normalfall liegt ein Widget geometrisch in dem Parent-Widget, unter dem es auch hierarchisch liegt:

```
$widget->pack();
```

packt `$widget` in das Widget, von dem es erzeugt wurde. Mit der Option

```
$widget->pack(-in => $otherparent);
```

ist es sogar möglich, ein Widget `$widget` geometrisch in einem anderen Widget `$otherparent` abzulegen. Dies kommt jedoch selten vor, da die erzeugte Widget-Hierarchie vernünftigerweise auch das Layout widerspiegeln sollte.

Packt man mehrere Widgets in ein Parent-Widget, gibt die Option `-side` die Plazierungs-Strategie vor. Der Packer steht bei jedem Aufruf vor dem Problem, ein Widget in einem vorgegebenen Feld zu plazieren, das üblicherweise größer als das Widget selbst ist. Bei der Default-Einstellung `-side => "top"` legt der Packer das Widget am oberen Rand des freien Raumes ab und verkleinert den verfügbaren Platz entsprechend. Ruft ein zweites Widget Objekt derselben Hierarchiestufe seine `pack`-Methode mit der `-side => top` auf, startet derselbe Algorithmus – mit dem Ergebnis, daß nun Widget zwei direkt unterhalb von Widget eins zu liegen kommt. Für `-side => "top"` positioniert der Packer also Widgets auf der gleichen Hierarchiestufe *untereinander*. Dasselbe gilt für ein `pack` ohne Angabe einer `-side`-Option.

Mehrere Pack-Vorgänge mit der Option `-side => "left"` reihen entsprechend der oben erläuterten Logik die Widgets *nebeneinander* auf. Ähnliches gilt für `"right"`, nur steht dann das zuerst gepackte Widget ganz rechts und alle weiteren von rechts nach links in einer Reihe.

Die Abbildungen 3.3 und 3.4 sollen das Verfahren noch einmal verdeutlichen. Beide sind das Ergebnis der Pack-Aktionen von vier Label-Widgets. Das Skript, das Abbildung 3.3 erzeugte, packte das erste Label-Widget mit der Option `-side => "left"`. Nachdem so der linke Teil des Fensters ausgefüllt war, erhielt das zweite Widget, das mit `-side => "top"` gepackt wurde, den oberen Teil des verbliebenen Platzes. Die letzten beiden Widgets wurden dann mit den `-side`-Optionen `"right"` bzw. `"bottom"` plaziert. Eine andere Abfolge zeigt Abbildung 3.4: Hier liefen die Packvorgänge mit den `-side`-Optionen `"top"`, `"right"`, `"bottom"` und `"left"` ab.

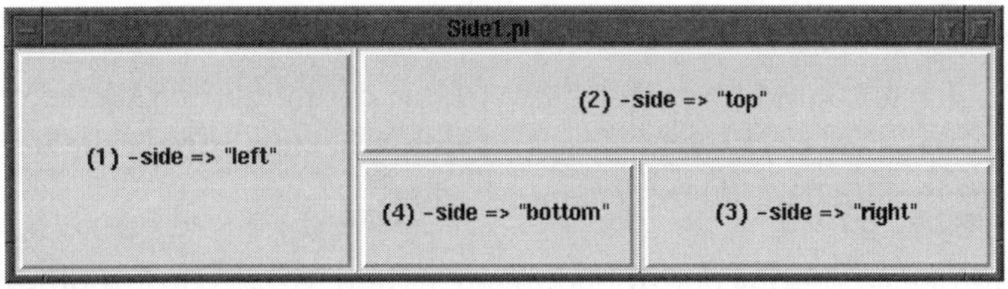

Abbildung 3.3: Mit den `-side`*-Optionen* `left, top, right, bottom` *gepackte Labels*

Oft sind verschiedene Widgets einer Hierarchiestufe z. B. aufgrund unterschiedlich langer Beschriftungen nicht gleich lang. Untereinander aufgereiht ergeben sie ein

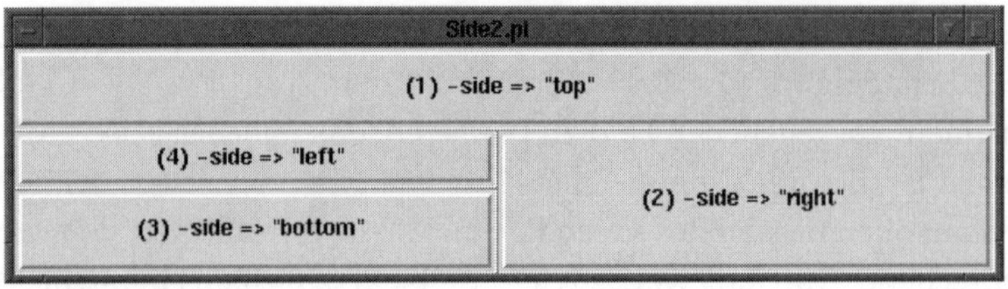

Abbildung 3.4: Mit den `-side`*-Optionen* `top, right, bottom, left` *gepackte Labels*

etwas unschönes Bild. Dann ist es oft wünschenswert, dem Packer mitzuteilen, den vorhandenen Platz doch auszufüllen und die von Natur aus kürzeren Widgets auf eine Standardlänge zu strecken. Die Option `-fill` steuert dieses Verhalten. Als Parameter existieren `none`, der Default-Wert, der keinerlei Streckung bewirkt, `x` bzw. `y`, die horizontal bzw. vertikal dehnen, und schließlich `both`, der das betroffene Widget nach allen Richtungen streckt.

Die Option `-expand` klärt, wie sich die Oberfläche bei manueller Vergrößerung des Applikationsfensters durch den Anwender verhält. Mit `-expand => "yes"` beansprucht das betroffene Widget eventuell zusätzlich entstehenden Platz für sich, sobald der Anwender das Fenster mit der Maus »aufzieht«. Für `-fill => "none"` behält das Widget dabei seine Größe, positioniert sich jedoch zentral im erweiterten Raum. Für andere Werte von `-fill` breitet sich das Widget in die angegebenen Richtungen aus.

Haben mehrere Widgets einer Hierarchiestufe die Option `-expand` gesetzt, nutzen sie neu entstehenden Raum zu gleichen Teilen.

Die Abbildungen 3.5 und 3.6 zeigen die Wirkung der möglichen Wertekombinationen für die Optionen `-fill` und `-expand` einmal bei ursprünglicher Fenstergröße und in einem manuell »aufgezogenen« Window.

Da in die Implementierung der Abbildungen 3.5 und 3.6 auch Konzepte der Grüppchenbildung mit Frame-Widgets verstrickt sind, die erst in Abschnitt 3.6.4 zur Sprache kommen, soll an dieser Stelle ein einfacheres Code-Beispiel genügen: Listing `bigbutton.pl`, ein Button, der, wie in Abbildung 3.7 dargestellt, stets die Größe des ihn umschließenden Fensters annimmt:

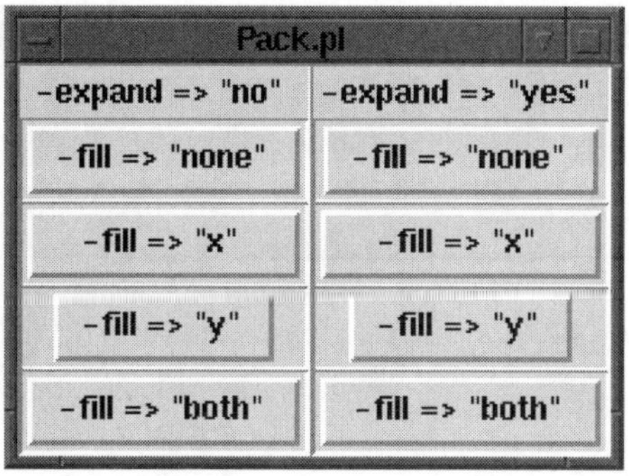

Abbildung 3.5: Die Wirkung der Optionen `-fill` *und* `-expand` *bei der ursprünglichen Fenstergröße ...*

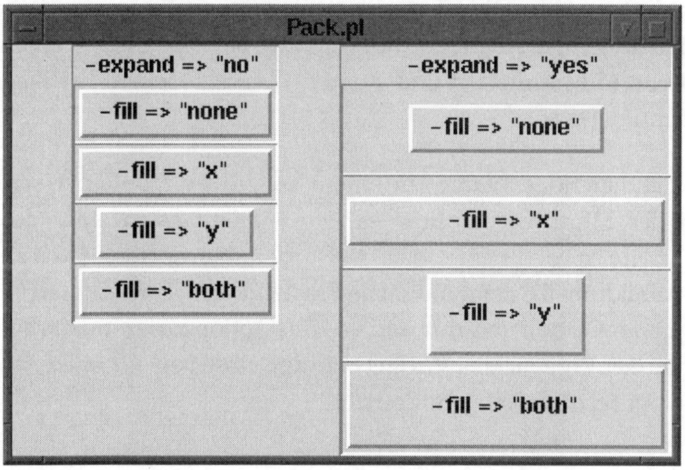

Abbildung 3.6: ... und im aufgezogenen Zustand

bigbutton.pl

```
#!/usr/bin/perl -w

use Tk;

$top=MainWindow->new();

$button=$top->Button(-text => "I will grow",
                     -command => \&exit);
$button->pack(-expand => "yes", -fill => "both");
MainLoop;
```

bigbutton.pl

Abbildung 3.7: Aufgezogenes Fenster mit gestrecktem Button

Sollen die einzelnen Widgets einer Hierarchiestufe nicht direkt nebeneinander bzw. übereinander stehen, sondern ein wenig Abstand voneinander halten, bieten die Optionen `-padx` bzw. `pady` die Möglichkeit, Zwischenabstände zu definieren. Die zugehörigen Parameterwerte können in Millimetern, Zentimetern, Inches oder Points angegeben werden. Die Längenangaben `1i` und `72p` sind identisch, da ein Point $\frac{1}{72}$ Inch beträgt. Die Angabe `-padx => "15m"` spezifiziert einen horizontalen Abstand von 15 Millimetern und `-pady => "1c"` einen vertikalen Abstand von einem Zentimeter.

Ein nicht-expandierendes Widget in einem zu großen Container schwimmt gewöhnlich in der Mitte. Die Option `-anchor` fixiert es in einer der Himmelsrichtungen `"n|ne|e|se|s|sw|w|nw"` (Norden, Nordosten, usw.) am Rand des Containers. Abbildung 3.8 zeigt mögliche Einstellungen. Zu beachten ist allerdings, daß die `-anchor`-Option eng mit der `-side`-Option zusammenarbeitet: Ein mit `-side => "left"` gepacktes Widget würde selbst bei `-anchor => "e"` niemals ganz an der rechten Seite anliegen.

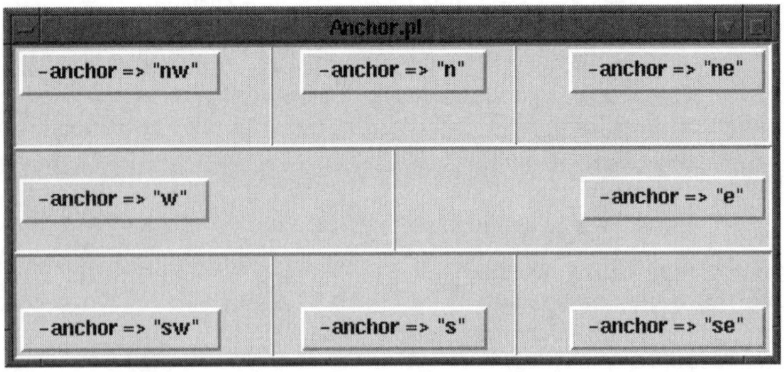

Abbildung 3.8: Die Option `-anchor` und ihre Parameter

Die wichtigsten Optionen für den Packer sind in Tabelle 3.2 noch einmal zusammengefaßt.

`-in`	`=>`	`$`*widget*	Geometrisches Parent
`-side`	`=>`	`"top|left|right|bottom"`	Positionierung
`-expand`	`=>`	`"yes|no"`	Ausdehnung ja / nein
`-fill`	`=>`	`"none|x|y|both"`	Ausdehnungsrichtung
`-padx`	`=>`	`"`*width*`c|m|i|p"`	Abstand zum seitlichen Nachbarn
`-pady`	`=>`	`"`*width*`c|m|i|p"`	Abstand zum oberen / unteren Nachbarn
`-anchor`	`=>`	`"n|ne|e|se|s|sw |w|nw|center"`	Anker

Tabelle 3.2: Optionen der `pack`*-Methode*

3.6 Widgets im Detail

Die verschiedenen Widget-Typen unterstützen unterschiedliche Optionen, so kann z. B. ein Button seinen Text bestimmen oder der Frame seine Rahmenbreite. Die folgenden Abschnitte zeigen nun ausführlich die Funktionalität der einzelnen Widgets und stellen Anwendungsbeispiele vor.

Doch die präsentierte Auswahl ist tatsächlich nur ein kleiner Bruchteil der von Tk bereitgestellten Optionen. So fehlen selten verwendete oder nur der optischen Verschönerung dienliche Features. Der Schwerpunkt der hier vorgestellten Sammlung liegt auf der praktischen Verwendbarkeit. Für eine detaillierte Aufzählung sei auf das Standardwerk [Ous94] oder einen der praktischen Referenz-Guides im Internet (Anhang G) hingewiesen.

3.6.1 Der Button

Das erste Beispiel für einen Button wurde bereits zu Anfang dieses Kapitels auf Seite 118 als *Hello World* vorgestellt. Dort erfüllte der Button einzig und allein den Zweck, das laufende Programm auf Knopfdruck zu beenden.

```
                                # PushButton erzeugen,
$button = $top->Button(-text =>
                        "Hello World! Push me to exit !",
                        -command => sub { exit 0 });
$button->pack();                # PushButton in Applikations-
```

waren die dafür zuständigen Zeilen. Die Option `-text` legt die Beschriftung des Buttons fest und `-command` den auszuführenden Code für den Fall der Aktivierung. Die Codereferenz steht entweder wie oben als anonyme Subroutine direkt im Funktionsaufruf oder verweist z. B. in der Form `\&func` auf eine definierte Perl-Funktion `func`. Für den Fall, daß diese sogenannte Callback-Funktion Parameter erwartet, empfiehlt sich das Verfahren der anonymen Subroutine: Wie im Beispiel oben die dort ausgelöste `exit`-Funktion den Parameter `0` erhält, können anderen Funktionen auch Variablen beliebiger Art mitgegeben werden.

Die Beschriftung des Buttons kann auch dynamisch durch eine Variable definiert sein:

```
$buttontext = "Hello World! Push me to exit !";
$button = $top->Button("-textvariable" => \$buttontext,
                        "-command" => sub { exit 0 });
```

Ändert sich der Wert der Variablen im Verlauf des Skripts, erfolgt sofort eine Berichtigung des Button-Textes. In manchen Kontexten soll der Button auch gar nicht mehr aktivierbar sein. Die Option `-state` setzt den Button mit `disabled` in den inaktiven Status, mit `normal` tut er wieder seinen Dienst.

-command	=>	\&subname	Aktivierungs-Callback
-command	=>	sub { ... }	
-state	=>	"normal"	Aktivierbar
-state	=>	"disabled"	Gesperrt
-text	=>	$scalar	Beschriftung
-textvariable	=>	\$scalar	Textvariable

Tabelle 3.3: Übliche Button-Optionen

3.6.2 Der Check-Button

Der Check-Button unterstützt sämtliche Optionen des gewöhnlichen Buttons – und noch einige mehr: Die Option `-variable` legt zusammen mit einer Referenz auf einen Skalar die Variable fest, die den Zustand des Check-Buttons kontrolliert.

Abbildung 3.9: Check-Button

Wenn nun die Variable den Wert Null annimmt, schaltet dies den Check-Button in den »Aus«-Zustand. Ist der Wert ungleich Null, schaltet sich der Check-Button auf »Ein«. Umgekehrt steuert der Check-Button auch den Wert der Variablen: Ein eingeschalteter Check-Button setzt die Variable auf 1, ein ausgeschalteter auf Null.

Listing `checkbutton.pl` zeigt eine kurze Implementierung, die sich wie in Abbildung 3.9 gezeigt präsentiert. Die definierte Subroutine `callback` gibt den Wert der Variablen `$checkvalue` aus, die je nach Status des Check-Buttons entweder den String `"ON"` oder `"OFF"` enthält, da sie dem Check-Button explizit als Zustandsvariable zugeordnet wurde.

checkbutton.pl

```
#!/usr/bin/perl -w

use Tk;

$top=MainWindow->new();

$top->Checkbutton(-text => "Check me",
                  -command => \&callback,
                  -variable => \$checkvalue,
                  -onvalue => "ON",
                  -offvalue => "OFF")->pack();
MainLoop;

sub callback {
    print "Checkbutton is $checkvalue\n";
}
```

checkbutton.pl

Tabelle 3.4 zeigt die wichtigsten Check-Button-Optionen im Überblick.

`-command`	`=>`	`\&subname`	Aktivierungs-Callback
`-command`	`=>`	`sub { ... }`	
`-state`	`=>`	`"active"`	Aktiviert
`-state`	`=>`	`"normal"`	Nicht aktiviert
`-state`	`=>`	`"disabled"`	Nicht aktivierbar
`-text`	`=>`	`$scalar`	Beschriftung
`-textvariable`	`=>`	`\$scalarref`	Textvariable
`-variable`	`=>`	`\$scalaref`	Zustandsvariable
`-onvalue`	`=>`	`$scalar`	Variablenwert falls aktiviert
`-offvalue`	`=>`	`$scalar`	Variablenwert falls nicht aktiv

Tabelle 3.4: Übliche Check-Button-Optionen

3.6.3 Der Radio-Button

Antiquierte Radios verfügen über eine Leiste von Senderwahltasten, von denen jeweils nur eine gedrückt sein darf. Aktiviert man eine andere, schnellt die bislang gedrückte heraus.

Radio-Buttons sind Check-Buttons, die genau dieses Verhalten imitieren: Nur ein einziger Radio-Button aus einer fest definierten Gruppe darf zu einer Zeit aktiv sein. Wählt der Benutzer einen zweiten an, hat dies automatisch die Deaktivierung des ersten zur Folge.

Jeder Radio-Button einer Gruppe verleiht, falls er gedrückt wird, einer gruppenbekannten Zielvariablen einen charakteristischen Wert und löst außerdem noch einen eventuell definierten Callback aus.

Listing `radiobutton.pl` definiert zwei Radio-Buttons, die sich die Variable `$radiovar` teilen. Da die Aktivierung von Callbacks analog zu allen anderen Buttons verläuft, verzichtet `radiobutton.pl` auf die Angabe einer `-command`-Option.

radiobutton.pl

```
#!/usr/bin/perl -w

use Tk;

$top=MainWindow->new();

$top->Radiobutton(-text => "Radio(1)",
                  -variable => \$radiovar,
                  -value => "R1" )->pack();

$top->Radiobutton(-text => "Radio(2)",
                  -variable => \$radiovar,
                  -value => "R2" )->pack();

MainLoop;
```

radiobutton.pl

Nach dem Programmstart ist der Wert der Variablen `$radiovar` zunächst noch undefiniert, und noch keiner der Buttons optisch sichtbar aktiviert. Wählt der Benutzer dann den unteren Button an, erhält `$radiovar` den Wert `"R2"` zugewiesen, und die Applikation stellt sich dar wie in Abbildung 3.10.

Radio-Buttons, die zu einer Gruppe gehören, synchronisieren sich ausschließlich über den Namen der Zielvariablen. Selbst wenn alle auszuführenden Aktionen über die `-command`-Option definiert sind, ist also eine gemeinsame Variable `-variable` notwendig, um das typische Radio-Button-Verhalten sicherzustellen.

Abbildung 3.10: Radio-Buttons

Tabelle 3.5 zeigt die wichtigsten Optionen, die das Radio-Button-Widget unterstützt.

`-command`	`=>`	`\&subname`	Aktivierungs-Callback
`-command`	`=>`	`sub { ... }`	
`-state`	`=>`	`"active"`	Aktiviert
`-state`	`=>`	`"normal"`	Nicht aktiviert
`-state`	`=>`	`"disabled"`	Nicht aktivierbar
`-text`	`=>`	`$scalar`	Beschriftung
`-textvariable`	`=>`	`\$scalarref`	Textvariable
`-value`	`=>`	`$scalar`	Wert von `-variable` falls aktiv
`-variable`	`=>`	`\$scalarref`	Gemeinsame Zielvariable aller Radio-Buttons einer Gruppe

Tabelle 3.5: Radio-Button-Optionen

3.6.4 Der Frame

Das Container-Widget Frame kann eigentlich nichts – außer einen Rand zu zeichnen und, wie andere Widgets auch, Child-Widgets in seiner Mitte aufzunehmen. Steht man beispielsweise vor der Aufgabe, drei Label-Widgets so zu plazieren, daß eines oben und die restlichen zwei nebeneinander darunter stehen, leistet ein Frame-Widget unentbehrliche Dienste: Den verfügbaren Raum teilen sich zwei übereinanderstehende unsichtbare Frame-Widgets, die jeweils ein bzw. zwei Labels aufnehmen und entsprechend anordnen:

frame.pl

```
#!/usr/bin/perl -w

use Tk;

$top = MainWindow->new();

                            # Beide Frames erzeugen
$upperframe = $top->Frame()->pack();
$lowerframe = $top->Frame()->pack();

                            # Labels im oberen Frame
$upperframe->Label(-text => "Label1")->pack();

                            # Labels im unteren Frame
```

```
$lowerframe->Label(-text => "Label2")->pack(-side => "left");
$lowerframe->Label(-text => "Label3")->pack(-side => "right");

MainLoop;
```

frame.pl

Abbildung 3.11: Anordnung von Labels mittels versteckter Frame-Widgets

Rand

Doch Frames helfen nicht nur bei speziellen Plazierungswünschen, auch zu Dekorationszwecken sind sie nützlich. Der Rand eines Frames kann unterschiedliche Formen annehmen. Im einfachsten Fall ist er unsichtbar, mittels der Option `-relief` kann er (wie viele andere Widgets auch) einen dreidimensionalen Eindruck vermitteln. Als Parameter für diese Option sind die Werte `flat`, `groove`, `raised`, `ridge` und `sunken` zulässig. Außerdem bestimmt die Option `-borderwidth` die Pixelbreite des eingestellten Randes. Abbildung 3.12 zeigt ein Fenster mit framegerahmten Labels aller möglichen `relief`-Typen.

Abbildung 3.12: Frame-Widgets mit unterschiedlichen `relief`-Werten

Das zugehörige Skript erzeugt in jedem der Schleifendurchläufe zuerst den Frame des jeweiligen Typs und hängt dann ein Label mit dem passenden Text hinein.

framestyle.pl

```
#!/usr/bin/perl -w

use Tk;

my $top = MainWindow->new();

foreach $reliefstyle ("flat", "raised", "sunken",
                      "ridge", "groove") {

                      # Frame um das Label erzeugen
    $frame = $top->Frame(-relief => $reliefstyle,
                         -borderwidth => 5);

                      # Mit 2mm Abstand seitlich und nach
                      # oben packen
    $frame->pack(-side => "left", -padx => "2m",
                           -pady => "2m");

                      # Label erzeugen
    $frame->Label(-text => $reliefstyle)->pack();
}

MainLoop;
```

framestyle.pl

Höhe und Breite

Höhe und Breite eines Widgets sollten eigentlich nicht von Hand eingestellt werden, vielmehr ist dies die Aufgabe des Packers, der es dynamisch an die Größe des Parent-Windows anpaßt. Hin und wieder kommt es jedoch vor, daß ein Widget so kümmerliche Ausmaße auf dem Bildschirm annimmt, daß eine manuelle Vergrößerung notwendig ist. Ein Frame nimmt immer die Ausmaße der Widgets in seinem Inneren an. Sind dort keine vorhanden, schrumpft der Frame zu Null zusammen und bleibt trotz eventuell definiertem Rahmen unsichtbar. Ein leerer Frame muß also stets mit den Optionen `-width` und `-height` konfiguriert sein. Andererseits bewirken diese Optionen bei Frames, die andere Widgets beherbergen, überhaupt nichts, denn der Frame schnürt trotz alledem die Widgets in seinem Innern luftdicht ein.

Frames und der Packer

Gruppiert ein Frame in seinem Innern eine Reihe von Child-Widgets, die expandieren wollen, muß der Frame selbst (und auch wieder dessen Parents) die `-expand`-Eigenschaft gesetzt haben, sonst stellt sich der gewünschte Effekt nicht ein.

Tabelle 3.6 faßt noch einmal die wichtigsten Optionen des Frame-Widgets zusammen.

`-width`	`=>`	*WertEinheit*	Breite in cm, mm, Inches oder Points
		`"1c"`	1 Zentimeter
		`"10m"`	10 Millimeter
		`"0.7i"`	0.7 Inches
		`"30p"`	30 Points
`-height`	`=>`	*WertEinheit*	Höhe in cm, mm, Inches oder Points
`-relief`	`=>`	`"flat"`	Kein 3-D-Effekt (Default)
`-relief`	`=>`	`"groove"`	Randfurche
`-relief`	`=>`	`"raised"`	Plateau
`-relief`	`=>`	`"ridge"`	Randleiste
`-relief`	`=>`	`"sunken"`	Senke
`-borderwidth`	`=>`	`$scalar`	Randbreite in Pixel

Tabelle 3.6: Wichtige Optionen des Frame-Widgets

3.6.5 Das Entry-Widget

Dieses editierbare einzeilige Textfeld bietet ohne Zutun des Programmierers die volle Cursorsteuerung, wie sie von X-Window-Applikationen her bekannt ist. Nicht nur Backspace, Delete oder die Positionierung mittels der Cursortasten funktionieren auf Anhieb, sondern auch Aktionen mit der Maus.

Die schon von anderen Widgets verwendete Option `-textvariable` legt die Perl-Variable fest, die den manipulierten Text schließlich enthält. Mit `-state => "disabled"` kann der Text gegen Überschreiben geschützt werden, `-state => "normal"` schaltet den Editiermodus wieder ein.

Abbildung 3.13: Entry-Widget

`-textvariable => \$scalar`	Textvariable
`-state => normal|disabled`	Editiermodus ein/aus

Tabelle 3.7: Entry-Optionen

Listing `entry.pl` implementiert die in Abbildung 3.13 gezeigte Oberfläche: Ein Label- und ein Entry-Widget, die – zu Testzwecken – beide dieselbe Textvariable nutzen. Dies hat zur Folge, daß während der Tastatureingabe ins Entry-Widget laufend der Text des Label-Widgets aufgefrischt wird.

entry.pl

```
#!/usr/bin/perl -w

use Tk;

$top = MainWindow->new();

$label = $top->Label(-textvariable => \$text);
$entry = $top->Entry(-textvariable => \$text);

$label->pack(-side => "left");
$entry->pack(-side => "left");

MainLoop;
```

entry.pl

3.6.6 Label

Ein Label-Widget enthält nicht-editierbaren Text. Es unterstützt die Optionen `-text` und `-textvariable`, die entweder einen festen Text festlegen oder eine

Referenz auf eine Variable, die den Text enthält. Verändert sich der Variablentext, erfolgt sofort ein Abgleich des gezeichneten Widgets.

Zur Dekoration verfügt das Label-Widget über dieselben Randgestaltungsoptionen wie das Frame-Widget.

`-text => "Text"`	Text
`-textvariable => \$scalar`	Textvariable
`-borderwidth`	Wie Frame-Widget (Seite 141)
`-relief`	Wie Frame-Widget (Seite 141)

Tabelle 3.8: Label-Optionen

3.6.7 Listbox

Perl/Tk bietet mit `ScrlListbox` ein komfortables Listbox-Widget, das auch einen eingebauten Scrollbar unterstützt. Scrollbar und Listbox kommunizieren ständig miteinander: verlängert sich die Liste der Einträge, ändert sich das Aussehen des Scrollbars, verschiebt andererseits der Benutzer den Scrollbar, zeigt die Listbox einen anderen Ausschnitt ihres Inhalts. Im Gegensatz zu einem scrollbaren Text-Widget (Seite 162) erfordert eine scrollbare Listbox also nur einen einzigen Befehl:

```
$parent->ScrlListbox();
```

Die Option `-height` bestimmt bei der Listbox nicht wie beim Frame-Widget die absolute Höhe des Widgets, sondern legt die Anzahl der auf einmal sichtbaren Listbox-Einträge fest.

Die Option `-selectmode` bestimmt den Modus der Selektion. `-selectmode => "single"` läßt nur die einfache Auswahl zu, während bei `"extended"` zusammenhängende Bereiche durch einfaches »Herunterziehen« bei gedrückter Maustaste angewählt werden. Außerdem ermöglicht im `"extended"`-Modus ein einfacher Mausklick bei gleichzeitig gedrückter Ctrl-Taste die Auswahl mehrerer, auch nicht zusammenhängender Einträge. Einen zusammenhängenden Block markiert auch ein Einfach-Klick auf den Block-Start-Eintrag, gefolgt von einem Shift-unterstützten Klick auf den End-Eintrag. Abbildung 3.14 zeigt die verschiedenen Möglichkeiten.

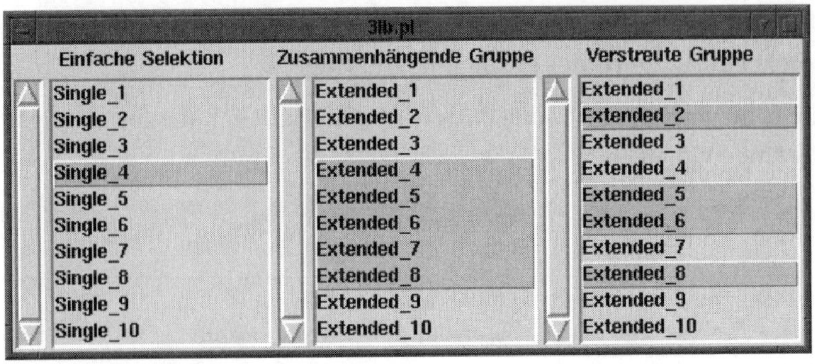

Abbildung 3.14: Beispielselektionen in Listboxen

Damit die drei Listboxen in Abbildung 3.14 gleichzeitig aktive Selektionen tragen können, muß die Applikation sich von der X-Window-spezifischen Selektionskontrolle loslösen, die sofort alle Selektionen einer Listbox löscht, sobald der Anwender Elemente einer anderen Listbox auswählt. Die Option `-exportselection` mit dem Parameter `0` ermöglicht das gewünschte Verhalten, wie Listing `3lb.pl` zeigt.

3lb.pl

```
#!/usr/bin/perl -w

use Tk;

my $top = MainWindow->new();

$listbox1 = $top->ScrlListbox(-label => "Einfache Selektion",
                              -selectmode => "single",
                              -exportselection => 0
                             )->pack(-side => "left");
$listbox2 = $top->ScrlListbox(-label => "Zusammenhängende Gruppe",
                              -selectmode => "extended",
                              -exportselection => 0
                             )->pack(-side => "left");
$listbox3 = $top->ScrlListbox(-label => "Verstreute Gruppe" ,
                              -selectmode => "extended",
                              -exportselection => 0
                             )->pack(-side => "left");

foreach $i (1..10) {
    $listbox1->insert("end", "Single_$i");
    $listbox2->insert("end", "Extended_$i");
    $listbox3->insert("end", "Extended_$i");
```

```
}

MainLoop;
```

3lb.pl

Ein Listbox-Objekt greift auf die in ihm abgelegten Daten über Member-Funktionen zu. Diese Methoden referenzieren die `n` Listeneinträge über Indizes von `0` bis `n-1`. Der letzte Eintrag der Listbox kann auch durch den symbolischen Index `"end"` angesprochen werden.

`$listbox->insert($index, $item, ...)` Fügt einen oder mehrere Einträge *vor* dem angegebenen Index in die Liste ein. Zum Einfügen am Listenende wird `"end"` als Index angegeben.

`$listbox->delete($index1, $index2)` Löscht die Listeneinträge auf den Indizes `$index1` bis `$index2`. `$index2` ist optional, fällt er weg, wird nur das Element auf Index `$index1` gelöscht.

`$listbox->selection("set", $from, $to)` markiert die Einträge auf den Indizes `$from` bis `$to` als selektiert. `$to` kann weggelassen werden, falls nur ein Element selektiert wird.

`$listbox->selection("clear", $from, $to)` deselektiert die Einträge auf den Indizes `$from` bis `$to`. `$to` kann weggelassen werden, falls nur ein Element deselektiert wird.

`$listbox->Getselection()` liefert eine Liste selektierter Listbox-Einträge. Im Single-Selectmode ist das Ergebnis stets ein Einzeleintrag.

Das Testbeispiel dieses Abschnitts präsentiert eine gescrollte Listbox, die im `"extended"`-Modus läuft. Die erfolgreiche Auswahl eines oder mehrerer Einträge zeigt ein Label an. In Abbildung 3.15 sind zwei zusammenhängende Elemente und ein weiterer, abgesetzter Eintrag selektiert.

listbox.pl

```
#!/usr/bin/perl -w

use Tk;
```

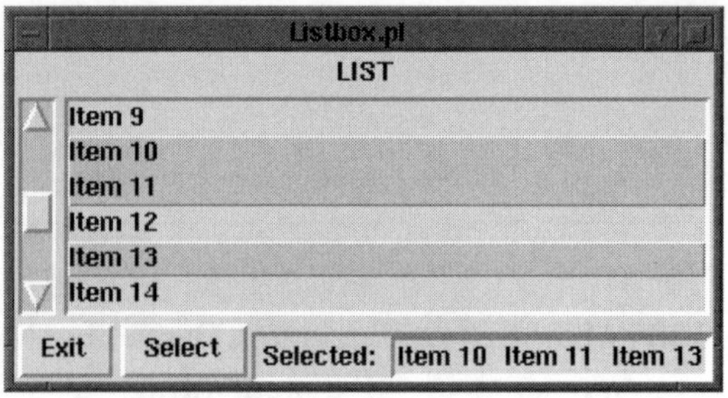

Abbildung 3.15: Listbox-Beispiel

```
my $top = MainWindow->new();

                                # Listbox erzeugen
$listbox = $top->ScrlListbox(-label => "LIST",
                             -height => 6,
                             -selectmode => "extended");

                                # Buttons
$exitbutton   = $top->Button(-text => "Exit",
                             -command => \&exit);
$selectbutton = $top->Button(-text => "Select",
                             -command => \&proc_selection);

                                # Anzeige
$frame = $top->Frame(-relief => "sunken",
                     -borderwidth => 2);
$label = $frame->Label(-text => "Selected: ");
$entry = $frame->Label(-textvariable => \$seltext,
                       -relief => "sunken");

                                # Alles Packen
$listbox->pack(-fill   => "both", "-expand" => "yes");
$exitbutton->pack(-side => "left");
$selectbutton->pack(-side => "left");
$frame->pack(-side => "right", "-anchor" => "se");
$label->pack(-side => "left");
$entry->pack(-side => "left");

                                # Listbox füllen
foreach $i (1..20) {
    $listbox->insert("end", "Item $i");
}
                                # Vorauswahl setzen
$listbox->selection("set", 0);
```

```
                                # Auswahl simulieren
$seltext = proc_selection();

                                # Aktion bei Doppel-Klick auf
                                # Listbox-Eintrag definieren
$listbox->bind("<Double-Button-1>" => \&proc_selection);

MainLoop;


###
### proc_selection() - Selektion-Event verarbeiten
###
sub
proc_selection {
                               # Selektierte Einträge holen, zu
                               # einem String und in der Text-
                               # variablen des Labelwidgets ab-
                               # legen
   $seltext = join('  ', $listbox->Getselected);
}
```

listbox.pl

Die Selektion von Einträgen erfolgt entweder über eine Vorauswahl (einfacher Mausklick) und einem anschließendem Klick auf den Select-Button oder einfach mittels eines Doppelklicks auf einen Listbox-Eintrag. Letzteres aktiviert der Aufruf der `bind`-Methode, deren Besonderheiten erst in Abschnitt 3.7.5 auf Seite 173 besprochen werden.

3.6.8 Menü-Widgets

Die Pulldown-Menütechnik ist das wohl bekannteste Beispiel graphischer Benutzerführung. Ausgehend von einem Balken (dem Menubar), der direkt an der Oberkante eines Windows thront und die Top-Einträge (Menubuttons) enthält, entstehen auf einen Mausklick »herunterfallende« Menüs mit wählbaren Einträgen.

Abbildung 3.16 zeigt ein Testbeispiel und die wichtigsten Bezeichnungen.

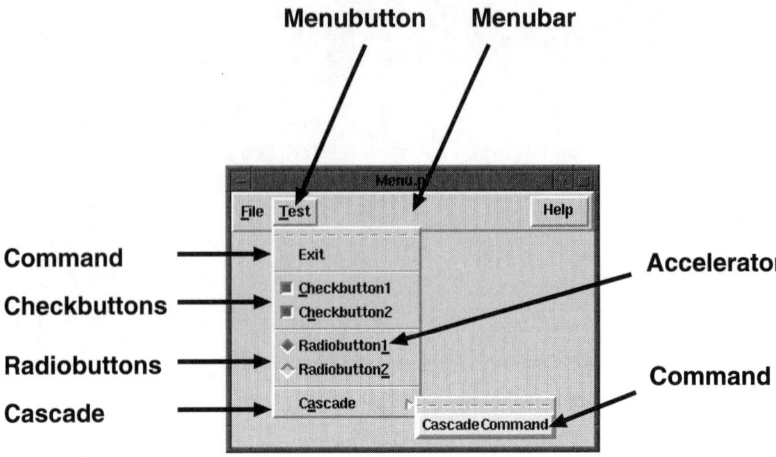

Abbildung 3.16: Pulldown-Menüs und ihre Bestandteile

Menubar

Der Balken am oberen Fensterrand ist nichts anderes als ein Frame-Widget, das als `-relief`-Option den Parameter `"raised"` mit `-borderwidth => 2` gesetzt hat und sich die Top-Menü-Einträge als Menubutton-Widgets hierarchisch unterordnet. Üblicherweise liegen die Haupt-Menüpunkte wie `"File"` an der linken Seite des Menübalkens, während spezielle Einträge wie z. B. `Help` oder Copyright-Informationen sich an der rechten Seite befinden. Die `-side`-Option der `pack`-Methode steuert diese Positionierung.

Menubutton

Die Top-Menüeinträge, die auf Knopfdruck Pulldown-Menüs herunterfallen lassen, bestehen aus sogenannten Menubutton-Widgets. Der Aufruf der Methode

```
$menubutton = $menubar->MenuButton(-text => "Options");
```

legt einen neuen Top-Menüeintrag als Child des Menubars an. Ein anschließendes `pack` positioniert ihn je nach Anforderung im Menubar. Mit der zurückgelieferten Referenz auf ein MenuButton-Objekt werden später über Methodenaufrufe Pulldown-Menüeinträge angelegt.

Die eigentlichen Pulldown-Menüeinträge teilen sich in fünf verschiedene Typen auf, deren bekanntester wohl das Command-Widget ist: Ein Eintrag, der auf Knopfdruck ein Kommando auslöst, wie z. B. ein `Quit`-Eintrag im `File`-Menü, der das Programm beendet.

Menu Command

Die Menubutton Objekte auf dem Menübalken unterstützen alle die Methode `command`, die einen Pulldown-Menüeintrag erzeugt. Dieser ist zunächst verdeckt und wird erst dann angezeigt, wenn der Benutzer mit der Maus auf den zugehörigen Top-Eintrag klickt.

Als Optionen erhält die `command`-Methode einen Beschriftungstext wie `-label => "Exit"` sowie eine Referenz auf eine Subroutine, z. B. in der Form `-command => sub { },` die bei der Button-Aktivierung auszuführen ist:

```
$menubutton->command(-label => "Exit",
                     -command => sub { exit 0 });););
```

Menu Checkbutton

Pulldown-Menüeinträge können aber auch Check-Button-Verhalten zeigen. Die Methode `checkbutton` des Menubutton-Objekts erzeugt ein Objekt im Pulldown-Menü, dessen Texteintrag mit `-label` festgelegt ist und ansonsten alle Optionen des Check-Button-Widgets (siehe Seite 135) unterstützt:

```
$menubutton->checkbutton(-label => "Check1",
                         -variable => \$checkvar,
                         -command =>
                             sub { print "$checkvar\n" });
```

Menu Radiobutton

Zusätzlich zum Check-Button-Widget als Menüeintrag bietet Tk noch die Radio-Button-Variante an. Ein mit `$menubutton->radiobutton()` erzeugter Radio-Button-Menüeintrag unterstützt sämtliche Funktionalität seines Verwandten im Dialogbetrieb. Die zugehörigen Optionen beschreibt Abschnitt 3.6.3 auf Seite 136.

```
$menubutton->radiobutton(-label => "Radio1",
                         -variable => \$radiovar,
                         -value => "Radio1",
                         -command =>
                             sub { print "$radiovar\n" });
```

Menu Separator

Ein Separator trennt inhaltlich verwandte Gruppen von Pulldown-Menüeinträgen voneinander und dient lediglich der optischen Verbesserung, ist jedoch nicht aktivierbar. Er zeichnet lediglich eine horzontale Trennlinie im Pulldown-Menu. Der Aufruf

```
$menubutton->separator();
```

hängt einen Separator an das gegenwärtige Ende des jeweiligen Pulldown-Menüs.

Cascade

Der Aufruf `$menubutton->cascade()` hängt in ein bestehendes Pulldown-Menü einen Eintrag ein, der auf ein kaskadiertes Menü verweist. Zuvor allerdings muß ein neues Menü als hierarchisches Child des bestehenden angelegt werden. Hierzu erfrägt man mit der Methode

```
$oldmenu = $menubutton->cget(-menu)
```

die Menü-Referenz des Menubutton-Objekts, und ein nachfolgendes

```
$newmenu = $oldmenu->Menu();
```

legt schließlich ein neues Menüobjekt an, in das mit den vorstehend beschriebenen Methoden `command`, `checkbutton`, `radiobutton`, `cascade` und `separator` wiederum entsprechende Einträge eingehängt werden.

Der anfangs dieses Abschnitts erwähnte Aufruf der `cascade`-Methode eines Menubutton-Objekts schreibt sich dann

```
$menubutton->cascade(-label => "Mycascade", -menu => $newmenu);
```

Acceleratoren

Der Anwender kann X-Window-Oberflächen nicht nur mit der Maus, sondern auch über die Tastatur bedienen. So wählt die Tastenkombination `ALT-F` den Menüeintrag mit dem Accelerator `'F'` an. Der Accelerator ist meistens der erste Buchstabe eines Eintrags, kann aber auch ein anderer Buchstabe sein, falls es sonst zu Überlappungen führen würde.

In Perl/Tk spezifiziert die Option `-underline => $scalar` den Accelerator beim Anlegen eines Menüeintrags. `$scalar` gibt den Offset des markierten Buchstaben im Menüeintrag an, `0` meint den ersten. Der `Quit`-Eintrag im Menü, der das `Q` als Accelerator nutzt, schreibt sich also

```
$menubutton->command(-label => "Quit", -underline => 0);
```

Deaktivierung

Abhängig vom Kontext einer Applikation sollen manche Menüeinträge zeitweise nicht aktivierbar sein. Analog zum Button-Widget steht auch hier die Option `-state` zur Verfügung, die mit den Parameterwerten `normal` bzw. `disabled` dieses Verhalten einstellt. Der Zustand bereits bestehender Widgets kann, wie bereits erläutert, mit der `configure`-Methode nachträglich verändert werden.

Zusammenfassung

Tabelle 3.9 faßt noch einmal die menü-spezifischen Optionen der besprochenen Widgets `command`, `checkbutton`, `radiobutton` und `cascade` zusammen.

Das Listing `menu.pl` zeigt eine Beispielanwendung, die alle gängigen Menüfunktionen nutzt. In Abbildung 3.17 ist die Oberfläche in Aktion zu sehen.

`-label`	`=>`	`"text"`	Menüeintrag
`-command`	`=>`	`\& subname`	Aktivierungs-Callback
`-state`	`=>`	`"normal|disabled"`	Aktiviert / Deaktiviert
`-underline`	`=>`	`$offset`	Accelerator-Zeichen als Offset

Tabelle 3.9: Optionen für die Menüeinträge `command`, `checkbutton`, `radiobutton` *und* `cascade`

menu.pl

```
#!/usr/bin/perl -w

use Tk;

$top = MainWindow->new;

                                    # Menubar
$menu = $top->Frame(-relief => 'raised', -bd => 2);
```

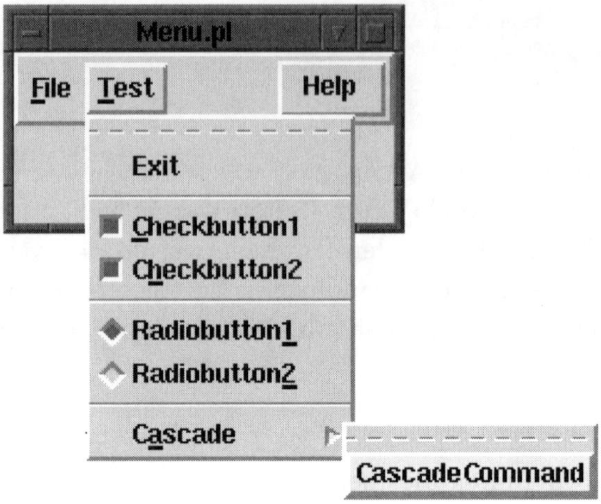

Abbildung 3.17: Menü-Beispiel

```
                              # Einträge im Menubar
$menu_pulldown1 = $menu->Menubutton(-text => "File",
                                    -underline => 0);
$menu_pulldown2 = $menu->Menubutton(-text => "Test",
                                    -underline => 0);

                              # Popup Menu als Pushbutton
                              # im Menubar
$menu_popup = $menu->Button(-text => "Help",
                            -command =>
                                sub { print "Help\n" } );

                              # Normaler Pulldown-Eintrag
$menu_pulldown2->command(-label => "Exit",
                         -command => sub { exit 0 });

$menu_pulldown2->separator(); # Trennstrich

                              # Checkbutton-Pulldown-Eintrag
$menu_pulldown2->checkbutton(-label => "Checkbutton1",
                             -underline => 0,
                             -variable => \$checkvar,
                             -command =>
                                 sub { print "Check1\n" });
$menu_pulldown2->checkbutton(-label => "Checkbutton2",
                             -underline => 1,
                             -variable => \$checkvar,
                             -command =>
```

```
                                 sub { print "Check2\n" });
$checkvar = 1;


$menu_pulldown2->separator(); # Trennstrich


                              # Radiobutton-Pulldown-Eintrag
$menu_pulldown2->radiobutton(-label => "Radiobutton1",
                             -underline => 11,
                             -variable => \$radiovar,
                             -value => "Radio1",
                             -command =>
                              sub { print "$radiovar\n" });
$menu_pulldown2->radiobutton(-label => "Radiobutton2",
                             -underline => 11,
                             -variable => \$radiovar,
                             -value => "Radio2",
                             -command =>
                              sub { print "$radiovar\n" });

$radiovar="Radio1";           # Defaultwert: Radiobutton 1


$menu_pulldown2->separator(); # Trennstrich

                              # Cascade Menu
$newmenu = $menu_pulldown2->cget(-menu)->Menu();

$menu_pulldown2->cascade(-label => "Cascade",
                         -underline => 1,
                         -menu => $newmenu);

                              # Normaler Eintrag im
                              # cascaded Menu
$newmenu->command(-label => "CascadeCommand",
                  -command => sub { exit 0 });


                              # Alles packen
$menu->pack(-side => 'top', -fill => 'x');
$menu_pulldown1->pack(-side, 'left');
$menu_pulldown2->pack(-side, 'left');
$menu_popup->pack(-side, 'right');

MainLoop;
```

menu.pl

Der gestrichelte Separator, der, wie aus Abbildung 3.17 hervorgeht, als erster Menüeintrag unter dem Top-Menü-Eintrag hängt, ist eine Tk-Spezialität. Im Gegensatz zum Motif-Standard ist er aktivierbar und erzeugt ein neues Toplevel-Window, welches die Menüpunkte als Push-Buttons enthält. So verweilt eine permanent sichtbare Kopie des Pulldown-Menüs auf dem Bildschirm.

3.6.9 Message

Das `Message`-Widget formatiert mehrzeilige Texte, wie sie üblicherweise in Fehlermeldungen vorkommen. Dabei findet der Zeilenumbruch, wenn möglich, an den Wortgrenzen statt, die Option `-justify => left|right|center` veranlaßt eine links- oder rechtsseitige Ausrichtung bzw. Zentrierung des Textes.

message.pl

```
#!/usr/bin/perl -w

use Tk;

$top = MainWindow->new();

$top->Message(-width => "3c", -justify => "left",
              -text => "Dies ist eine linksbündige Meldung"
             )->pack(-side => "left");
$top->Message(-width => "3c", -justify => "right",
              -text => "Dies ist eine rechtsbündige Meldung"
             )->pack(-side => "left");
$top->Message(-width => "3c", -justify => "center",
              -text => "Dies ist eine zentrierte Meldung"
             )->pack(-side => "left");

MainLoop;
```

message.pl

3.6.10 Scale

Scales sind beschriftete Regler, die sich mit der Maus verstellen lassen. Häufig trifft man sie in Programmen an, in denen eine optische oder akustische Größe

Abbildung 3.18: Message-Widget für `justify => left|right|center`

wie Helligkeit oder Lautstärke geregelt wird. Jede noch so kleine Verschiebung des Reglers löst sofort den mittels der Option `-command` spezifizierten Callback aus, der dann über die Methode `$scale->get()` des Scale-Widgets auf den dort eingestellten Wert zugreifen kann.

Als kleine Anwendung präsentiert Abbildung 3.19 einen RGB-Editor, der seine eigene Hintergrundfarbe entsprechend der Regler-Vorgaben für die Grundfarben Rot, Grün und Blau verändert.

Dabei macht sich das Skript die Tatsache zunutze, daß die Farbmanipulations-Optionen `-foreground` und `-background` nicht nur Farben im Klartext wie etwa `"blue"` verstehen, sondern auch aus RGB-Anteilen zusammengesetzte numerische Werte. Näheres hierzu findet sich in Abschnitt 3.7.6.

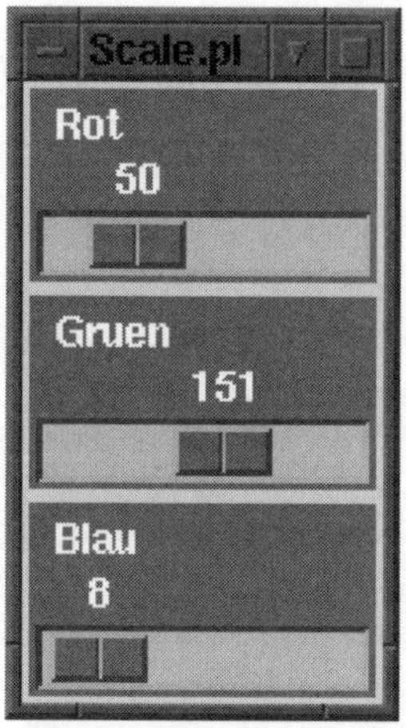

Abbildung 3.19: RGB-Regler mit drei Scale-Widgets

Die Vordergrundfarbe, also die Farbe der Beschriftung, muß sich vom jeweilig eingestellten Hintergrund abheben, damit der Text noch lesbar ist. Deshalb setzt das Skript ab einer bestimmten Helligkeitsstufe, die es aus der Summe der gewählten RGB-Anteile bestimmt, die Vordergrundfarbe von `"white"` auf `"black"`.

scale.pl

```
#!/usr/bin/perl -w

use Tk;

$top = MainWindow->new();

$rot = $top->Scale(-from => 0, -to => 255,
                   -orient => "horizontal",
                   -label => "Rot", -command => \&upd_color);
$gruen = $top->Scale(-from => 0, -to => 255,
                     -orient => "horizontal",
                     -label => "Grün",
                     -command => \&upd_color);
$blau = $top->Scale(-from => 0, -to => 255,
                    -orient => "horizontal",
                    -label => "Blau",
                    -command => \&upd_color);

$rot->pack();
$gruen->pack();
$blau->pack();

MainLoop;


# upd_color - Vorder- und Hintergrundfarbe aktualisieren

sub upd_color {
    my $background = "#";
    my $total      = 0;

    # Werte auslesen und numerische Farbbeschreibung aufbauen
    foreach $i ($rot,$gruen,$blau) {
        my $value = $i->get();
        $background .= sprintf("%02x", $value);
        $total += $value;
    }

    # Farbe der Beschriftung in Abhängigkeit von
    # der Gesamthelligkeit
    my $foreground = $total < 255 ? "white" : "black";
```

```
        foreach $i ($rot,$gruen,$blau) {
            $i->configure(-background => $background,
                          -foreground => $foreground);
        }
    }
```

scale.pl

3.6.11 Scrollbar

Der Scrollbar ist schon vom ScrlListbox-Widget her bekannt. Doch nicht nur eine Listbox benötigt Scroll-Service: Auch mehrzeilige Text-Widgets oder Canvas-Objekte können größere Ausmaße annehmen, so daß sie nicht mehr in einem Stück darstellbar sind.

Tk muß dabei zwischen dem Scrollbar und dem gescrollten Widget vermitteln. Eine Veränderung des Scrollbars durch einen Mausklick des Anwenders erfährt das betroffene Widget durch eine Callback-Routine. Der Scrollbar erhält die Information, welches Widget zu benachrichtigen ist, bei der Definition beigepackt:

```
my $scrollbar = $top->Scrollbar(-command =>
                                [yview => $scrolledwidget]);
```

Diese etwas ungewöhnliche Syntax hat ihren Ursprung in der obskuren Tcl-Programmier-Logik. Der dem Scrollbar angehängte Callback benötigt Informationen über das betroffene Widget-Objekt und den Namen der Scroll-Methode. Konventionsgemäß erhält die Option `-command` eine Referenz auf eine anonyme Liste von Parametern, falls es sich um einen Tk-internen Callback handelt. Hierbei ist es unmaßgeblich, ob zuerst das Widget-Objekt oder die Methode in der Liste steht, da Tk die Parameter in jedem Fall nach ihrem Typ analysiert. Die oben gewählte Schreibweise hat den Vorteil, daß für das erste Argument die Anführungszeichen wegfallen können, da eine vor dem `=>`-Operator stehende Option ab Perl 5.001 automatisch als String interpretiert wird. Im umgekehrten Fall wäre `[$scrollwidget, 'yview']` notwendig.

Es ist übrigens von großer Bedeutung, daß das angegebene Widget-Objekt zum Zeitpunkt der oben gezeigten Konstruktion bereits existiert. Die Methode `Scrollbar` erhält den Parameter `$scrolledwidget` *per value* überliefert; der Wert der Variablen steht also bei der Definition des Callbacks fest und wird danach nicht mehr angepaßt.

Umgekehrt benötigt auch das manipulierte Widget eine Verbindung zum Scrollbar, denn wenn es eigenmächtig seine Scrollposition verändert, muß auch der Scrollbar seinen Zustand anpassen. Da das Widget-Objekt nun schon existiert, ändert die `configure`-Methode einfach die Parameter der `yscrollcommand`-Option:

```
$scrolledwidget->configure(-yscrollcommand =>
                           [set => $scrollbar]);
```

Die Parameterversorgung (Koordinaten usw.) bei den Callback-Aufrufen übernimmt für beide Kommunikationsrichtungen Tk völlig transparent. Abschnitt 3.6.12 zeigt ein Text-Widget, das mittels eines Scrollbars seinen sichtbaren Ausschnitt verändert.

3.6.12 Text

Editierbare Textfelder sind kleine Editoren. Sie bieten umfangreiche Funktionalität, denn Tk übernimmt die komplette Cursor-Steuerung. Sie bilden üblicherweise eine Einheit mit den zugehörigen Scrollbar-Widgets, die den dargestellten Text in x- und y-Richtung scrollen.

Text-Widgets eignen sich auch zur bloßen Darstellung von Texten ohne Editiermöglichkeit. Der Parameter `"disabled"` für die Option `-state` setzt das Text-Widget in den Read-Only-Modus. `"normal"` läßt weitere Eingaben zu und zeigt den Insertion-Cursor wieder an. Doch Vorsicht: Auch für programmierte Änderungen des Textes muß sich das Text-Widget im `normal`-Status befinden. Zur Anzeige eines nicht-editierbaren Textes muß also zuerst der Text eingefügt und erst anschließend

```
$text->configure(-state => "disabled");
```

aufgerufen werden.

Zeilenumbruch

Den Zeilenumbruch steuert die Option `-wrap.` `"char"` ist die Defaulteinstellung und führt den Cursor in die nächste Zeile, sobald die aktuelle Zeile voll ist. `"-word"` hingegen achtet auf Wortgrenzen und simuliert das Verhalten gängiger Textverarbeitungsprogramme, die flüssiges Schreiben langer zusammenhängender Texte erlauben. `"-none"` deaktiviert den Zeilenumbruch und muß eingestellt werden, falls ein entsprechender Scrollbar horizontales Scrollen unterstützt.

-wrap	=>	"none|char|word"	Zeilenumbruch
-status	=>	"normal|disabled"	Editieren/Readonly

Tabelle 3.10: Text-Widget Optionen

Zeilen und Spalten

Die Methoden des Text-Widgets, die Text einfügen oder löschen, erhalten als Information für die gewünschte Textposition Zeilen- und Spaltenangaben. Die Zeilennummern starten aus historischen Gründen bei `1`, während die Zeichen einer Zeile von `0` bis `end` adressiert werden. Zeile und Spalte formen zusammen einen String im Format `"line.char"`. So wählt

- `"1.0"` das erste Zeichen der ersten Zeile
- `"2.11"` das zehnte Zeichen der zweiten Zeile
- `"2.end"` das letzte Zeichen der zweiten Zeile
- `"end"` das letzte Zeichen des Dokuments

Textstrings einschließlich der zeilentrennenden Newline-Zeichen gelangen mit der Methode `$textwidget->insert` in das Dokument, anolog dazu löscht `$textwidget->delete` Ausschnitte aus dem Text, und `$textwidget->get` kopiert sie in einen String. `pos_from` und `pos_to` markieren in den unten gezeigten Methodenaufrufen die Textpositionen als Strings im Format `"line.char"`. `pos_from` identifiziert dabei die Startposition, `pos_to` das Ende. Dabei liegt `pos_from` innerhalb des selektierten Bereiches, `pos_to` hingegen bereits außerhalb seiner.

```
                                # Text einfügen
$textwidget->insert($pos_from, "text");

                                # Text löschen
$textwidget->delete($pos_from, $pos_to);

                                # Text holen
$textstring = $textwidget->get($pos_from, $pos_to);
```

Um einen (eventuell auch mehrzeiligen) Textstring zwischen der zweiten und der dritten Zeile in das Dokument einzufügen, ist der Aufruf von

```
$textwidget->insert("3.0", "Text der neuen dritten Zeile\n");
```

notwendig. Andererseits löscht

```
$textwidget->delete("3.0", "4.0");
```

die dritte Zeile aus dem Text. Zugriff auf den Text der dritten Zeile gewährt

```
$textstring = $textwidget->get("3.0", "4.0");
```

wobei der zurückgelieferte String `$textstring` das Newline-Zeichen mit enthält.

Die Positionsangaben beziehen sich auf die Originalzeilen, mittels der `-wrap`-Option vorgenommene Zeilenumbrüche sind im Dokument selbst nicht vorhanden und spielen daher bei der Positionierung keine Rolle.

Tags

Ein weiterer Mechanismus, um Textbereiche anzusprechen, ist das *tagging*. Ein Tag markiert einen zusammenhängenden Textbereich mit einem eindeutigen Namen. Dabei kann ein und dieselbe Textstelle durchaus von überlappenden Tags markiert sein. Gemäß den oben eingeführten Positionsangaben markiert der Aufruf

```
$textwidget->tag("add", "tagname", "3.0", "4.0");
```

die gesamte dritte Zeile des Textes als dem Tag `tagname` zugehörig.

Wozu sind nun Tags eigentlich nützlich? Tag-markierte Textbereiche verhalten sich wie kleine Teil-Dokumente, so lassen sich Hintergrundfarbe oder der verwendete Text-Font für jeden Tag einzeln angeben. Das `configure`-Kommando

```
$text->tag("configure", "tagname", -background => "black",
                                   -foreground => "white");
```

setzt beispielsweise den markierten Text in die Darstellung »weiße Schrift auf schwarzem Grund« um. Die in den Abschnitten 3.9.4 und 3.9.6 gezeigten Applikationen, Browser für die vom X-Window-System bereitgestellten Farben und Fonts, nutzen den Tag-Mechanismus, indem sie einfach den Zeilen eines scrollbaren Text-Widgets Tags zuordnen und deren Einstellungen verändern.

Als Beispiel zeigt Listing `text.pl` ein Text-Widget mit einem horizontalen und einem vertikalen Scrollbar, die gemäß den Ausführungen aus Abschnitt 3.6.11 mit dem Text-Widget in Verbindung stehen. Damit seitliches Scrollen ordnungsgemäß funktioniert, muß außerdem der Zeilenumbruch auf `-wrap => "none"` gesetzt sein.

`text.pl` verändert nachträglich noch den Inhalt der Zeilen des Text-Widgets. So löscht es die dritte Zeile und ersetzt diese durch einen neuen Text. Anschließend vertauscht es die vierte und die fünfte Zeile.

text.pl

```
#!/usr/bin/perl -w

use Tk;

my $top = MainWindow->new();

my $frame = $top->Frame();

my $text = $frame->Text(-wrap => 'none');

                                # Scrollbars definieren
my $yscrollbar = $frame->Scrollbar(-command =>
                                    [yview => $text]);
my $xscrollbar = $top->Scrollbar(-orient => 'horizontal',
                                  -command => [xview => $text]);

                                # ... und setzen
$text->configure(-yscrollcommand => [set => $yscrollbar]);
$text->configure(-xscrollcommand => [set => $xscrollbar]);

                                # Alles packen
$yscrollbar->pack(-side => 'right', -fill => 'y');
$xscrollbar->pack(-side => 'bottom', -fill => 'x');

$frame->pack(-expand => 'yes', -fill => 'both');
$text->pack(-expand => 'yes', -fill => 'both',
            -side => 'left');


foreach $row (1..30) {          # 30 Zeilen einfügen
    $text->insert("end", "Zeile $row\n");
}

# Dritte Zeile löschen
$text->delete("3.0", "4.0");

# Neue dritte Zeile einfügen
$text->insert("3.0", "Text der neuen dritten Zeile\n");
```

```
# Vierte und fünfte Zeile vertauschen

$line4 = $text->get("4.0", "5.0");          # 4. Zeile holen
$line5 = $text->get("5.0", "6.0");          # 5. Zeile holen
$text->delete("4.0", "6.0");                # 4. und 5. Zeile
                                            # löschen
$textstring = $text->insert("4.0", $line5); # Neue 4. Zeile
                                            # einfügen
$textstring = $text->insert("5.0", $line4); # Neue 5. Zeile
                                            # einfügen

MainLoop;
```

text.pl

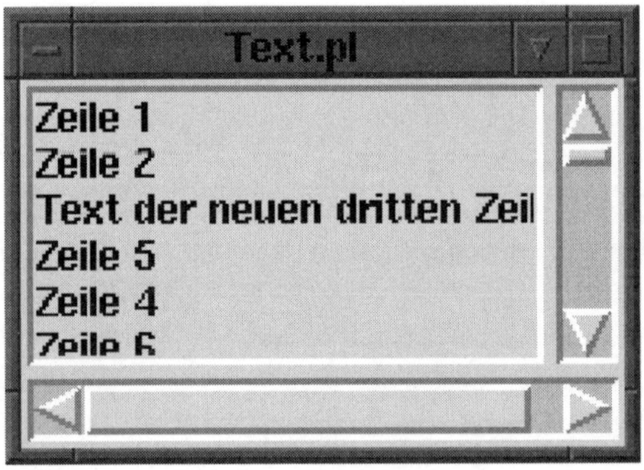

Abbildung 3.20: Text-Widget mit zwei Scrollbars

Auch Hyperlink-Browser lassen sich bequem mit Tags implementieren. Wenn der Mauszeiger in den Bereich eines eingebetteten Hyperlinks kommt, wechselt entweder die Textfarbe, oder am unteren Ende des Textfensters erscheint die Adresse des verknüpften Dokuments. Ein Mausklick auf den Link löst dann im allgemeinen den Wechsel in das referenzierte Dokument aus. Diese Aktionen steuern `bind`-Befehle auf Tags, die bei auftretenden Events in definierte Funktionen verzweigen. Die Anweisung

```
$text->tag("bind", "tagname", '<Any-Enter>' => \&doit );
```

veranlaßt den Interpreter, sobald der Mauszeiger in den vom Tag `tagname` definierten Bereich eintritt, die Funktion `doit` mit `$text` als erstem Parameter aufzurufen. Binding wird in vollem Umfang jedoch erst Thema von Abschnitt 3.7.5 sein. Ein Implementierungsbeispiel mit Hyperlinks folgt im Praxisteil in Abschnitt 3.9.3.

3.6.13 Toplevel

Oft erzeugen graphische Applikationen auch neue Fenster auf dem Bildschirm, wie zum Beispiel beim Aufruf eines File-Selektors oder der Ausgabe einer Fehlermeldung in einer Message-Box. Die Methode

```
$newtop = $top->Toplevel();
```

initialisiert ein neues Fenster und zeigt es auch gleich an. Weitere Child-Widgets werden dort genauso eingehängt, wie dies beim Hauptfenster der Applikation üblich ist. Vom Bildschirm verschwindet das Dialogfenster abschließend mit der Methode `$newtop->destroy()`.

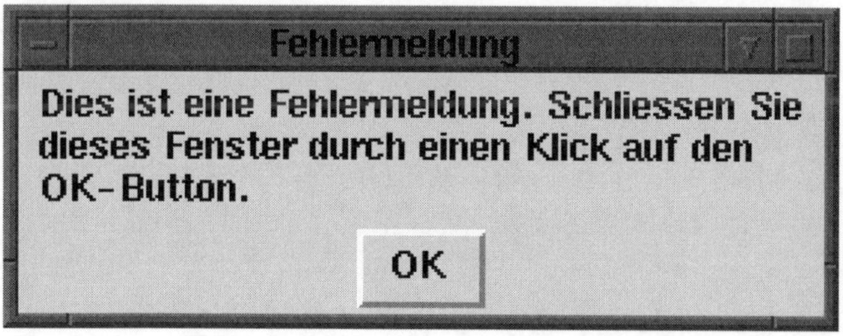

Abbildung 3.21: Das ein Objekt der Klasse MessageDialog

Das in Listing `md.pl` implementierte Dialog-Widget zeigt eine Meldung an und wartet auf einen Mausklick auf den OK-Button, bevor es sich wieder auflöst.

Die Klasse `MessageDialog` im Modul `MessageDialog.pm`, das nachfolgend vorgestellt wird, stellt einen Konstruktor der Form

```
$md = MessageDialog->new($top);
```

zur Verfügung, der als Parameter eine Referenz auf das gegenwärtige Hauptfenster der Applikation erhält. Die Messagebox entfaltet sich durch den Aufruf

```
$md->start($title, $errortext);
```

und setzt Titel und Messagetext entsprechend den Parametern `$title` und `$errortext`. Listing `MessageDialog.pm` zeigt die Klassen-Implementierung. Der Konstruktor `new` legt lediglich den OO-üblichen Namensraum an (siehe Abschnitt 2.2.2) und speichert den Wert des mitgelieferten Parent-Window-Parameters dort für später ab. Die `start`-Methode hingegen öffnet ein neues Toplevel-Window und weist dem darin liegenden Exit-Button gleich eine Callback-Funktion zu, die bei der Button-Aktivierung das Toplevel-Window verschwinden läßt. So ist das Hauptprogramm, welches die Fehlermeldung abgesetzt hat, von jeglicher Verpflichtung für das neue Window entbunden – dieses schließt sich quasi selbständig.

MessageDialog.pm

```
###
### Message Dialog Widget Class
###
package MessageDialog;

use Tk;
use strict;


###
### $md = MessageDialog->new($topwindow) - Neuer MessageDialog
###
sub new {
    my($type, $parentwin) = @_;

    my $self = {};

    $self->{'parentwin'}    = $parentwin;

    bless($self, $type);
}


###
### $md->start("Titel", "MessageText") - MessageDialog anzeigen
###
sub start {
    my $self     = shift;
    my $title    = shift;
    my $message  = shift;
```

```
    $self->{'topwin'} = $self->{'parentwin'}->Toplevel();

    $self->{'topwin'}->configure(-title => "$title");

    $self->{'topwin'}->Message(-text => "$message",
                               -width => "10c")->pack();
    $self->{'topwin'}->Button(-text => "OK",
      -command => sub { $self->{'topwin'}->destroy() }
                             )->pack();
}

1;
```

MessageDialog.pm

md.pl

```
#!/usr/bin/perl -w

###
### Anwendung des MessageDialogs
###

use Tk;                                # Tk package einbinden
use MessageDialog;                     # MessageDialog package
use strict;

my $message = "Dies ist eine Fehlermeldung. Schliessen Sie " .
              "dieses Fenster durch einen Klick auf den " .
              "OK-Button.";

my $top = MainWindow->new();

my $md=MessageDialog->new($top);

### Widgets definieren
$top->Button(-text => "MessageDialog starten",
      -command => sub { $md->start("Fehlermeldung", $message);
                      })->pack();
$top->Button(-text => "Exit",
             -command => sub { exit 0 } )->pack();

MainLoop;
```

md.pl

Auch während die Fehlermeldung auf dem Bildschirm steht, bleibt die Hauptapplikation bedienbar. Dies ist in manchen Fällen nicht das gewünschte Verhalten, vielmehr soll die Ablaufsteuerung den Anwender zwingen, zuerst die Fehlermeldung mit einem Klick auf den OK-Button zur Kenntnis zu nehmen und anschließend das Hauptfenster weiter zu bedienen. Die hierzu notwendigen Einstellungen des sogenannten *Grabs* behandelt der Abschnitt 3.7.1.

3.6.14 Canvas

Das Canvas-Widget ist wohl das allgemeinste und funktional mächtigste aller Tk-Widgets. Es stellt geometrische Objekte und andere Widgets auf einer vordefinierten Fläche dar und kann außerdem seinen Inhalt nach x- und y-Richtung scrollen. Die in diesem Buch vorgestellte Einführung in das Tk-Package muß sich leider auf einen kleinen Bruchteil der angebotenen Optionen beschränken. Das bekannteste Canvas-Feature ist die Darstellung von Bitmaps.

Das Programmierbeispiel `canvas.pl` stellt eine Bitmap in einem scrollbaren Canvas-Widget dar.

canvas.pl

```
#!/usr/bin/perl -w

use Tk;

my $top     = MainWindow->new();

my $canvas  = $top->Canvas();

$canvas->create('bitmap', 0, 0, -bitmap=>'@bitmap.xbm',
                                -anchor => 'nw',
                                -foreground => 'black',
                                -background => 'white');

my $yscrollbar = $top->Scrollbar(-command => ['yview', $canvas],
                                 -orient => 'vertical');
my $xscrollbar = $top->Scrollbar(-command => ['xview', $canvas],
                                 -orient => 'horizontal');


$canvas->configure(-scrollregion => [0, 0, 330, 240]);

$canvas->configure(-xscrollcommand => ['set', $xscrollbar],
                   -yscrollcommand => ['set', $yscrollbar]);
```

```
$yscrollbar->pack(-side => 'right', -fill => 'y');
$xscrollbar->pack(-side => 'bottom', -fill => 'x');

$canvas->pack(-expand => 'yes', -fill => 'both');

MainLoop;
```

canvas.pl

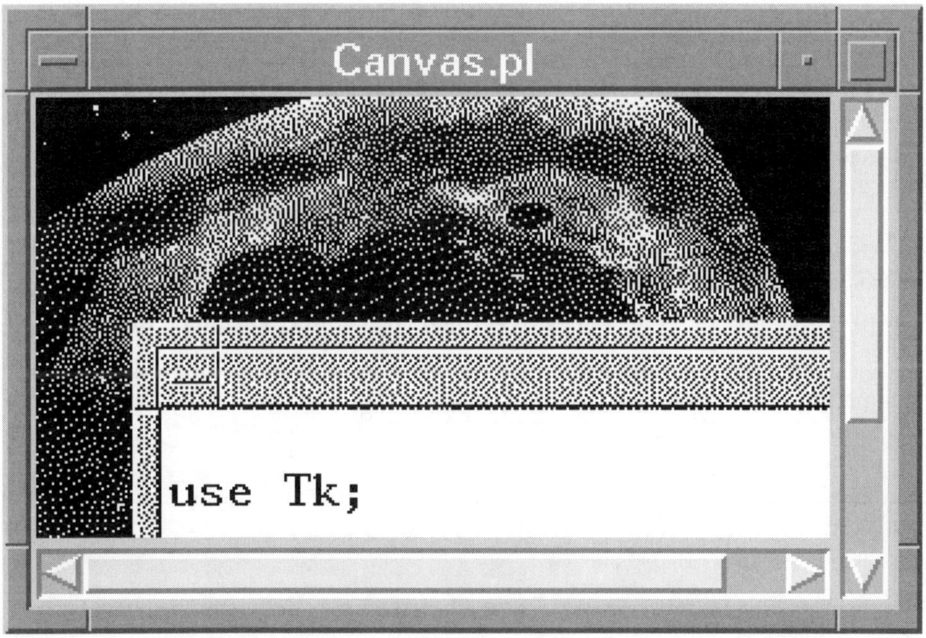

Abbildung 3.22: Bitmap in einem Canvas-Widget

Das Canvas-Widget ist auch in der Lage, die Darstellung von Bildern unterschiedlicher Formate zu übernehmen. Allerdings müssen diese zuvor mit dem Photo-Widget in das Tk-interne `image`-Format konvertiert werden. Der Aufruf

```
$canvas->create('image', $xpos, $ypos,
                -image => $photowidget,
                -anchor => 'nw');
```

definiert ein Image-Objekt, dessen Ressourcen aus dem im nächsten Abschnitt erläuterten `photo`-Widget gespeist werden. Die beiden Koordinaten `$xpos` und `$ypos` legen dabei den Bezugspunkt für den angegebenen Anker fest. Vorsicht: Für die Default-Einstellung `-anchor => "center"` bestimmen `$xpos` und `$ypos` die Stelle, an der der Mittelpunkt des Bildes liegen wird, was für den Bezugspunkt `0,0` nur in den seltensten Fällen das gewünschte Verhalten ergibt. Der oben eingestellte Anker auf `'nw'` dürfte meist die bessere Wahl sein.

Eine Anwendung, die die `image`-Schnittstelle des Canvas-Widgets für diesen Zweck nutzt, ist der in Abschnitt 3.9.5 vorgestellte Image-Viewer.

3.6.15 Photo

Das Photo-Widget ist ein relativ neues Konstrukt aus der Tk-Welt. Es unterstützt unterschiedlichste Bildformate auf transparente Weise: Der Filename des aktuellen Bildes wird einfach der Option `-file` mitgegeben, und Tk konvertiert es zur Darstellung in sein internes Format.

Die Widgets Button und Label verfügen über die `-image`-Option, deren Parameter das zuständige Photo-Widget-Objekt bestimmt. Das Canvas-Widget bindet das Photo-Widget über den am Ende des vorigen Abschnitts gezeigten Aufruf ein.

Das Skript `photo.pl` definiert ein Label, dessen graphischer Inhalt ein Image ist, das im GIF-Format als Datei auf der Festplatte liegt.

photo.pl

```
#!/usr/bin/perl -w

use Tk;

$top = MainWindow->new();

                                # Photo-Objekt erzeugen und mit
                                # GIF-Image initialisieren
$photo = $top->Photo();
$photo->configure("-file" => "earthris.gif");

                                # Photo in Label einbinden
                                # und anzeigen
$label = $top->Label(-image => $photo, -text => "hallo");
$label->pack();
                                # Zweites Label mit
                                # "Breite x Höhe" Text erzeugen
$top->Label(-text => $photo->width . "x" . $photo->height)->pack();
```

```
MainLoop;
```

photo.pl

Die Höhe und Breite des eingelesenen Bildes liefern die Methoden `width` und `height` des Photo-Objektes.

3.7 Widgets im Zusammenspiel

3.7.1 Der Grab

Startet eine Applikation ein zweites Fenster, wie zum Beispiel zum Anzeigen einer Fehlermeldung, soll unter bestimmten Umständen die Weiterbedienung des Hauptfensters unterbleiben. Dieses Verhalten nennt Tk »local grab«. In selteneren Fällen müssen sogar alle anderen Applikationen »eingefroren« werden (»global grab«), bis der Anwender die Fehlermeldung durch einen Druck auf den OK-Button zur Kenntnis genommen hat.

Damit ein Window jedoch den Grab erhalten kann, muß es zunächst einmal sichtbar sein. Die Methode `tkwait` (Abschnitt 3.7.2) bietet mit dem Parameter `"visibility"` die Möglichkeit, das Programm so lange zu verzögern, bis das Window tatsächlich auf dem Bildschirm erscheint.

```
$toplevelwidget->tkwait("visibility", $toplevelwidget);
```

Jedes Toplevel-Window-Objekt verfügt über die Methode `grab`, die dem jeweiligen Fenster den Grab zukommen läßt. Ohne Parameter leitet `grab` den lokalen Grab ein, mit der Option `-global` den globalen:

```
$toplevelwidget->grab();           # Lokaler Grab
$toplevelwidget->grab("-global");  # Globaler Grab
```

3.7.2 Warten auf Ereignisse

Kommt der Programmfluß zum erliegen, weil ein Skript vom Anwender eine Reaktion erwartet, definiert im allgemeinen ein Callback auf das erwartete Ereignis den Wiederanlauf. Das Programm befindet sich zu diesem Zeitpunkt innerhalb der

Event-Schleife `MainLoop` und wartet auf abgelaufene Timer, gedrückte Buttons oder bestimmte Mausbewegungen.

Genau dieses Verfahren macht es jedoch schwierig, den eigentlichen Programmfluß zu definieren. Ein aufgerufener Callback setzt wiederum Callbacks auf erwartete Ereignisse und beendet sich dann sofort.

In Abwandlung dieses Programmierstils bietet Tk die Möglichkeit, explizit auf Ereignisse zu warten, ohne eine Callback-Funktion zu verlassen. Die Routine `tkwait` blockiert den Weiterlauf des Programms so lange, bis ein festgelegtes Ereignis eintritt, verwaltet jedoch die Oberfläche in der Zwischenzeit weiter. Hinge das Programm hingegen in einer anwenderdefinierten Routine fest, wäre die Oberfläche »tot«.

`tkwait` kennt drei verschiedene Ereignistypen. Es wartet mit

- `tkwait("visibility", $toplevelwindow)` darauf, daß das Toplevel-Window `$toplevelwindow` auf dem Bildschirm erscheint
- `tkwait("window", $toplevelwindow)` darauf, daß das Toplevel-Window `$toplevelwindow` vom Bildschirm verschwindet
- `tkwait("variable", \$scalar)` darauf, daß die Variable `$scalar` ihren Wert ändert

3.7.3 Dialogsteuerung

Für die komfortable Dialogsteuerung von Message-Boxen, die unter Umständen mehrere Buttons zur Auswahl bieten, stellt Tk das Dialog-Widget zur Verfügung.

Nach dem Einbinden von

```
use Tk::Dialog;
```

erzeugt der Befehl

```
$top->Dialog();
```

ein neues Dialog-Widget, das die Optionen in Tabelle 3.11 unterstützt.

Zur Illustration der auszugebenden Meldung unterstützt auch das Dialog-Widget die `-bitmap`-Option, die entweder Tk-eigene (siehe Seite 176) oder selbstdefinierte Bitmaps neben dem Meldungstext einblendet.

`-title`	`=>`	`"titletext"`	Titel
`-text`	`=>`	`"messagetext"`	Text
`-bitmap`	`=>`	`"error"|"gray25"|"gray50|hourglass|info|questhead|question|warning"|'@`*filename*`'`	Illustrations-Icon
`-buttons`	`=>`	`\@buttons`	Button-Texte
`-default_button`	`=>`	`$button`	Default-Button-Text

Tabelle 3.11: Dialog-Widget-Optionen

Die Methode `show` des Dialog-Widgets zeichnet die Dialogbox in einem neuen Fenster auf den Bildschirm und liefert, sobald einer der definierten Buttons aktiviert wurde, dessen Beschriftungstext zurück.

Ohne Parameterangabe beim Aufruf von `show` erhält das Dialog-Widget den *local grab*, mit der Option `"-global"` den globalen.

```
$toplevelwidget->grab();            # Lokaler Grab
$toplevelwidget->grab("-global");   # Globaler Grab
```

Listing `dialog.pl` zeigt eine kleine Applikation, die auf Anforderung eine Dialogbox öffnet und, nachdem einer der drei dargestellten Buttons gedrückt wurde, dessen Text ausgibt.

dialog.pl

```
#!/usr/bin/perl -w

use Tk;
use Tk::Dialog;

$top = MainWindow->new();

$top->Button(-text => "Dialog starten",
             -command => sub { dialog($top); })->pack();
$top->Button(-text => "Exit", -command => sub { exit 0 } )->pack();

MainLoop;

sub dialog {
```

```
        my $top = shift;

        my $okButton     = 'OK';
        my $cancelButton = 'Cancel';
        my $helpButton   = 'Help';

        my $dialog = $top->Dialog(
                        -title => 'Titel',
                        -text  => 'Text der Fehlermeldung usw. usw.',
                        -bitmap => 'info',
                        -default_button => $okButton,
                        -buttons =>
                            [$okButton, $cancelButton, $helpButton]);

        if(($returnButton=$dialog->Show('-global')) eq $okButton) {
            print "OK\n";
        } elsif ($returnButton eq $cancelButton) {
            print "Cancel\n";
        } elsif ($returnButton eq $helpButton) {
            print "Help\n";
        }
    }
```

dialog.pl

3.7.4 Kommunikation mit dem Window-Manager

Lage, Größe und Rand eines Windows sind, wie schon in Abschnitt 3.2.7 ausgeführt, Sache des Window-Managers. Die Methode `wm`, die jedes Toplevel-Widgets bereitstellt, veranlaßt den Window-Manager, entsprechende Korrekturen vorzunehmen.

Wichtigste Option aus Tabelle 3.12 dürfte `-geometry` sein, die die Größe des Applikationsfensters als Länge mal Breite in Pixel festlegt.

Auch die `-title`-Option ist hin und wieder nützlich, wenn auf der Titelleiste des Windows nicht der Name des ausgeführten Skripts, sondern ein spezifischer Text stehen soll.

`-maxsize` wird häufig dazu verwendet, gescrollte Widgets nicht über eine Maximalgröße hinauswachsen zu lassen.

<table>
<tr><td>$widget->wm("geometry","wxh");</td><td>Breite und Höhe setzen</td></tr>
<tr><td>$widget->wm("iconify");</td><td>Window → Icon</td></tr>
<tr><td>$widget->wm("deiconify");</td><td>Icon → Window</td></tr>
<tr><td>$widget->wm("iconbitmap",$bitmap);</td><td>Bitmap für ikonisiertes Window</td></tr>
<tr><td>$widget->wm("iconname","name");</td><td>Name des Icons</td></tr>
<tr><td>$widget->wm("maxsize",$width,$height);</td><td>Maximal erreichbare Größe</td></tr>
<tr><td>$widget->wm("minsize",$width,$height);</td><td>Minimale Verkleinerung</td></tr>
<tr><td>$widget->wm("resizable",1|0);</td><td>Window »aufziehbar«</td></tr>
<tr><td>$widget->wm("title","name");</td><td>Titeltext</td></tr>
</table>

Tabelle 3.12: Kommandos für den Window-Manager

3.7.5 Bindings

Bindings definieren Aktionen, die auf bestimmte Ereignisse folgen sollen. Jedes Widget verfügt bereits über einen vordefinierten Satz von Bindings: So löst das Bewegen des Mauszeigers auf die Oberfläche eines Buttons dessen Farbänderung aus oder ein einfacher Mausklick die Abarbeitung vordefinierter Aktionen.

Für manche Widgets ist es sinnvoll, zusätzlich zu den Standard-Bindings noch anwendungsspezifische Bindings zu definieren: Ein Maus-Doppelklick auf ein Element der Listbox eines File-Selektors beispielsweise selektiert gemeinhin den betreffenden Eintrag, bei einer Fehlermeldung mit Bestätigungs-Button löst die Betätigung der Return-Taste im allgemeinen den OK-Button aus.

Jedes Tk-Widget unterstützt die Methode der Form

```
$widget->bind("<Eventname>", \&function)
```

die als Parameter eine Ereignisbeschreibung und die zugeordnete Aktion als Funktionsreferenz erhält. Die detaillierte Beschreibung eines Ereignisses leitet sich aus Tabelle 3.13 ab, deren Spalteninhalte einfach mittels Bindestrichen aneinandergereiht werden.

Beispielsweise definiert <Shift-Control-Button-1> einen Klick der ersten Maustaste, während die Tastenkombination Shift-Control gedrückt ist. Die Bezeichnung <Control-Key-c> hingegen meint die Tastenkombination Control-C. <Any-ButtonRelease> bezeichnet irgendeine losgelassene Maustaste.

Any	Control	Double	Key	Return
	Shift	Triple	KeyRelease	Escape
	Meta		Button	
				Taste (a-z, A-Z, 0-9 ...)
	Lock		ButtonRelease	*Maustaste* (1-5)
	Alt		Enter	
			Leave	

Tabelle 3.13: Eventbeschreibungen

Die Bezeichnungen `Enter` und `Leave` beziehen sich auf den Mauszeiger, der in ein definiertes Feld eintritt oder es wieder verläßt und dabei jeweils eine Aktion auslöst.

Einige typische Definitionen:

`<Button-1>` Linker Mausbutton gedrückt

`<Double-Button-1>` Linker Mausbutton doppelt gedrückt

`<Key-Return>` Return-Taste gedrückt

`<Key-F1>` F1-Taste gedrückt

`<Any-Enter>` Mauszeiger tritt in das Feld des Widgets ein

`<Any-Leave>` Mauszeiger verläßt das Feld des Widgets

3.7.6 Fonts und Farben

Wie jedes X-Window-Programm darf auch ein Perl/Tk-Skript den Beschriftungsfont seiner Widgets frei wählen. Jedes Text enthaltende Widget unterstützt so die `-font`-Option, mit der unterschiedlichste X-Window-Fonts ausgewählt werden können.

Das `xlsfont`-Programm, ein Tool des X-Window-Systems, zeigt alle unterstützten Typen und Größen an. Dabei gibt es sowohl Fonts mit Kurzbezeichnungen, die Standardtypen verwenden und nur die Größe festlegen wie `9x15`, als auch die ausführliche Beschreibung wie z. B.

```
-adobe-times-bold-i-normal--17-120-100-100-p-86-iso8859-1
```

Auf die Bedeutung der einzelnen Elemente soll hier nicht näher eingegangen, sondern vielmehr auf den in Abschnitt 3.9.4 vorgestellten Font-Viewer verwiesen werden, der alle verfügbaren Fonts übersichtlich in einer scrollbaren Listbox anzeigt und so eine Auswahl nach optischen Kriterien zuläßt.

Auch die Spezifizierung über Wildcards ist möglich. Den oben angegebenen Adobe-Times-Font hätte Tk auch ausgewählt mit der Angabe

```
-adobe-times-bold-*--17*
```

Farben

Die Farben eines Widgets legen die Optionen `-foreground` und `-background` fest. Sie bestimmen Vorder- und Hintergrundfarbe. Als Parameter kommen entweder die meist in der Datei `/usr/lib/X11/rgb.txt` abgelegten Klartext-Namen in Frage oder aber deren hexadezimale Repräsentation.

Das numerische Format besteht aus einem einleitenden Hash-Zeichen (#) sowie jeweils einem zweistelligen Rot-, Grün- und Blauanteil im Bereich von 0 bis 255 in hexadezimaler Schreibweise. Der numerische Wert für `"black"` ist folglich `"#000000"`, der für `"white"` `"#FFFFFF"`.

3.7.7 Bitmaps

Für Illustrationen bietet Tk eine Reihe von mitgelieferten Bitmaps an. Buttons oder Labels, aber auch das in Abschnitt 3.7.3 vorgestellte Dialog-Widget unterstützen die Option `-bitmap`, die als Parameter entweder eine Datei in der Form

```
$top->Label(-bitmap => '@filename');
```

oder den Namen eines Tk-eigenen Bitmaps wie zum Beispiel

```
$top->Label(-bitmap => 'hourglass');
```

erwartet.

Abbildung 3.23 zeigt die in Tk vordefininierten Bitmaps. Sie wurde mit Listing `bitmaps.pl` erzeugt.

bitmaps.pl

```
#!/usr/bin/perl -w

use Tk;

my $top = MainWindow->new();

foreach $bitmapstyle (qw(error gray25 gray50 hourglass
                         info questhead question warning)) {
    $frame = $top->Frame();
    $frame->Label(-bitmap => $bitmapstyle)->pack();
    $frame->Label(-text => $bitmapstyle,
                  -font => "*helvetica-bold-r-*12*"
                 )->pack(-anchor => "s");
    $frame->pack(-side => "left", -anchor => "s");
}

MainLoop;
```

bitmaps.pl

Abbildung 3.23: Vordefinierte Bitmaps in Tk

3.8 Tips & Tricks für die Perl/Tk-Programmierung

Die Programmierung event-gesteuerter Applikationen gestaltet sich anfangs wegen der ungewohnten Programmstruktur noch etwas schwierig. In diesem Abschnitt sollen einige praktische Beispiele gängige Probleme aufzeigen und Lösungen veranschaulichen.

3.8.1 Langlaufende Funktionen

Löst der Benutzer einen Event aus, der einen langlaufenden Callback aktiviert, kann die Haupt-Event-Schleife keine Ereignisse behandeln – die Oberfläche ist »tot«.

Dies sperrt den Benutzer von der weiteren Bedienung der Dialogobjekte aus, so kann er z. B. den Callback nicht unterbrechen, sondern muß untätig warten, bis dieser sich beendet und die Haupt-Event-Schleife wieder an der Reihe ist. Doch nicht nur das: Falls eine andere Applikation das Fenster der toten GUI zwischenzeitlich verdeckt und wieder freigibt, sendet der Window-Manager zwar das Redraw-Signal, doch auch dieses kommt nicht durch, was zur Folge hat, daß ein häßlicher Fleck auf dem Bildschirm entsteht.

Aus diesem Grund darf kein Callback die Hauptschleife für relevante Zeit blockieren. Abhilfe im Fall langlaufender Callbacks schafft ein Child-Prozeß, den der Callback erzeugt und die eigentliche Arbeit erledigen läßt. So kehrt der Callback sofort zurück und gibt die Kontrolle an die Main-Event-Loop zurück.

Vom erfolgreichen bzw. fehlerhaften Abschluß des Callbacks erfährt das Hauptprogramm anschließend entweder durch periodisches Pollen im Hintergrund (siehe Abschnitt 3.8.2) oder, indem es das Signal des terminierenden Child-Prozesses abfängt. Beendet sich in UNIX nämlich ein Child-Prozeß, erhält der Parent-Prozeß das Signal `SIGCHLD`.

Listing `tkfork.pl` erzeugt ein Fenster mit einem Button und startet auf Knopfdruck einen langlaufenden Callback, die Funktion `sleep(5)`. Damit jedoch die Oberfläche weiterhin »lebendig« auf Benutzereingaben reagieren kann, setzt die Callbackfunktion `takes_long` das Paket `Process.pm` ein, das auf Seite 85 vorgestellt wurde. Mit der Methode `start` startet das Prozeßobjekt `$proc` das `sleep`-Kommando im Hintergrund, so daß für die Applikation die Sache damit erledigt ist und sie sofort in die Hauptschleife MainLoop zurückkehren kann. Vorher setzt sie noch den Text des Labels auf `"BUSY"`, damit der Start des Prozesses nach außen hin sichtbar wird.

Damit das Hauptprogramm vom erfolgreichen Abschluß des Child-Prozesses erfährt, redefiniert es noch den Signal-Handler für das Signal `SIGCHLD` dergestalt, daß beim Eintreffen dieses Signals nicht nur das übliche `wait`-Kommando zur Zombiekontrolle abgesetzt, sondern auch noch der Text des Labels auf `"READY"` zurückgesetzt wird.

tkfork.pl

```
#!/usr/bin/perl -w

use Tk;
use Process;

my $topwindow = MainWindow->new();
```

```
                                  # Button mit langlaufendem Callback
$button = $topwindow->Button(-text => "Press to Start",
                             -command => \&takes_long);

$labeltext = "READY";

$label = $topwindow->Label("-textvariable", \$labeltext);

$button->pack();
$label->pack();

$proc = Process->new(); # Prozeß-Objekt erzeugen

MainLoop;


# Lang laufende Subroutine
sub takes_long {

                   # Hintergrundprozeß starten
    $proc->start(sub { sleep 5; });

                   # Rückkehrendes Child abfangen
    $SIG{CHLD} = sub { wait; $labeltext = "READY"; };

                   # Zustand anzeigen
    $labeltext = "BUSY";
}
```

tkfork.pl

3.8.2 Periodisches Ausführen von Funktionen

Wegen der speziellen Programmstruktur von statischer Callback-Definition und Event-Handling ist für periodische Unterbrechungen der Haupt-Event-Schleife ein spezielles Konstrukt notwendig: Die Funktion `after`, die nach Ablauf einer eingestellten Zeit eine spezifizierte Funktion ausführt. Eine Funktion, die sich über das `after`-Kommando in festen Zeitabständen immer wieder selbst aufruft, ergibt einen periodisch durchlaufenen Callback:

```
sub looper {

    # Hier kommt periodisch durchlaufener Code
    # ...
```

```
    # Zeitsteuerung
    after(1000, \&looper);        # keep on looping
}
```

Die Funktion `looper` ruft sich selbst scheinbar rekursiv auf – doch das ist nicht ganz richtig. Wegen der Zeitversetzung durchläuft das Skript die Funktion vollständig, bevor ein erneuter Durchlauf gestartet wird. So läuft auch bei noch so langer Wiederholung der Stack nicht über.

Funktionen wie `looper` können entweder noch vor Beginn der Hauptschleife anlaufen oder aber als Callback getriggert werden. In jedem Fall erreichen sie sämtliche globalen Perl-Variablen und steuern so die dynamischen Texte von Label- oder Text-Widgets.

Die nachfolgend vorgestellte Klasse `Stopwatch` dient als Beispielapplikation. Wie bei »realen« Stoppuhren gibt es die Methoden `start`, `stop`, `reset` und `gettime`.

Als Besonderheit für die Anwendung des Tk-Package erhält der Konstruktor der Klasse eine Referenz auf eine periodisch zu durchlaufende Update-Funktion mitsamt einem Zeitintervall mitgeliefert. Sobald also die Stoppuhr läuft, springt der Code in regelmäßigen Abständen gemäß dem eingestellten Intervall die spezifizierte Funktion an, um dort z. B. auf der graphischen Oberfläche den Zähler-String eines Label-Widgets von `00:00:00` auf `00:00:01` zu erhöhen.

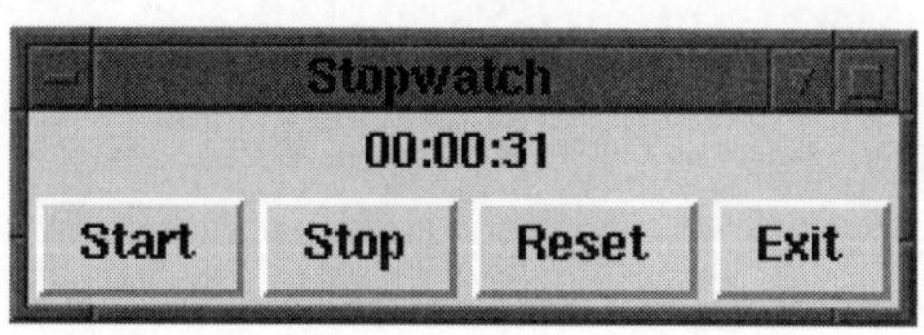

Abbildung 3.24: Oberfläche der Stoppuhr

Das zugehörige Perl-Skript baut die graphische Oberfläche auf und definiert die Funktion `update_func`, die, während die Stoppuhr läuft, periodisch die Anzeige im Window verändert. Hierzu modifiziert sie lediglich die globale Variable `$stopwatch_display`, die als dynamische Textvariable des entsprechenden Label-Widgets fungiert.

stopwatch.pl

```
#!/usr/bin/perl -w

# stopwatch: Stoppuhr mit start/stop/reset
#            Funktion und GUI-Anzeige

use Tk;
use Stopwatch;                    # Klasse 'Stopwatch' einbinden

my $top = MainWindow->new();

                                  # Label mit dynamisch
                                  # veränderbarem Text erzeugen
$top->Label("-textvariable" => \$stopwatch_display)->pack();

                                  # Start-Button
$top->Button("-text" => "Start",
             "-command" => sub {$sw->start() })->pack("-side"
                                                 => "left");

                                  # Stop-Button
$top->Button("-text" => "Stop",
             "-command" => sub {$sw->stop() })->pack("-side" =>
                                                "left");

                                  # Reset-Button (Reset mit
                                  # gleichzeitigem
                                  # Stoppuhr-Update
$top->Button("-text" => "Reset",
             "-command" => sub {$sw->reset();
                                update_func($sw) }
            )->pack("-side" => "left");

                                  # Exit-Button
$top->Button("-text" => "Exit",
             "-command" => sub {exit(0)}
            )->pack("-side" => "left");

                                  # Neue Stoppuhr
$sw = Stopwatch->new(\&update_func, 1000);

                                  # Anzeige auf 00:00:00
update_func($sw);

MainLoop;


### update_func: Sekunden-Zähler der Stoppuhr auslesen, in
###              HH:MM:SS-Format umwandeln und die Variable
```

```
###             $stopwatch_display setzen.

sub
update_func {
    my $self = shift;

    $seconds = $self->gettime();   # Stoppuhr-Zeitabfrage

                                   # Sekunden -> HH:MM:SS
    ($sec, $min, $hour) = localtime($seconds);

                                   # GUI-Anzeige setzen
    $stopwatch_display = sprintf("%02d:%02d:%02d",
                                 $hour-1, $min, $sec);
}
```

stopwatch.pl

Stopwatch.pm

```
###
### Stopwatch
###

package Stopwatch;

use Tk;                             # 'after()' ist
                                    # in Tk.pm definiert

###
### $sw=Stopwatch->new(\&update_func, $update_time); - Konstruktor
###
sub new {
    my $self = bless({}, shift);

    $self->{'usrproc'}      = shift;  # User-definierter Callback
    $self->{'interval'}     = shift;  # Update-Intervall in Sekunden

    $self->{'running'}      = 0;

    $self->{'starttime'}    =
    $self->{'stoptime'}     = time;

    # Update-Intervall von 1 Sekunde nicht unterschreiten
    if($self->{'interval'} < 1000) {
        print "Stopwatch: No update intervals < 1000 accepted." .
              " Not started.\n";
```

```
        return undef;
    }

    $self->looper();                  # Loop-Prozess starten

    $self;                            # Objekt-Referenz
}


###
### $sw->looper(); - Interne(!) Schleifenfunktion
###
sub looper {
    my $self = shift;
                                    # User-Funktion aufrufen
    &{$self->{'usrproc'}}($self) if $self->{'running'};

                                    # Schleife (Keine Rekursion)
    after($self->{'interval'}, \&looper, $self);
}


###
### $sw->start(); - Stoppuhr starten
###
sub start {
    my $self = shift;

    # Startzeit setzen: Zeit zwischen letztem Stopp und
    # jetzt eliminieren
    unless($self->{'running'}) {
        $self->{'starttime'} += time - $self->{'stoptime'};
    }

    $self->{'running'}   = 1;
}


###
### $sw->stop(); - Stoppuhr anhalten
###
sub stop {
    my $self = shift;

    $self->{'stoptime'} = time if $self->{'running'};

    $self->{'running'} = 0;
}
```

```
###
### $seccount=$sw->gettime(); - Zeit auf der Stoppuhr abfragen
###
sub gettime {
    my $self = shift;

    time - $self->{'starttime'};
}


###
### $sw->reset(); - Stoppuhr zurücksetzen
###
sub reset {
    my $self = shift;

    $self->{'starttime'} =
    $self->{'stoptime'}  = time;
}

1;
```

Stopwatch.pm

3.9 Anwendungsbeispiele

3.9.1 File-Selektor

Als erstes praktisches Beispiel sei ein einfacher File-Selektor vorgestellt. Er besteht aus zwei Listboxen, einem Entry-Widget und drei Push-Buttons. Für die spezielle Anordnung gemäß Abbildung 3.25 benötigt der Packer noch zwei Frame-Widgets, um die Listboxen und die Buttons aufzunehmen.

Der File-Selektor wird über die Maus und die Return-Taste auf der Tastatur bedient:

- Ein Doppel-Klick auf eine Datei wählt diese aus und beendet die Funktion
- Ein Doppel-Klick auf ein Verzeichnis (einschließlich '..') wechselt dorthin
- Ein Einfach-Klick auf ein Verzeichnis (einschließlich '..') und ein anschließender Klick auf den OK-Button wechselt in das Verzeichnis

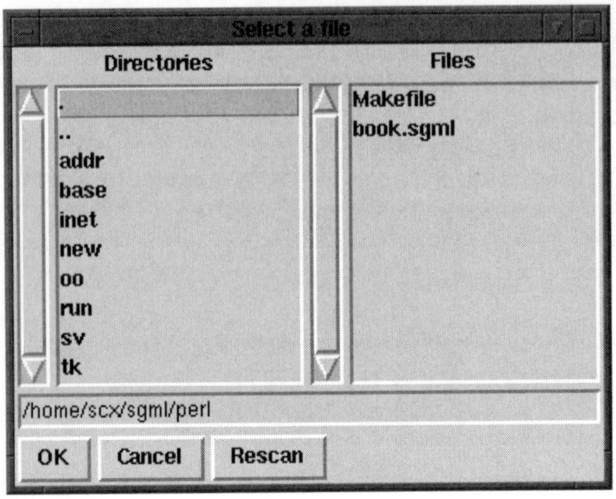

Abbildung 3.25: File-Selektor

- Ein Einfach-Klick auf eine Datei und ein anschließender Klick auf OK wählt die Datei aus und beendet die Funktion
- Ein Klick auf den Cancel-Button beendet die Funktion ohne ausgewählte Datei
- Ein in das Textfeld eingetragener neuer Pfad wird nach einem Klick auf den OK-Button oder den Rescan-Button aktiv
- Ein Klick auf den OK-Button liefert eine in das Textfeld eingetragene Datei zurück, auch wenn diese (noch) nicht existiert
- Drücken der Return-Taste simuliert den Klick auf den OK-Button

Die Aktivierung des OK-Buttons oder das Drücken der Return-Taste können also drei verschiedene Aktionen auslösen, je nachdem ob das Textfeld verändert, die Directory-Listbox oder die File-Listbox angewählt wurde.

Zunächst jedoch zur Anwendung des File-Selektor-Pakets: Nach dem Einbinden mit `use Fs;` erzeugt der Konstruktor `$fs = Fs->new()` ein neues Objekt vom Typ File-Selektor. Er erwartet als Parameter die Referenz des Top-Windows der Applikation, eine Referenz auf die Funktion, die das Programm beim Schließen des Selektors anspringen soll, und den Titel, den das File-Selektor-Window schließlich trägt. Den als zweiten Parameter angegebenen Callback ruft der File-Selektor auf, nachdem entweder eine gültige Dateiauswahl vorgenommen oder die Applikation mit dem Cancel-Button abgebrochen wurde. Im ersten Fall erhält der Callback als ersten Parameter die selektierte Datei einschließlich des absoluten Pfades, während im zweiten Fall der leere String ankommt und so den Abbruch anzeigt.

Auch das zugehörige Testskript `fs.pl` zeigt eine ansprechende Oberfläche (Abbildung 3.26): Auf Knopfdruck öffnet sich der File-Selektor, und nach dem Schließen überträgt die Funktion `fsCallback` den String der selektierten Datei in das entsprechende Entry-Widget der Testoberfläche.

fs.pl

```
#!/usr/bin/perl -w

###
### Anwendung des File-Selektors
###

use Tk;                                   # Tk package einbinden
use Fs;                                   # Fileselektor
use strict;


my $top = MainWindow->new();

### Variablen initialisieren
chop(my $startpath = 'pwd');              # Start: aktueller Pfad
my $fileSelected = "Noch nichts ausgewählt";

### Widgets definieren
my $uframe      = $top->Frame();

my $startbutton = $uframe->Button(-text => "Fileselector Startup",
                                  -command => \&fsStartup);

my $exitbutton  = $uframe->Button(-text => "Exit",
                            -command => sub { exit 0 } );

my $lframe      = $top->Frame(-relief, "sunken", -bd => 2);
my $fixtext     = $top->Label(-text, "Selected:");
my $label       = $lframe->Label(-textvariable, \$fileSelected);

### Alles packen
$uframe->pack();
$startbutton->pack(-side => "left");
$exitbutton->pack(-side => "left");
$fixtext->pack(-side => "left");
$lframe->pack(-fill => "both", -expand => "yes", -side => "left");
$label->pack();
```

```
MainLoop;

#
# File-Selektor erzeugen und aktivieren
#
# Syntax: fsStartup();
#
sub fsStartup {

    my $fs = Fs->new($top, \&fsCallback, "Test-Selektor");
    $fs->start($startpath);
}

#
# Callback-Function für Ok/Cancel Button
#
# Syntax: fsCallback($filename);
#
sub fsCallback {
    my $file = shift;

    $fileSelected = $file;
}
```

fs.pl

Abbildung 3.26: Ansteuerung des File-Selektors

Zur Implementierung des Moduls `Fs.pm`: Der Konstruktor definiert lediglich den üblichen Namens-Hash und sichert dort Top-Window, Titel und Callback-Referenz für das jeweilige File-Selektor-Objekt. Die Startmethode `start` erzeugt ein vom Top-Window abgesetztes Dialog-Window und packt alle notwendigen Widgets hinein. Außerdem definiert sie die Aktionen, die auf die entsprechenden Events folgen sollen. Die Callbacks sind der Übersichtlichkeit halber wiederum in die Funktionen `switch2dir`, `okAction`, `rescanAction` und `fsexit` aufgegliedert.

Die Funktion `switch2dir` läßt den File-Selektor in das angegebene Verzeichnis wechseln und die Listboxen sowie das Entry-Widget entsprechend aktualisieren. Falls das angeklickte Verzeichnis nicht lesbar oder ein von Hand eingegebenes nicht sinnvoll ist, liefert sie den Wert `0` zurück, während ihr Rückgabewert normalerweise der neu eingestellte Pfad ist.

Die Methode `okAction` ist der zum Mausklick auf den OK-Button gehörige Callback. Sie unterscheidet, ob ein Verzeichnis oder eine Datei von Hand eingegeben, ein Directory oder eine Datei angewählt wurde, und leitet entsprechende Maßnahmen ein.

Die Methode `rescanAction` führt einen Verzeichniswechsel durch, den der Rescan-Button eingeleitet hat.

Nach Beendigung der Auswahl durch einen Doppel-Klick auf eine Datei, einem Druck auf den OK-Button mit angewählter bzw. eingetragener Datei oder dem Abbruch mittels des Cancel-Buttons liest `fsexit` eventuell definierte Pfad- und Dateiangaben aus, speichert sie und löscht das Dialog-Window des File-Selektors vom Bildschirm. Abschließend ruft es den im Konstruktor definierten User-Callback auf.

Dieses Verfahren ist typisch für die Programmierung event-gesteuerter Oberflächen: Es existiert kein eigentlicher Programmfluß, keine Funktionsaufrufe mit Return-Code, die das Programm entsprechende Wege einschlagen lassen, sondern nur event-ausgelöste Aktionen, die wiederum weitere Callbacks einleiten.

Alle Funktionen sind als Methoden implementiert, d. h., sie erwarten als ersten Parameter die Objektreferenz, da sie auf Variablen auf Objekt-Level zugreifen müssen. So behält der File-Selektor auch bei nachfolgenden Aufrufen im »Gedächtnis«, in welchem Verzeichnis die letzte Wahl getroffen oder der Vorgang abgebrochen wurde. Solange das File-Selektor-Objekt existiert, sind beliebig viele Aufrufe der `start`-Routine erlaubt.

Fs.pm

```
#
# Fs - File Selector Package
#
package Fs;

use Tk;
use Path;
use strict;

#
# Neuen File-Selektor definieren
```

```
#
# Syntax: $fs = Fs->new($topwindow, \& callback, $title);
#
sub new {
    my($type, $parentwin, $callbackref, $title) = @_;

    my $self = {};


    $self->{'callbackref'} = $callbackref;  # Parameter in
    $self->{'parentwin'}   = $parentwin;    # Instanzvariable
    $self->{'title'}       = $title;        # sichern

    bless($self, $type);
}


#
# File-Selektor anzeigen und starten
#
# Syntax: $fs->start($startdir);
#
sub start {
    my $self     = shift;
    my $startdir = shift;

    $self->{'topwin'} = $self->{'parentwin'}->Toplevel;

    $self->{'topwin'}->configure(-title => $self->{'title'});

    # Directory- und File-Listboxen
    my $listFrame = $self->{'topwin'}->Frame();

    $self->{'dirList'}  =
         $listFrame->ScrlListbox(-label => "Directories");
    $self->{'fileList'} =
         $listFrame->ScrlListbox(-label => "Files");

    # Entry Widget für ausgewählten Pfad/Datei
    my $fileText =
              $self->{'topwin'}->Entry(-textvariable =>
                                       \${$self}{'pathtext'});

    # Buttons
    my $buttonFrame  = $self->{'topwin'}->Frame();
    my $okButton     = $self->{'topwin'}->Button(
                          -text => "OK",
                          -command => sub { $self->okAction });

    my $rescanButton = $self->{'topwin'}->Button(
```

```
                    -text => "Rescan",
                    -command =>
                            sub { $self->rescanAction });

my $cancelButton = $self->{'topwin'}->Button(
                    -text => "Cancel",
                    -command =>
                            sub { $self->cancelAction });

# Alles packen
$listFrame->pack(-fill => "both", -expand => "yes",
                 -side => "top");

$self->{'dirList'}->pack(-fill => "both",
                        -expand => "yes",
                        -side => "left");

$self->{'fileList'}->pack(-fill => "both",
                         -expand => "yes",
                         -side => "left");

$fileText->pack(-fill => "x", -expand => "yes",
                -anchor => "s");

$buttonFrame->pack(-fill => "x", -expand => "yes",
                   -anchor => "s");
$okButton->pack(-side => "left");
$cancelButton->pack(-side => "left");
$rescanButton->pack(-side => "left");


# Doppel-Klick-Aktionen auf Listen definieren
$self->{'dirList'}->bind("<Double-Button-1>" => sub {
    $self->switch2dir($self->{'dirList'}->Getselected());
    $self->{'pathtext'} = $self->{'path'} });

$self->{'fileList'}->bind("<Double-Button-1>" =>
                         sub { $self->fsexit() });


# Return Key Aktion definieren
$self->{'topwin'}->bind("<KeyPress-Return>" =>
                       sub {$self->okAction});


# Anfangs-Pfad auf aktuelles Verzeichnis setzen
$self->{'path'} = $startdir unless defined $self->{'path'};
$self->switch2dir(".");
$self->{'pathtext'} = $self->{'path'};
```

```
}


#
# In ein neues Verzeichnis wechseln, Listboxen aktualisieren
#
# Syntax: $fs->switch2dir($directory);
#
sub switch2dir {
  my $self = shift;
  my $dir  = shift;
                                      # Neuer Pfad testweise
  my $newpath = Path::cd($self->{'path'}, $dir) || return 0;

  return 0 unless opendir(DIR, "$newpath");

  my @files = sort readdir(DIR);      # Verzeichnis lesen
  closedir(DIR);
                                      # Directory-Listbox-Update
  $self->{'dirList'}->delete(0, "end");
  $self->{'dirList'}->insert("end",
                           grep(-d "$newpath/$_" , @files));
  $self->{'dirList'}->selection("set", 0);
                                      # File-Listbox-Update
  $self->{'fileList'}->delete(0, "end");
  $self->{'fileList'}->insert("end",
                            grep(-f "$newpath/$_", @files));

  $self->{'path'} = $newpath;         # Neuen Pfad setzen
}


#
# Aktion auf das Drücken des OK-Buttons
#
sub okAction {
    my $self = shift;

    my $item;

    if($self->{'pathtext'} ne $self->{'path'}) {
        # Path-String manuell eingegeben
        if($item = $self->switch2dir($self->{'pathtext'})) {
             $self->{'pathtext'} =
                 $self->{'path'} = Path::absolute($item);
        } else {                    # Neues File ausgewählt
                                    # Dialogfenster schließen
            $self->{'topwin'}->destroy;
                                    # Callback auslösen
```

```
            &{$self->{'callbackref'}}($self->{'pathtext'});
        }
    } elsif(($item = $self->{'dirList'}->Getselected())) {
        # Neues Directory gewählt
        $self->switch2dir($item);
        $self->{'pathtext'} = $self->{'path'};

    } elsif($self->{'fileList'}->Getselected()) {
        # File ausgewählt
        $self->fsexit();
    }
}


#
# Aktion auf das Drücken des Rescan-Buttons
#
sub rescanAction {
    my $self = shift;

    my $item;

    if($self->{'pathtext'} ne $self->{'path'}) {
        # Path-String manuell eingegeben
        (($item = $self->switch2dir($self->{'pathtext'})) &&
            ($self->{'pathtext'} =
             $self->{'path'} = Path::absolute($item))) ||
                ($self->{'pathtext'} = $self->{'path'});

    } elsif(($item = $self->{'dirList'}->Getselected())) {
        # Neues Directory gewählt
        $self->switch2dir($item);
        $self->{'pathtext'} = $self->{'path'};
    }
}

#
# Aktion auf das Drücken des Cancel-Buttons
#
sub cancelAction {
    my $self = shift;

    $self->{'fileList'}->selection("clear", 0, "end");
    $self->fsexit();
}


#
# Selektiertes File mit Pfad sichern und Window entfernen
```

```
#
sub fsexit {
    my $self = shift;

    # Ausgewählten Pfad/Datei auslesen
    my $item = $self->{'fileList'}->Getselected();

    # Datei an Pfad anhängen
    $self->{'path'} =~ s,/$,,g;
    $self->{'selected'} = defined $item ?
                              "$self->{path}/$item" : "";

    $self->{'topwin'}->destroy;     # Dialogfenster schließen

                                    # Callbackfunktion aufrufen
    &{$self->{'callbackref'}}($self->{'selected'});
}


#
# Ausgewähltes Verzeichnis/File abfragen
#
sub getselected {
    my $self = shift;

    $self->{'selected'};
}

1;
```

Fs.pm

Für komfortable Pfad-Arithmetik sorgt das eingebundene Modul `Path.pm`, dessen Methode `Path::cd($path, $dir)` das Zielverzeichnis ermittelt, in dem man, ausgehend vom Startverzeichnis `path`, mit dem Kommando `cd dir` der UNIX-Shell landen würde. `dir` kann hierbei im einfachsten Fall ein absoluter Pfad sein, aber auch relative Angaben handelt die Funktion korrekt ab: Ein `Path::cd` von »`/usr/bin`« nach »`..`« ergibt beispielsweise das Verzeichnis »`/usr`«, ein Wechsel von »`/`« nach »`..`« hingegen ergibt wieder »`/`«[6].

`Path.pm` nutzt das Modul `Cwd.pm` der Perl-Standard-Distribution und dessen Funktion `chdir`, welche einen Wechsel des aktuellen Verzeichnisses durchführt.

[6] Vorausgesetzt, bei den angegebenen Verzeichnissen handelt es sich nicht um symbolische Links.

Path.pm

```
package Path;

use Cwd;
use strict;

# Absoluten Pfad aus relativem Pfad und aktuellem
# Verzeichnis ermitteln
#
# Syntax: $abspath = Path::absolute($relpath);
#
sub absolute {
    my $relpath = shift;

    Path::cd(cwd(), $relpath);
}

# Relativ in ein neues Verzeichnis wechseln
#
# Syntax: $newpath = Path::cd($path, $chdir);
#
sub cd {
    my($from, $to) = @_;

    my $current = cwd();    # Aktuelles Verzeichnis sichern

                            # In Startverzeichnis wechseln
    Cwd::chdir($from) || return undef;

                            # Relativ in Zielverzeichnis
                            # wechseln
    Cwd::chdir($to) || (Cwd::chdir($current), return undef);

    my $retval = cwd();     # Zielverzeichnis sichern

    Cwd::chdir($current);   # Aktuelles Verzeichnis
                            # zuruecksetzen
    return $retval;
}

1;
```

Path.pm

3.9.2 Einfacher Editor

Zusammen mit dem in Abschnitt 3.9.1 vorgestellten File-Selektor entsteht nun ein einfacher Texteditor. Die sehr aufwendige Steuerung des eigentlichen Editiervorgangs übernimmt ein Textwidget »von der Stange« in Kooperation mit einem zusätzlichen Scrollbar. Eine Menüsteuerung ermöglicht das komfortable Laden von Textdateien und das Wieder-Abspeichern editierter Texte unter dem ursprünglichen oder auch einem anderen Namen.

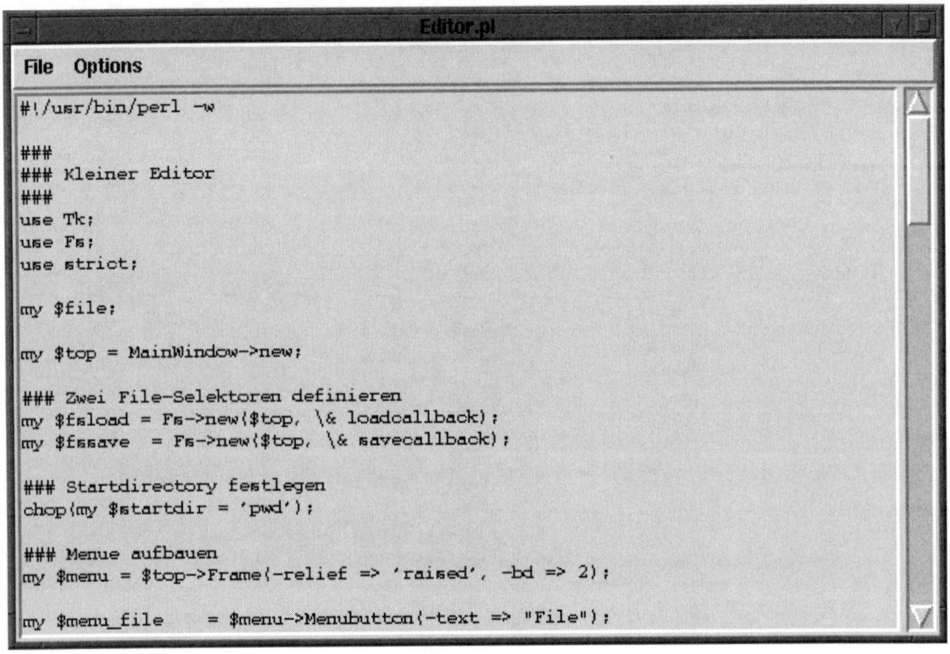

Abbildung 3.27: Kleiner Editor

editor.pl

```
#!/usr/bin/perl -w

#
# Kleiner Editor
#

use Tk;
```

```
use Fs;
use strict;

my $file;

my $top = MainWindow->new;

# Zwei File-Selektoren definieren
my $fsload = Fs->new($top, \&loadcallback);
my $fssave  = Fs->new($top, \&savecallback);

# Startdirectory festlegen
chop(my $startdir = 'pwd');

# Menue aufbauen
my $menu = $top->Frame(-relief => 'raised', -bd => 2);

my $menu_file    = $menu->Menubutton(-text => "File");
my $menu_options = $menu->Menubutton(-text => "Options");

$menu_file->command(-label => 'Load',
                    -command => sub { $fsload->start($startdir)});
$menu_file->command(-label => 'Save',
                  -command => sub { savecallback($file) });
$menu_file->command(-label => 'Save As',
                    -command => sub { $fssave->start($startdir)});
$menu_file->command(-label => 'Quit',
                    -command => sub { destroy $top });


# Option Radio-Buttons
my $wrap_mode = "none";

$menu_options->radiobutton(-label => "No wrap",
                           -variable => \$wrap_mode,
                           -value => "none",
                           -command => \&set_wrap);

$menu_options->radiobutton(-label => "Char wrap",
                           -variable => \$wrap_mode,
                           -value => "char",
                           -command => \&set_wrap);

$menu_options->radiobutton(-label => "Word wrap",
                           -variable => \$wrap_mode,
                           -value => "word",
                           -command => \&set_wrap);
```

```
# Editierbares Textfeld mit Scrollbar
my $text = $top->Text(-borderwidth => 2, -setgrid => 1);
my $scrollbar = $top->Scrollbar(-command => [yview => $text]);
$text->configure(-yscrollcommand => [set => $scrollbar]);

# Alles packen
$menu->pack(-side => 'top', -fill => 'x');
$scrollbar->pack(-side => 'right', -fill => 'both');
$text->pack(-side => 'left', -fill => 'both', -expand => 'yes');
$menu_file->pack(-side, 'left');
$menu_options->pack(-side, 'left');


MainLoop;

#
# Datei in das Text-Widget laden
#
# Syntax: loadcallback($file);
#
sub loadcallback {
  $file = shift;

  return unless defined $file;

  open(FILE, $file) || return 0;

  $text->delete("1.0", "end");

  while(<FILE>)
  {  $text->insert("end", $_);
  }
  close(FILE);
  set_wrap();
}

#
# Text des Text-Widgets sichern
#
# Syntax: savecallback($file);
#
sub savecallback {
  $file = shift;

  return unless defined $file;

  open(FILE, ">$file") || return 0;
  my @lines = $text->get("1.0", "end");
  print FILE @lines;
```

```
  close(FILE);
}

#
# Wrap-Modus einstellen (Callback)
#
sub set_wrap {
    $text->configure(-wrap, $wrap_mode);
}
```

editor.pl

3.9.3 Hyperlinks

Eine Realisierung der in Abschnitt 3.6.12 angesprochenen Hypertext-Thematik zeigt Listing `hypertext.pl`. In das dort definierte Text-Widget fügt die Unterfunktion `hyperlink_insert` einen farbig unterlegten Text ein, der außerdem noch mit einem Tag markiert ist. Diesem Tag ordnet `hyperlink_insert` anschließend folgende Event-Callbacks zu:

Eintritt des Mauszeigers in den Hyperlink-Bereich
Kopiert den Namen des Hyperlinks in die Textvariable des Labels, welches dann den Namen anzeigt.

Austritt des Mauszeigers aus dem Hyperlink-Bereich Setzt die Textvariable des Labels auf den Leerstring, löscht also die Namensanzeige links unten.

Einfacher Mausklick auf den Hyperlink Gibt eine Meldung nach `STDOUT` aus. In einem realen Hypertextbrowser hätte diese Aktion das Laden einer neuen Datei zur Folge.

Die Abbildungen 3.28 und 3.29 auf Seite 199 zeigen die Reaktion des Skripts auf den Eintritt des Mauszeigers in das definierte Hypertextfeld.

hypertext.pl

```
#!/usr/bin/perl

use Tk;

my $ttag;
```

```
                            # Widgets erzeugen
$top = MainWindow->new();

                            # Textbereich
$text  = $top->Text(-wrap => 'word', -height => 3);

                            # Hyperlink-Anzeige unten
$urltext = "";
$label = $top->Label(-textvariable => \$urltext);

                            # Exit-Button
$exit  = $top->Button(-text => 'Exit', -command => \&exit);

                            # Packen
$text->pack();
$label->pack(-anchor => "w");
$exit->pack();

                            # Text einfügen
$text->insert('end', "Der Hyperlink ");
                            # Hyperlink einfügen
hyperlink_insert($text, 'end', "http://remote.com", "tag1");
                            # Text einfügen
$text->insert('end', " darf aktiviert werden!\n");

                            # Textfenster Read-only
$text->configure(-state => "disabled");

MainLoop;


### hyperlink_insert - Einen aktivierbaren Hyperlink in ein
###                    Textwidget integrieren.
###
sub hyperlink_insert {
    my($text, $where, $name, $tag) = @_;

                                # Text einfügen
    $text->insert($where, $name, $tag);

                                # Farblich unterlegen
    $text->tag('configure', $tag, -foreground => "blue");

                                # Bei Mauszeigerberührung
                                # URL unten anzeigen
    $text->tag('bind', $tag, '<Any-Enter>' =>
                           sub { $urltext = $name; } );
```

```
                                 # Anzeige löschen, falls
                                 # Maus Bereich verläßt
    $text->tag('bind', $tag, '<Any-Leave>' =>
                             sub { $urltext = ""; } );

                                 # Aktion bei Mausklick-
                                 # Aktivierung
    $text->tag('bind', $tag, '<1>' =>
                    sub { print "Aktiviert:", $name, "\n"; });
}
```

hypertext.pl

Abbildung 3.28: Mauszeiger außerhalb ...

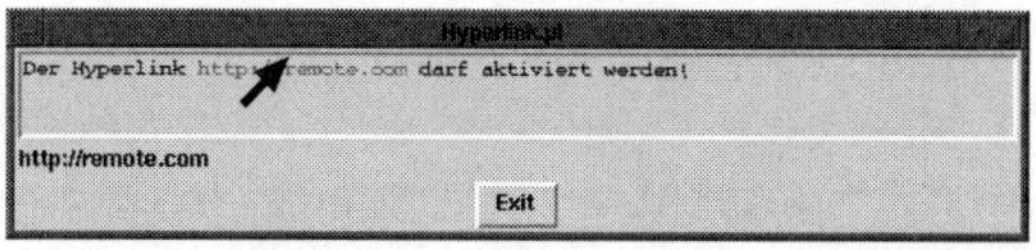

Abbildung 3.29: ... und innerhalb des Hyperlinkfeldes

3.9.4 Font-Viewer

Das X-Window-System bietet hunderte von Fonts in verschiedenen Größen für seine Applikationen an. Das Kommando `xlsfonts` listet sie alle auf.

Listing `font.pl` implementiert einen kleinen Browser, der sämtliche verfügbaren Schriftarten in einem scrollbaren Fenster anzeigt. Hierzu definiert es einfach für jede Zeile des verwendeten Text-Widgets einen anderen Tag und setzt den Tag-Font auf den entsprechenden Wert. Die erhältlichen Fonts, die auf dem System zur Verfügung stehen, liest `font.pl` zu Anfang über das `xlsfonts`-Kommando ein.

font.pl

```
#!/usr/bin/perl -w

use Tk;
use strict;

my $top = MainWindow->new();

my $frame = $top->Frame();
my $text  = $frame->Text(-wrap => 'none',
                         -font => '*helvetica-bold-r-*12*');

my $labelvar = "";
my $label = $top->Label(-textvariable => \$labelvar);

my $yscrollbar = $frame->Scrollbar(-command =>
                                   [yview => $text]);
my $xscrollbar = $top->Scrollbar(-orient => 'horizontal',
                                 -command => [xview => $text]);

$text->configure(-yscrollcommand => [set => $yscrollbar]);
$text->configure(-xscrollcommand => [set => $xscrollbar]);

### Alles packen
$yscrollbar->pack(-side => 'right', -fill => 'y');
$xscrollbar->pack(-side => 'bottom', -fill => 'x');
$label->pack(-expand => 'yes', -fill => 'x',
             -side => 'bottom');

$frame->pack(-expand => 'yes', -fill => 'both');
$text->pack(-expand => 'yes', -fill => 'both',
            -side => 'left');


open(FONTS, "xlsfonts |") || die "xlsfonts: not found";
my $i=1;
while(<FONTS>) {
    next unless /--12/;         # Nur Fonts der Größe 12
    chop(my $font = $_);
    $text->insert("end", $_);   # Text in Text-Widget einfügen
                                # (mit \n)

                                # Tag definieren und Font
                                # dort setzen
    $text->tag("add", $i, "$i.0", sprintf("%d.0", $i+1));
    $text->tag("configure", $i, -font => $font);
    $text->update();
    $i++;
    $labelvar="Fonts: $i";
```

```
}
close(FONTS);

MainLoop;
```

font.pl

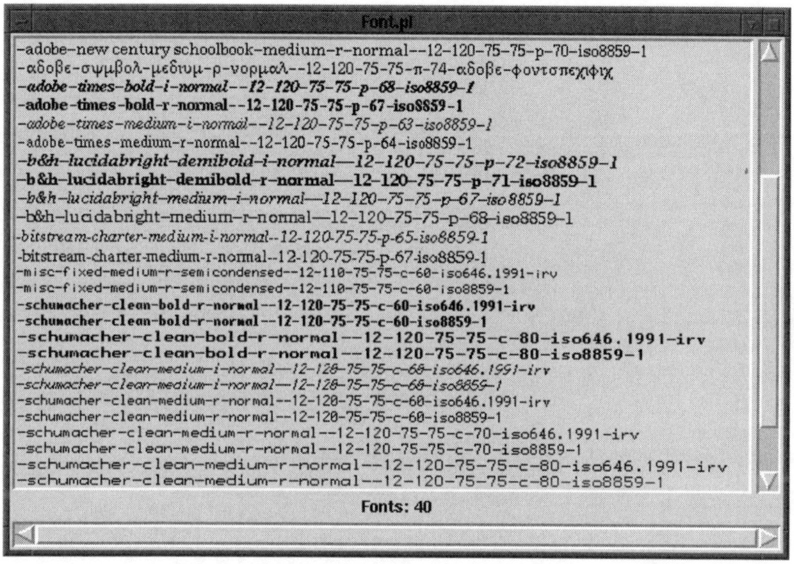

Abbildung 3.30: Font-Viewer

3.9.5 Image-Viewer

Das nachfolgende Skript zur Anzeige beliebiger Bilder in einem scrollbaren Canvas-Widget nutzt die komfortable Schnittstelle des Photo-Widgets (siehe Abschnitt 3.6.15) zu Bildern unterschiedlichster Formate. Die auf Seite 183 vorgestellte Klasse `Fs` implementiert den File-Selektor, mit dem der Anwender durch Verzeichnisse browsen und die entsprechenden Bilder auswählen kann.

img.pl

```
#!/usr/bin/perl -w

### Image viewer
```

```
use Tk;
use Fs;

my $top = MainWindow->new();

# Init file selector
my $fs = Fs->new($top, \&load_image, "Select an image");

# Set up menubar and pulldown menus
$menubar   = $top->Frame(-relief => 'raised', -bd => 2);
$menu_file = $menubar->Menubutton(-text => "File",
                                  -underline => 0);
$menu_file->command(-label => "Load",
                    -command => sub { $fs->start("."); });
$menu_file->command(-label => "Exit",
                    -command => sub { exit 0 });


$canvas   = $top->Canvas();
$photo    = $top->Photo();
$canvas->create('image', 0, 0, -image => $photo,
                               -anchor => 'nw');

my $yscrollbar = $top->Scrollbar(-command =>
                                 ['yview', $canvas],
                                 -orient => 'vertical');
my $xscrollbar = $top->Scrollbar(-command =>
                                 ['xview', $canvas],
                                 -orient => 'horizontal');


$canvas->configure(-xscrollcommand => ['set', $xscrollbar],
                   -yscrollcommand => ['set', $yscrollbar]);

$menubar->pack(-expand => 'yes', -fill => 'x', -anchor => 'n');
$menu_file->pack(-anchor => 'w');

$yscrollbar->pack(-side => 'right', -fill => 'y');
$xscrollbar->pack(-side => 'bottom', -fill => 'x');

$canvas->pack(-expand => 'yes', -fill => 'both',
              -anchor => 's');

MainLoop;


###
### load_image callback
```

```
###
sub load_image {
    my $file = shift;

    $photo->configure(-file => $file);

    my $newwidth  = $photo->width;
    my $newheight = $photo->height;

    $canvas->configure(-scrollregion =>
                       [0, 0, $newwidth, $newheight],
                       -width => $newwidth,
                       -height => $newheight);
}
```

img.pl

3.9.6 Color-Viewer

Der Code des Font-Viewers (Seite 199) läßt sich sehr leicht in einen Color-Viewer umformen, der die gesamte Farbpalette des X-Window-Systems anzeigt. Lediglich das Mittelstück, welches im Font-Viewer die Fonts sammelt und die Tags des Text-Widgets setzt, wird ersetzt. Statt der Fonts liest die Routine nun die verfügbaren Farben aus der Datei `rgb.txt` aus und setzt die Hintergrundfarbe der Text-Tags entsprechend.

color.pl

```
### Farben auslesen und Textzeilen einfaerben
open(COLORS, "< /usr/lib/X11/rgb.txt") ||
                       die "rgb.txt not found";
my $i=1;
while(<COLORS>) {

    s/!.*//;           # Kommentare entfernen
    next if /^\s*$/;  # Leerzeilen ignorieren

    my ($red, $green, $blue, $name) = split(' ', $_);
    my $col = sprintf("#%02x%02x%02x", $red, $green, $blue);

    ### Beschriftungsfarbe weiß fuer dunkle Hintergrundfarben
    my $foreground =
```

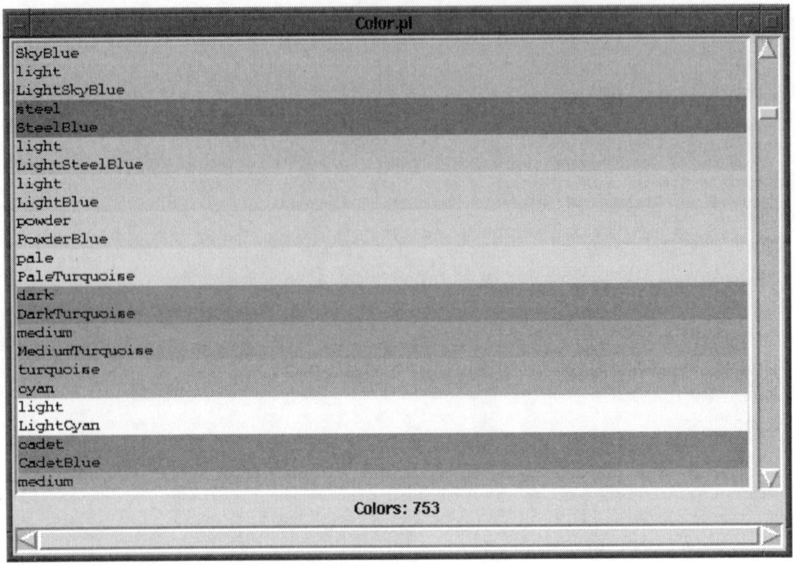

Abbildung 3.31: Color-Viewer

```
        ($red + $green + $blue < 350) ? "white" : "black";

    $text->insert("end", "$name\n");  # Text in Text-Widget
                                      # einfügen (mit \n)

    ### Tag definieren und Farbe dort setzen
    $text->tag("add", $i, "$i.0", sprintf("%d.0", $i+1));
    $text->tag("configure", $i, -background => $col,
                               -foreground => $foreground);

    ### Jede neue Farbe sofort anzeigen
    $text->update();

    ### Anzeige auffrischen
    $i++;
    $labelvar="Colors: $i";
}
close(COLORS);
```

color.pl

3.9.7 Viewer für SDBM-Dateien

Persistente Hashes speichern ihre Daten in dbm-Dateien (siehe Abschnitt 1.14 auf Seite 63), die aus Effizienzgründen ein binäres Format aufweisen und so nicht im Klartext zu analysieren sind. Zu Testzwecken wäre es jedoch oft wünschenswert, einen Blick in persistent abgelegte Daten werfen zu können. Mit einem kurzen Perl/Tk-Skript läßt sich ein persistenter Hash jedoch in einer Listbox visualisieren, die sich komfortabel scrollen läßt. Das folgende Skript liest die Daten der `*.pag`- bzw. `*.dir`-Files eines SDMB-Hashes aus und stellt die Key-Value-Paare graphisch dar.

sdbmview.pl

```
#!/usr/bin/perl -w

use Tk;
use POSIX;
use SDBM_File;

usage() if $#ARGV < 0;
                              # Persistenten Hash öffnen
tie(%myhash, SDBM_File, $ARGV[0], O_RDONLY, 0644) ||
     do { print "Cannot open $ARGV[0]\n"; usage() };

my $top = MainWindow->new();

                              # Listbox erzeugen
$listbox = $top->ScrlListbox(-label => "Hash: $ARGV[0]");

                              # Buttons
$exitbutton   = $top->Button(-text => "Exit",
                              -command => \&exit);

                              # Alles Packen
$listbox->pack(-fill   => "both", "-expand" => "yes");
$exitbutton->pack(-side => "left");

                              # Listbox füllen
foreach $i (keys %myhash) {
    $listbox->insert("end", "$i> $myhash{$i}");
}

MainLoop;

#
# usage
```

```
#
sub usage {
    ($func = $0) =~ s,^.*/,,g;
    print "usage: $func dbmfilename\n";
    exit 1;
}
```

sdbmview.pl

Kapitel 4

Perl-Programmierung im Internet

Das Internet bietet eine unglaubliche Menge an Informationen für jeden Gebrauch. Der Zugriff darauf geschieht größtenteils interaktiv: Ob der Benutzer mittels eines Browsers wie dem *Netscape Navigator* im World Wide Web umhersurft, eine elektronische Mail über ein Mailprogramm wie `elm` abschickt oder die neueste Version eines frei verfügbaren Programms mit dem Transfertool `ftp` von einem FTP-Server lädt – stets ist manuelle Tipparbeit erforderlich.

Die Programmierschnittstellen zu den Protokollen des Internets, welche die Modalitäten des Zugriffs auf fremde Informationen regeln, sind größtenteils komplex und unübersichtlich, so daß die programmierende Eroberung des Internets bislang nur UNIX-Experten von Guru-Status vorbehalten blieb.

Bücher wie [Ste90] oder [Ste94] zeigen ausführlich und auch anschaulich, wie die Verständigung von vernetzten Rechnern auf den verschiedenen Kommunikationsebenen abläuft. Setzt man jedoch auf diesen C-Schnittstellen auf, gerät eine automatische Anwendung, die ähnliches bietet wie ihre interaktiven Pendants, schnell zum Code-Monster.

Perl hingegen bietet zusätzlich zu einer Betriebssystemschnittstelle auf C-Niveau, die standardmäßig zum Sprachumfang von Perl gehört (Sockets), auch noch ein Interface auf Benutzerlevel an. Es schottet lästigen Kleinkram sauber vom Benutzer ab, so daß dieser damit ähnlich einfach wie im interaktiven Betrieb seine Daten automatisch aus dem Netz der Netze extrahieren kann.

Perl eignet sich aufgrund seiner Portabilität hervorragend für den Einsatz in der heterogenen Hard- und Softwarestruktur des Internets. Ein Perl-Skript ist wirklich 100% portabel – und der Perl-Interpreter ist auf fast allen möglichen und unmöglichen Plattformen verfügbar – bis hin zu Windows NT.

4.1 Hilfe vom CPAN

Die in der Perl-Distribution enthaltenen Module sowie die im Perl-Archiv CPAN (siehe Anhang G) lagernden Erweiterungen ermöglichen es dem Perl-Programmierer, mit weniger als zehn Zeilen Code beispielsweise ein Dokument von einem Server zu laden oder eine HTML-Seite aus dem WWW (World Wide Web) zu holen.

Insbesondere von den Paketsammlungen

- `libnet` und
- `libwww`

wird im folgenden Gebrauch gemacht. Beide sind über das CPAN zu beziehen.

Allgemein für Perl-Skripts und speziell im Fall von Internetanwendungen gilt also: Lieber einmal mehr im CPAN nachsehen, ob ein geeignetes Modul schon existiert, als zum n-ten Male teure Entwicklungszeit in ein bereits gelöstes Problem fließen lassen.

4.2 Netiquette

Die drastische Vereinfachung des programmierten Internetzugriffs birgt aber auch eine Reihe von Problemen in sich. Die Programmierung sogenannter *Robots*, die automatisch das Netz nach Informationen absuchen, ist ein heikles Thema. Denn die Aktivität dieser unermüdlichen Diener belastet das Netz und verlangsamt den Verkehrsfluß auf dem Daten-Highway.

Die große Gemeinschaft des Internets hält sich deshalb an die sogenannte *Netiquette*, einfache Richtlinien, die den Betrieb dieser einmaligen Organisation auch in Zukunft sicherstellen.

Der perl-kundige Internet-Programmierer operiert stets in einem schmalen Grenzbereich: So spricht nichts dagegen, lästige Tipparbeit zu sparen und einfache Transfers automatisch durchzuführen, doch das Absuchen dutzender Server nach Informationen muß zentralen Institutionen vorbehalten bleiben, welche die Ergebnisse ihrer Recherchen publizieren und globale Suchzugriffe erlauben (siehe Abschnitt 4.7.3, Seite 252).

Eines der Prinzipien in Perl heißt:

> *It would prefer that you stayed out of its living room because you weren't invited, not because it has a shotgun*[1].

Diese Weisheit gilt auch für die Privatsphäre von Internet-Servern. Um diese zu wahren, existieren die sogenannten *Robot Rules.* Sie eröffnen jedem Server die Möglichkeit, massenhaft anstürmende Such-Roboter um Verschonung zu bitten. Höfliche Robots halten sich nicht nur an diese Regeln, sondern vermeiden auch aggressive Timeout / Retry-Strategien, um andere Netzbenutzer nicht zu behindern.

Die Programmierung von Robots ist Thema von Abschnitt 4.5.3. Bis dorthin ergeht die herzliche Bitte des Autors an alle Leser, mit den vorgestellten Skripts keine netzplündernden Aktionen zu starten.

Die nachfolgenden Abschnitte befassen sich mit den Dienstleistungsangeboten des Internets, den dahintersteckenden Protokollen und deren Ansteuerung aus Perl.

4.3 FTP

FTP, das *File Transport Protocol,* macht die Übertragung von Dateien über Netzverbindungen möglich. Seine populärste Anwendung, das interaktive Programm `ftp`, verbindet den Benutzer mit einem FTP-Server, der den Dateitransfer als Service zur Verfügung stellt. Nach einem einführenden Login und einer Paßwort-Eingabe stellt `ftp` einen minimalen Befehlssatz zur Verfügung, der das Navigieren in Verzeichnisstrukturen und das Senden und Holen von Dateien erlaubt.

Die sogenannten *Anonymous FTP Server* des Internets erlauben den Dateitransfer auch Benutzern, die als Login *anonymous* und als Paßwort ihre Internetadresse angeben, und stellen so wichtige Institutionen der Internetgemeinde dar. Neue, kostenlos verfügbare Programmversionen finden so ihren Weg auch in den letzten Winkel der Welt: Programm-Autoren laden ihre Produkte (mit Zustimmung des dortigen Systemverwalters) auf anonyme FTP-Server und geben diese Neuigkeit in einer Newsgroup[2] bekannt. In der Folge kann sich jeder interessierte Anwender

---

[1] Zitat aus der Manual-Page *perlmod.*

[2] Eine Art schwarzes Brett. Siehe hierzu Abschnitt 4.10 auf Seite 267.

über einen Dateitransfer mit `ftp` die Version auf den heimischen Rechner laden, bei Bedarf dort übersetzen und ab dann benutzen.

Das nachstehende Transkript einer interaktiven Sitzung mit einem anonymen FTP-Server zeigt einige typische Aktionen: Der Benutzer identifiziert sich als `anonymous` und gibt als Paßwort seine E-Mail-Adresse `me@mysite.com` an. Anschließend lädt er die Datei `downfile.remote` aus dem Verzeichnis `pub` des FTP-Servers auf den lokalen Rechner und speichert sie dort als `downfile.local` im aktuellen Verzeichnis. Des weiteren zeigt das Beispiel das Überspielen der lokalen Datei `upfile.local` in das `incoming`-Verzeichnis des FTP-Servers unter dem Namen `upfile.remote`. Das `quit`-Kommando beendet schließlich die Verbindung.

```
mysite> ftp remote.host.com
Connected to remote.host.com.
220 darkstar FTP server ready.
Name (remote.host.com:myname): anonymous
331 Guest login ok, send complete e-mail address as password.
Password: me@mysite.com
230-Welcome, archive user! If you have any unusual
230-problems, please report them via e-mail to
230-postmaster@darkstar
230-
230 Guest login ok, access restrictions apply.
Remote system type is UNIX.
Using binary mode to transfer files.
ftp> cd pub
250 CWD command successful.
ftp> get downfile.remote downfile.local
200 PORT command successful.
150 Opening BINARY mode data connection for downfile (17 bytes).
226 Transfer complete.
17 bytes received in 0.000858 secs (19 Kbytes/sec)
ftp> cd ../incoming
250 CWD command successful.
ftp> put upfile.local upfile.remote
200 PORT command successful.
150 Opening BINARY mode data connection for upfile.remote.
226 Transfer complete.
640 bytes sent in 0.00104 secs (6e+02 Kbytes/sec)
```

```
ftp> ls
200 PORT command successful.
150 Opening ASCII mode data connection for /bin/ls.
total 3
drwxrwxrwx 2 root wheel 1024 Jun 9 21:58 .
drwxrwxr-x 9 root wheel 1024 Jun 6 10:33 ..
-rw------- 1 root daemon 640 Jun 9 21:58 upfile.remote
226 Transfer complete.
ftp> quit
221 Goodbye.
mysite>
```

Der Zugang zu FTP-Servern steht mit den nachfolgenden Ausführungen nicht nur interaktiven Anwendungen offen. Die vorgestellte Perl-Schnittstelle erlaubt eine komfortable objektorientierte Ansteuerung.

Die nicht-interaktive Nutzung des FTP-Services verlangt üblicherweise eine Menge Know-how über das FTP-Protokoll und netzwerkspezifische Details. Der programmierte Zugriff unter Perl kann zwar von Systemebene aus erfolgen, doch es geht auch einfacher.

Für den benutzerfreundlichen Zugriff auf FTP-Server existiert bereits das fertige Perl-Paket `Net::FTP`, das Teil der Modulsammlung `libnet` ist und über das CPAN[3] zu beziehen ist[4].

4.3.1 Net::FTP

Das Paket `Net::FTP` von *Graham Barr* bietet eine Programmierschnittstelle, die ähnlich komfortabel zu handhaben ist wie das interaktive `ftp`-Programm.

Eine `ftp`-Verbindung zum Beispiel-Server `ftp.host.name` baut die Anweisung

```
$ftp = Net::FTP->new("ftp.host.name");
```

auf und liefert gleich eine Referenz auf ein FTP-Objekt zurück. Nachfolgende Auf-

---

[3] Siehe Anhang G.

[4] Es gibt noch ein weiteres Verfahren: Das Programm `Expect` (siehe [Lib95]) erlaubt die Ansteuerung interaktiver Programme nach einem Send-Expect-Schema. Allerdings basiert es auf der etwas antiquierten Skriptsprache Tcl.

rufe von Methoden des Objekts entsprechen Anfragen an den eingestellten FTP-Server `ftp.host.name`. So meldet

```
$ftp->login("anonymous", "ich\@mein.host.name");
```

den Anwender als `anonymous` bei `ftp.host.name` an und gibt, wie beim anonymen Ftp-Zugriff üblich, die E-Mail-Adresse (im Beispiel `ich@mein.host.name`) als Paßwort an. Zu beachten ist, daß das `@`-Zeichen im String ausmaskiert sein muß, damit es nicht als Perl-Array interpretiert wird. Ins Verzeichnis `/pub/comp` auf dem FTP-Server wechselt die Methode

```
$ftp->cwd("/pub/comp");
```

Und eine Liste der im aktuellen Verzeichnis lagernden Datein liefern die Methoden `dir` und `ls`:

```
@filelist_dir = $ftp->dir();        # Ausführliches Listing
@filelist_ls  = $ftp->ls();         # Kurzes Listing
```

Die »lange« Liste `@filelist_dir` enthält anschließend Einträge der Form

```
total 1984
-rw-rw-rw-   1 root     sys       1000448 May 15 13:52 file1
-rw-rw-rw-   1 root     sys       1000448 May 15 13:52 file2
```

als Zeichenketten ohne Newline, während `@filelist_ls` nur die gefundenen Dateinamen als Elemente beinhaltet:

```
file1
file2
```

Die Datei `file1` des Servers transferiert der Aufruf

```
$ftp->get("file1", "file1.loc");
```

ins aktuelle Verzeichnis des heimischen Rechners als `file1.loc`, denn analog zum `get`-Befehl des interaktiven FTP-Programms darf für `$ftp->get` als zweiter Parameter auch ein vom Orginal abweichender lokaler Name spezifiziert sein. Äquivalent hiermit befördert

```
$ftp->put("file1.loc", "file1");
```

eine lokale Datei auf den Server – falls dieser im eingestellten Verzeichnis den schreibenden Zugriff zuläßt. Das Ende einer FTP-Verbindung signalisiert schließlich

```
$ftp->quit();
```

Für Einstellungen, die von den Standardwerten abweichen, ist es möglich, dem anfangs dieses Abschnitts vorgestellten Konstruktor `new` noch Angaben über Portnummer, Timeout und den Debug-Level mitzugeben. Der Aufruf

```
$ftp = Net::FTP->new("ftp.host.name", Port => 21,
                      Timeout => 120, Debug => 0);
```

setzt die Default-Einstellung, die den FTP-Port 21 verwendet, den Debug-Modus ausschaltet und die Kommunikation nach 120 Sekunden Stillschweigen abbricht.

FTP konvertiert Textdokumente im Regelfall[5] so, daß die Newline-Zeichen dem jeweiligen Betriebssystem entsprechen. Dies ist für Dokumente mit Binärdaten jedoch nicht das gewünschte Verhalten: Komprimierte Dateien nehmen so Schaden und lassen sich nach der Übertragung auf der Client-Seite nicht mehr dekomprimieren. Deswegen erlaubt FTP eine Veränderung des Übertragungsmodus: Während

```
$ftp->binary();        # Binär-Übertragung
```

den binären Modus aktiviert, schaltet

```
$ftp->ascii();         # Ascii-Text-Übertragung
```

andererseits die Ascii-Übertragung ein.

File::Listing

Wie im letzten Abschnitt erläutert, zeigt die Methode `dir` den Inhalt eines Verzeichnisses auf einem FTP-Server an im Format:

```
-rw-rw-rw-   1 root     sys      1000448 May 15 13:52 file
dr-xr-xr-x   2 ftp      other       1024 Apr 21  1994 dir
```

[5] Abhängig vom Server ist als Default-Wert entweder die `ascii` oder die `binary`-Übertragung eingestellt. Es empfiehlt sich deshalb, den gewünschten Modus auf jeden Fall zu setzen.

Natürlich wäre es in Perl ein Kinderspiel, aus diesem rohen Listing Informationen darüber zu extrahieren, ob ein Eintrag eine Datei oder ein Unterverzeichnis darstellt bzw. welche Größe oder welche Zugriffsrechte sie hat. Doch wie fast immer lohnt sich vor dem ersten `vi skript.pl` ein Blick ins CPAN: Dort wartet das Modul `File::Listing`, das genau diese Arbeit übernimmt, bereits auf seinen Einsatz.

Die Funktion `parse_dir` aus `File::Listing` liefert mit der obigen Ausgabe als Input-Parameter eine Liste von Elementen, die wiederum auf Listen verweisen, die die gewünschte Information im Format

```
($name, $type, $size, $mtime, $mode)
```

enthalten. `name` beinhaltet dabei den Namen einer Datei oder eines Unterverzeichnisses, `type` evaluiert zu 'f' (File) oder 'd' (Directory), `size` gibt die Größe einer Datei in Bytes an, `mtime` den Zeitstempel[6] der letzten Modifizierung und `mode` schließlich die Zugriffsrechte als Dezimalzahl[7].

Zusammen mit der `dir`-Methode aus dem FTP::Net-Package läßt das Konstrukt

```
foreach $entry (File::Listing::parse_dir($ftp->dir())) {
    my ($name, $type, $size, $mtime, $mode) = @$entry;

    # ...
}
```

tiefere Erkenntnisse über die Einträge auf einem FTP-Server zu. Dieses Beispiel zeigt Referenzhandling vom Feinsten. Zur Wiederholung: Der Aufruf

```
$ftp->dir();
```

führt die eigentliche Netzoperation durch, deren Ergebnis eine Listenreferenz ist. Diese nimmt `parse_dir` als Eingabeparameter entgegen und transformiert ihn in eine Liste von Listenreferenzen, welche die `foreach`-Schleife der Reihe nach abarbeitet. Für jeden Durchgang liegt in der Variablen `$entry` eine Listenreferenz, die der `@`-Operator im Schleifenrumpf zu einer Liste dereferenziert und in ihre Einzelteile zerlegt.

Listing `ftpfetch.pl` zeigt eine kurze Anwendung, die den Inhalt eines FTP-Verzeichnisses aufbereitet und probehalber im Format

---

[6] UNIX-üblich in Sekunden seit dem 1. Januar 1970.

[7] Der Zugriffsmodus liegt im gleichen Format vor, wie ihn die `stat`-Funktion aus der *UNIX C Library* im Feld `st_mode` zurückliefert. Der Wert `0` entspricht dabei dem Zugriffsrecht `----------`. Jedes gesetzte Bit in der Dezimalzahl steht einem Eintrag in der Rechteleiste gegenüber. Ein Modus von 493 (besser bekannt als oktal 755) ergibt so Zugriffsrechte der Form: `-rwxr-xr-x`

```
Datei: README (2407 bytes)
Verzeichnis: pub (Rechte: 040755)
```

ausgibt.

ftpfetch.pl

```
#!/usr/bin/perl -w

use Net::FTP;
use File::Listing;

$dir      = "/test";
$host     = "localhost";
$email    = "me\@mysite.com";

$ftp = Net::FTP->new($host, Timeout => 60);

$ftp->login("anonymous", $email);

$ftp->cwd($dir);
$ftp->binary();

foreach $entry (File::Listing::parse_dir($ftp->dir())) {
    my ($name, $type, $size, $mtime, $mode) = @$entry;

    if($type eq 'd') {
        printf "Verzeichnis: $name (Rechte: 0%o)\n", $mode;
    }
    elsif($type eq 'f') {
        print "Datei: $name ($size bytes)\n";
    }
}

$ftp->quit();
```

ftpfetch.pl

4.3.2 LWP::Simple

Auch die auf Seite 220 besprochene Schnittstelle `LWP::Simple` bietet einen einfachen Zugriff auf FTP-Server. Die in 4.5.1 abgehandelten Beispiele für den WWW-Zugang über das HTTP-Protokoll lassen sich einfach auf FTP übertragen.

4.4 Einführung in das World Wide Web (WWW)

Das Web stellt sich nach außen als eine Vielzahl schön formatierter Seiten dar, die untereinander durch sogenannte *Hyperlinks* verknüpft sind. Klickt der Benutzer einen im Dokument gekennzeichneten Hyperlink an, wechselt das System zu der damit verbundenen Seite.

Das Prinzip dieser Navigation ist genial einfach. Dokumente im Word Wide Web sind Dateien, die mit HTML (*Hypertext Markup Language*), einer Textformatierungssprache geschrieben sind. Der Browser lädt eine Datei von einem entfernten Rechner, indem er sich dort ankoppelt, dem Server ein `GET`-Kommando für eine bestimmte Datei schickt, diese entgegennimmt und anschließend entsprechend den Formatierungskommandos ihres Textes anzeigt. Ein Klick des Benutzers auf einen Hyperlink bewirkt, daß die nächste HTML-Datei, spezifiziert durch einen URL[8] (*Uniform Resource Locator*) geladen und angezeigt wird.

Ein URL bezeichnet eindeutig eine bestimmte Datei auf einem beliebigen Rechner des Netzes. Für HTTP, das Protokoll des World Wide Webs, haben sie die Form:

```
http://remote.host.com/path/file.html
```

Der Zielrechner der Anfrage wurde hier mit `remote.host.com` angegeben, die gewünschte Datei dort ist `file.html` im Verzeichnis `path`. `http`, das Protokoll bestimmt, nach welchen Regeln die Kommunikation zwischen lokalem und Zielrechner abläuft. So muß der lokale Rechner nach dem HTTP-Protokoll lediglich einen `GET`-Request aussenden, während bei FTP beispielsweise eine Anmeldung mit Name und Paßwort erforderlich wäre.

4.4.1 HTML als Formatierungssprache

Das transferierte Dokument könnte man mit einem normalen Ascii-Texteditor betrachten, doch die HTML-Kommandos erschweren die Lesbarkeit. HTML ist eine Textformatierungssprache, deren Kommandos in <>-Klammern gekapselt mitten im Text stehen und festlegen, wie die logische Darstellung des Dokumentes aussehen soll.

Die Formatierungsanweisungen geben an, ob der beistehende Text als Überschrift gedacht ist, ein neuer Absatz beginnt oder ein Bild eingefügt wird. HTML unterstützt eine strikte Trennung des Textinhalts von seiner Darstellung. HTML definiert dabei sogenannte *Tags*, die einen Textabschnitt als eigenständige Einheit

---

[8] Auch das Akronym URI (*Uniform Resource Identifier*) ist in gleicher Bedeutung in Gebrauch.

definieren und ihm Eigenschaften zuweisen. HTML legt dabei nicht exakt fest, wie groß und mit welchem Schriftfont nun eine Überschrift gesetzt ist, sondern definiert lediglich, *daß* ein Textfragment eine Überschrift *ist*. Das endgültige Layout bestimmt immer der interpretierende Browser.

Listing `beispiel.html` zeigt ein einfaches Beispiel eines HTML-Dokuments, das der Browser wie in Abbildung 4.1 dargestellt interpretiert.

beispiel.html

```
<HTML>

<HEAD>
<TITLE>Dies ist eine Testseite</TITLE>
</HEAD>

<BODY><H1>&Uuml;berschrift</H1>

<p>
Die Liste hat die Eintr&auml;ge

<UL>
<LI>Element Eins
<LI><I>Element Zwei ist kursiv</I>
<LI><B>Element Drei ist fett</B>
</UL>

</BODY>
</HTML>
```

beispiel.html

Listing `beispiel.html` definiert den Seitentitel, eine Überschrift, einen Text mit Absatz und eine Liste, die einige zum Teil optisch hervorgehobene Einträge enthält.

Auch Hyperlinks entstehen mit einfachen HTML-Anweisungen. Der Eintrag

```
<A HREF="http://faraway.host.com/jumphere.html">
   Klicken Sie hier! </A>
```

läßt den Browser den Text »Klicken Sie hier!« hervorgehoben anzeigen. Klickt der Benutzer den Eintrag mit der Maus einmal an, holt der Browser das Dokument `jumphere.html` vom Rechner `faraway.host.com` und zeigt es statt des bisher dargestellten Dokuments an.

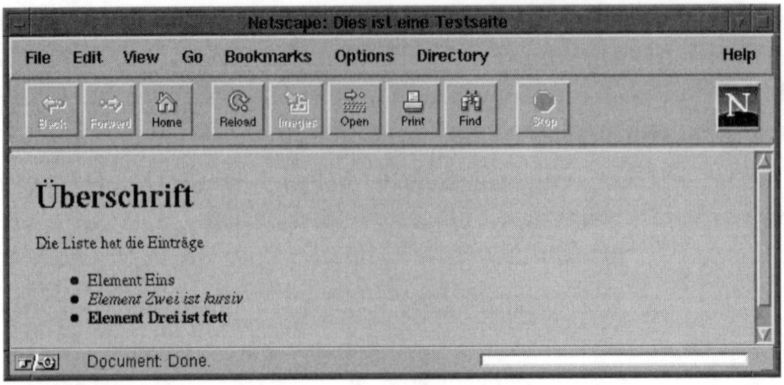

Abbildung 4.1: Dokumentendarstellung der HTML-Datei `beispiel.html` *im Browser*

Im Rahmen dieses Buches ist leider keine vollständige Behandlung von HTML möglich. Die wichtigsten Anweisungen zeigt jedoch Anhang D in Wort und Bild. Detailliertere Abhandlungen finden sich in der einschlägigen Literatur ([Klu96]) sowie als frei zugängliche Dokumente auf dem Internet (Anhang G auf Seite 317).

Der Schwerpunkt dieser Ausführungen soll vielmehr auf dem HTTP-Protokoll liegen, über das der Perl-Programmierer zukünftig auf im Internet liegende HTML-Dokumente zugreifen wird.

4.4.2 Header

Damit sich HTTP-Server und Client auch verstehen, tauschen sie vor und bei der Dokumentenübergabe noch wichtige Informationen aus. Da auf dem Netz unterschiedlichste Partner miteinander kommunizieren müssen, ist es wichtig, einen kleinsten gemeinsamen Nenner der Kommunikation zu finden.

So definiert der Server das Format eines Dokuments durch die standardisierten MIME-(*Multipurpose Internet Mail Extensions*-)Header. Diese geben unter anderem die Länge des übermittelten Dokuments, die Art seines Inhalts (Video, Audio, Bilddaten, Text) und das verwendete Format (für Text z. B. HTML, Plaintext) an. MIME-Header entstammen der E-Mail-Welt und dienen dort dazu, den Inhalt von Multimedia-Sendungen zu spezifizieren.

Ein Server liefert nach diesem Verfahren vor den gewünschten Daten deren Format und gibt so dem Client die Möglichkeit, sie mit geeigneten Mitteln weiterzuverarbeiten. So zeigt ein Browser eine im Klartext gesendete Seite ohne Umschweife an, während eine HTML-Seite vorher durch den browsereigenen Formatierer läuft.

Doch nicht nur der Server, der ein Dokument liefert, sendet einen Header, auch der anfragende Client nutzt diesen Kommunikationsweg, um dem Server vorab mitzuteilen, in welcher Form dieser die Information – falls möglich – überspielen soll. Eine Client-Anfrage spezifiziert so nicht nur das angeforderte Dokument, sondern sendet dem Server auch noch MIME-codierte Formatwünsche.

Header-Felder werden durch Namen identifiziert und führen Werte. Die wichtigsten Header-Felder für einen Request faßt Tabelle 4.1 zusammen, die entsprechenden Felder des Response-Headers zeigt Tabelle 4.2.

Header-Feld	Beispiel-Eintrag	Beschreibung
Accept	text/html	Text-Formate
	text/plain	
	image/gif	Bild-Formate
	image/jpeg	
User-Agent	Mozilla/1.1N (Windows; I; 16bit)	Client-Software
	AIR MOSAIC (16bit)/v1.00.198.07	
MIME-Version	1.0	
If-Modified-Since	Sun, 21 Jul 1996 10:45:55 GMT	Übertragung nur gewünscht, falls Datei modifiziert wurde

Tabelle 4.1: Wichtige Felder des Request-Headers

Header-Feld	Beispiel-Eintrag	Beschreibung
Date:	Fri, 07 Jun 1996 19:47:33 GMT	Sendedatum
Server:	NCSA/1.5	Server Software
	Apache0.8.13	
Content-Length:	1024	Dokumentlänge in Bytes
Content-Type:	text/html	HTML Text
	text/plain	Klartext
	octet (Binary)	Binärdaten
Location:	http://other.host.com/redirect.html	Redirect
Last-Modified:	Wed, 22 May 1996 18:12:35 GMT	Letzte Modifikation

Tabelle 4.2: Wichtige Felder des Response-Headers

4.4.3 Versteckte Aktionen

Den Inhalt der übermittelten Header-Felder bekommt der Benutzer eines Browsers freilich nicht zu Gesicht. So läuft hinter den Kulissen oft weit mehr ab, als sich auf den ersten Blick erahnen ließe: Es kommt vor, daß eine Seite nicht mehr an der angegebenen Stelle existiert, sondern verlagert wurde. Die Antwort des Servers enthält dann im `Status`-Feld des Headers einen entsprechenden Vermerk und im Feld `Location` den neuen Standort des Dokuments. Diese Redirect-Angabe »verschluckt« der Browser und versucht sofort, das Dokument von der neuen Location zu laden. Im Erfolgsfall merkt der Benutzer also vorläufig gar nicht, auf welchen Umwegen sein Request abgearbeitet wurde – nur ein Blick auf die angezeigte URL offenbart, was in Wirklichkeit passiert ist.

4.4.4 Fehler

Den Fehler-Status einer Anfrage übermittelt der Server vor den eigentlichen Header-Zeilen. Falls irgend etwas schiefgelaufen ist, enthält die erste Zeile der Server-Antwort eine Fehlernummer und den beschreibenden Fehlertext. Mögliche Fehlersituationen bei der Kommunikation mit HTTP-Servern auf dem World Wide Web sind in Abschnitt 4.5.1 auf Seite 222 aufgelistet.

4.5 Programmieren mit der LWP

Die LWP (Library for WWW access in Perl) von *Gisle Aas* und *Martijn Koster* stellt eine umfangreiche Sammlung von Modulen zur Verfügung, die den Zugriff auf WWW-Seiten ermöglichen.

4.5.1 Der einfache Zugriff über LWP::Simple

Eine einfache Schnittstelle für den Zugriff auf Dokumente des World Wide Webs bietet das Paket `LWP::Simple`. Eine HTML-Seite des World Wide Webs zu holen erfordert kaum Aufwand. Listing `lwpsimple.pl` zeigt die Palette der Anwendungsmöglichkeiten.

lwpsimple.pl

```
use LWP::Simple;

$url = "http://www.host/dir/file.html";
                      # Seitentext als Skalar speichern
$doc = LWP::Simple::get($url);

                      # Seite auf STDOUT ausgeben
$rc  = LWP::Simple::getprint($url);

                      # Seite in Datei speichern
$rc  = LWP::Simple::getstore($url, "localfile.html");

                      # Laden falls geändert
$rc  = LWP::Simple::mirror($url, "localfile.html");
```

lwpsimple.pl

Die `get`-Funktion holt ein Dokument und liefert den Inhalt als Zeichenkette zurück. Der String enthält alle Zeilen des Dokuments einschließlich der Newline-Zeichen und der HTML-Kommandos. `getprint` gibt die Seite als HTML-Text nach `STDOUT` aus und `getstore` speichert sie in einer Datei, deren Name die Funktion als zweiten Parameter erwartet. Ähnlich arbeitet `mirror`, doch lädt es das Dokument nur, falls die lokale Kopie nicht mehr auf dem neuesten Stand ist.

Eine Kurzanalyse eines Dokuments im Worl Wide Web erstellt die `head`-Funktion. Der Aufruf

```
($content_type, $document_length,
 $modified_time, $expires, $server) = LWP::Simple::head($url);
```

liefert eine Liste von dokumentspezifischen Parametern: `$content_type` gibt das Dokumentformat an (Text-, Bild-, Audio-, Video-Format), `$document_length` die Dokumentlänge in Bytes, `$modified_time` den Zeitstempel der letzten Modifizierung, `$expires`, falls definiert, das Verfallsdatum und schließlich `$server` die Software-Version des Servers. Falls das Dokument gar nicht existiert, ist der Rückgabewert `undef`.

Insgesamt bietet die `LWP::Simple`-Schnittstelle nur eingeschränkte Funktionalität. Anwendungen, die aktiv mit Servern kommunizieren[9] oder z. B. geladene

---

[9] Einzelheiten zur Formular-Technik folgen in Abschnitt 4.7.

HTML-Dokumente weiterbearbeiten, benötigen den `LWP::Useragent`, die objektorientierte Schnittstelle der `libwww` (Abschnitt 4.5.2).

Fehlerbehandlung

Der Zugriff auf ein Dokument des WWW kann aus einer ganzen Reihe von Gründen scheitern. Sei es, daß kein Host mit dem spezifizierten Namen existiert, ein Server zeitweise außer Betrieb ist oder es die ausgewählte Seite nicht oder nicht mehr gibt – auf alle möglichen Fehlersituationen muß eine Anwendung flexibel reagieren.

Die Funktion `get` aus dem Paket `LWP::Simple` liefert `undef` zurück, falls ein Fehler auftritt. Die Funktionen `getprint`, `getstore` und `mirror` hingegen liefern detailliertere Angaben zur Fehlerursache zurück. Diese Werte lassen sich mit den ebenfalls vom Package `LWP` bereitgestellten Funktionen `is_success()` oder `is_error()` auf Erfolg oder Mißerfolg abprüfen.

Als mnemotechnische Hilfe für die zahlreichen Rückgabewerte implementiert das Paket `HTTP::Status`, das mit `LWP::Simple` automatisch mit eingebunden wird, eine Reihe von Funktionen, die sich wie Makros verhalten:

```
RC_CONTINUE
RC_SWITCHING_PROTOCOLS
RC_OK
RC_CREATED
RC_ACCEPTED
RC_NON_AUTHORITATIVE_INFORMATION
RC_NO_CONTENT
RC_RESET_CONTENT
RC_PARTIAL_CONTENT
RC_MULTIPLE_CHOICES
RC_MOVED_PERMANENTLY
RC_MOVED_TEMPORARILY
RC_SEE_OTHER
RC_NOT_MODIFIED
RC_USE_PROXY
RC_BAD_REQUEST
RC_UNAUTHORIZED
RC_PAYMENT_REQUIRED
RC_FORBIDDEN
RC_NOT_FOUND
RC_METHOD_NOT_ALLOWED
RC_NONE_ACCEPTABLE
RC_PROXY_AUTHENTICATION_REQUIRED
RC_REQUEST_TIMEOUT
RC_CONFLICT
RC_GONE
```

```
RC_LENGTH_REQUIRED
RC_UNLESS_TRUE
RC_INTERNAL_SERVER_ERROR
RC_NOT_IMPLEMENTED
RC_BAD_GATEWAY
RC_SERVICE_UNAVAILABLE
RC_GATEWAY_TIMEOUT
```

So kann man auch herausfinden, welcher spezielle Fehler denn nun aufgetreten ist. Das folgende Codefragment setzt einen HTTP-Request ab und überprüft anschließend dessen Status. Falls ein Fehler vorliegt, stellt es auch noch fest, ob es sich um den Fehler `RC_NOT_FOUND` handelte. `RC_NOT_FOUND` tritt auf, falls ein Dokument nicht auf dem spezifierten Server liegt.

```
use LWP::Simple;

$url = "http://localhost/dir/file.html";

$ret = LWP::Simple::getstore($url, "local");


if(LWP::Simple::is_success($ret)) {
    print "OK\n";

} else {
    if($ret == RC_NOT_FOUND) {
        print "Document not found on server\n";
    } else {
        print "General Error: $ret\n";
    }
}
```

4.5.2 Der allgemeine Zugriff über den LWP::UserAgent

Ein *User-Agent* nimmt Aufträge für Netzrecherchen an, führt sie auf Kommando aus und speichert auf Anforderung sogar die Ergebnisse so lange, bis der Auftraggeber sie abruft. Die `LWP` bietet eine objektorientierte Schnittstelle zur Ansteuerung dieser nützlichen Helfer.

Request- und Response-Objekte

Ein User-Agent macht dabei von Objekten der Klassen `HTTP::Request` und `HTTP::Response` Gebrauch, die als Behälter für Auftrags- und Ergebnisdaten fungieren. Der User-Agent selbst zeichnet für den eigentlichen Zugriff verantwortlich.

Listing `uasimple.pl` zeigt einen einfachen Zugriff auf ein Dokument des World Wide Webs. Der in `uasimple.pl` erzeugte User-Agent `$ua` benötigt für seine Methode `request`, die die eigentliche Netzaktion startet, ein Objekt vom Typ `HTTP::Request`, das den URL des gewünschten Dokuments sowie die Zugriffsmethode (`'GET'`) speichert. Das Ergebnis der Anforderung liegt anschließend in `$response`, einer Referenz auf ein Objekt der Klasse `HTTP::Response`.

uasimple.pl

```
#!/usr/bin/perl -w

use LWP::UserAgent;

$ua = LWP::UserAgent->new();  # User-Agent erzeugen

                              # Request erzeugen
$request = HTTP::Request->new('GET',
                              'http://remote.host.com/index.html');

                              # Netzzugriff ausführen
$response = $ua->request($request);

                              # Fehlerprüfung
if($response->is_success) {
    print $response->content(), "\n";    # Inhalt ausgeben

} else {                                 # Fehlermeldung
    print "ERROR Code: ", $response->code(),
          " Message: ", $response->message(), "\n";
}
```

uasimple.pl

Die Methode `is_success` eines `HTTP::Response`-Objekts gibt im Fehlerfall `0` zurück. Eine genauere Analyse der Fehlerursache erlauben die Methoden `code` und `message`, die Fehlercode und Fehlertext zurückliefern.

Im Erfolgsfall gibt die `content`-Methode den Inhalt eines gefundenen Dokuments original zurück, bei einer HTML-Seite enthält also der zurückgelieferte Skalar die Zeilen des HTML-Textes[10].

Den Inhalt des Dokuments legt dann der Aufruf

---

[10] Die Konvertierung HTML→Text oder HTML→PostScript zeigt Abschnitt 4.6.

```
open(FILE, ">file");
print FILE $ua->content();
close(FILE);
```

in der Datei `file` ab. Aber auch schon die `request`-Methode des User-Agents kann dies übernehmen. Gültige Signaturen von `request` sind nämlich:

```
$response = $ua->request($request);
$response = $ua->request($request, $localfilename);
$response = $ua->request($request, \&callback, $chunksize);
```

Im ersten Fall bearbeitet `request` die Anforderung, wie oben ausgeführt. Erscheint, wie im zweiten Beispiel, als zweiter Parameter ein Skalar, interpretiert `request` ihn als Dateinamen auf dem lokalen System und speichert den Inhalt des Dokuments dort ab. Diese Aufrufform entbindet das Response-Objekt vom Puffern des Inhalts.

Entsprechen der zweite und der dritte Parameter einer Subroutinen-Referenz `\&callback` und einem Skalar `$chunksize`, springt die `request`-Methode nach jedem Übertragungs-»Bissen« von `$chunksize` Bytes die spezifizierte Funktion `callback` an, um ihr als Parameter zu übergeben

- einen Skalar, der ein Datenpaket enthält
- eine Referenz auf das `HTTP::Response`-Objekt
- eine Referenz auf ein (nur intern verwendetes) Objekt der Klasse `LWP::Protocol`

Die `callback`-Funktion ist dann vollständig für die Datenverarbeitung verantwortlich. Dieses Verfahren eignet sich besonders für die Übertragung längerer Dokumente bei schlechter Netzwerkverbindung, da die Weiterverarbeitung der Daten so bereits während der Übertragung beginnen kann.

Listing `uachunk.pl` implementiert einen FTP-Zugriff, der analog zur HTTP-Anforderung mit dem User-Agent abgewickelt wird. Als Besonderheit stößt letzterer nach jedem empfangenen 1000-Byte-Paket eine Callback-Funktion an, die die Anzahl der empfangenen Bytes anzeigt und die Daten in einer Datei akkumuliert.

uachunk.pl

```
#!/usr/bin/perl -w

use LWP::UserAgent;

$| = 1;                              # STDOUT-Ausgabe
                                     # nicht puffern
$useragent = new LWP::UserAgent;

$request = HTTP::Request->new('GET',
                              'ftp://remote.host.com/pub/README');

data2file("INIT", "README.local") || # Datei öffnen
          die "Lokale Datei nicht zu öffnen";

$response = $useragent->request($request,
                   sub { data2file("APPEND", "README.local", @_); },
                   1000);

data2file("CLOSE", "README.local");  # Datei schliessen

if($response->is_error()) {          # Fehler aufgetreten?
  print $response->as_string(), "\n";
}

# Callback-Funktion
# Syntax: data2file("INIT|APPEND|CLOSE", $localfilename, $data)
#
sub data2file {
    my $mode = shift;
    my $file = shift;
    my $data = shift;

    if($mode eq "INIT") {        # Datei initialisieren
        $total = 0;
        open(FILE, ">$file") || return 0;

    } elsif($mode eq "APPEND") { # Daten an Datei anhängen
        print FILE $data;
        $total += length($data);
        print "\rRECEIVING: $total";

    } elsif($mode eq "CLOSE") {  # Datei schließen
        print "\r$total Bytes in Datei $file\n";
        close(FILE);
    }

    1;
}
```

uachunk.pl

Header

Vor dem Laden einer großen Datei über das Netz ist oft ein Blick auf deren Größe nützlich. Gibt man dem User-Agent als Requestmethode `'HEAD'` an, holt er im Gegensatz zu `'GET'` nur die Headerinformation eines Dokuments, so wie dies bereits in Abschnitt 4.5.1 in ähnlicher Form behandelt wurde.

Listing `uahead.pl` zeigt, wie ein `HEAD`-Request abläuft und die Response-Objekt-Methode `headers_as_string` anschließend alle gewonnenen Informationen im folgenden Format ausgibt:

```
Date: Fri, 07 Jun 1996 19:47:33 GMT
Server: NCSA/1.5
Content-Length: 18289
Content-Type: text/html
Last-Modified: Wed, 22 May 1996 18:12:35 GMT
Client-Date: Fri, 07 Jun 1996 20:53:39 GMT
```

uahead.pl

```
#!/usr/bin/perl -w

use LWP::UserAgent;

$useragent = new LWP::UserAgent;

$request = HTTP::Request->new('HEAD', 'http://remote.host.com');

$response = $useragent->request($request);

print $response->headers_as_string();
```

uahead.pl

Auf den Inhalt einzelner Header-Felder greift die Methode `header` zu, die den Wert eines benannten Feldes zurückliefert. Die Länge eines Dokuments extrahiert zum Beispiel der Aufruf

```
$size = $response->header("Content-Length");
```

Fehlerbehandlung

Ein Response-Objekt beherrscht nicht nur die auf Seite 224 vorgestellte Methoden `is_success`, `code` und `message` zur Fehlerprüfung und -ausgabe, sondern mit der Methode error_as_HTML auch die Formatierung von Fehlertexten im HTML-Format. Auch ein Vergleich des Rückgabewertes der Methode code mit den in Abschnitt 4.5.1 vorgestellten mnemonischen Fehlercodes ist möglich, allerdings setzt dies das Modul HTTP::Status voraus:

```
if($response->code() == RC_NOT_FOUND) {
    print "Dokument existiert nicht!\n";
}
```

Ob ein Protokoll von der gegenwärtigen Implementierung der libwww schon unterstützt wird, teilt die Methode is_protocol_supported vorab mit:

```
if($ua->is_protocol_supported("ftp")) {
    print "FTP ist schon implementiert!\n";
}
```

Redirects

Die request-Methode handelt sogenannte *Redirects* selbständig ab. Antwortet der Server auf eine URL-Anfrage nicht mit einem Dokument, sondern mit einem Hinweis auf den neuen Aufenthaltsort, holt die Methode request die angeforderten Daten selbständig von dort, ohne daß der Anwender davon überhaupt Kenntnis erlangt. Dagegen verfolgt die Methode simple_request, die eine mit request kompatible Signatur aufweist, einen URL nicht weiter, sondern gibt einen Redirect-Fehler[11] zurück. Auch die im nächsten Abschnitt besprochene Authentifizierung handelt simple_request im Gegensatz zu request nicht selbständig ab[12].

Authentifizierung

Verlangt der Server für den Zugriff auf bestimmte Dokumente aus Sicherheitsgründen eine gültige User-Paßwort-Kombination, stellt die request-Methode diese dem Server auf Anfrage automatisch zur Verfügung. Vorher muß sie allerdings dem User-Agent bekannt sein.

Sicherheitsbereiche, zu denen der Server nur authentifizierten Clients Zugang gewährt, nennt man *Realms*[13]. Damit der Anwender sich leichter merken kann, welche User-Paßwort-Kombination nun für welchen Bereich gilt, besitzt jede *Realm* einen Namen. Letzterer läßt sich am leichtesten dadurch herausfinden, daß man

---

[11] RC_MOVED_PERMANENTLY oder RC_MOVED_TEMPORARILY.

[12] Statt dessen liefert der Request RC_UNAUTHORIZED zurück.

[13] *Engl.* Bereich, Königreich, Sachgebiet.

mittels eines Browsers auf einen geschützten Bereich des Servers zugreift. Der Browser zeigt in diesem Fall den Realm-Namen zusammen mit der Aufforderung, die Kennung und das Paßwort einzugeben, an.

Die notwendigen Authentifizierungsparameter für einen Realm setzt die User-Agent-Methode

```
$ua->credentials("remote.host.com", "REALM-NAME",
                 "USERNAME", "PASSWORD")
```

Sie benötigt Server- und Realm-Namen sowie den Benutzernamen mit dem gültigen Paßwort. Der Aufruf von `credentials` muß vor Absetzen des eigentlichen Requests erfolgen. Kann der Server den Client mit den angegebenen Parametern nicht einwandfrei authentifizieren, kehrt die `request`-Methode mit dem Fehlercode `RC_UNAUTHORIZED` zurück[14].

Spiegeln statt Kopieren

Eine lokale Kopie eines Netzdokumentes sollte möglichst in der neuesten verfügbaren Version vorliegen. Hierzu setzt der Client in periodischen Abständen Anfragen an den Server ab, der das Dokument jedoch nur dann übertragen soll, falls es sich mittlerweile verändert hat.

Der User-Agent führt den Spiegelungs-Request mit der Methode `mirror` aus. Diese sendet einen sogenannten »bedingten Request« an den Server. Der auf das letzte Modifikationsdatum der lokalen Spiegeldatei gesetzte `If-Modified-Since`-Header weist den Server an, die Datei nur dann zu transferieren, falls sie seit dem angegebenen Zeitpunkt verändert wurde.

```
#!/usr/bin/perl -w

use LWP::UserAgent;
use HTTP::Status;

$ua = LWP::UserAgent->new();  # User-Agent erzeugen

$response = $ua->mirror("http://remote.host.com/index.html",
                        "localfile");
```

[14] Der User-Agent aus der Version 5.02 der `libwww` zeigt leider nicht das korrekte Verhalten, falls nicht der angesprochene Server, sondern ein Proxy (Seite 230), der als Firewall fungiert, eine Authentifizierung verlangt. In diesem Fall hilft die Methode `authorization_basic` des erzeugten `Request`-Objekts weiter. Mit der Kennung und dem Paßwort als Parameter wickelt sie die Authentifizierung ab.

```
if(($ret=$response->code()) == RC_NOT_MODIFIED) {
    print "Dokument aktuell - kein Transfer notwendig.\n";

} elsif($ret == RC_OK) {
    print "Dokument wurde aktualisiert\n";

} else {
    print "Fehler: ", $ret->as_string();
}
```

Zusätzliche Einstellungen

Die Zeitspanne, die der Agent auf die Komplettierung eines Requests wartet, bevor er ihn mit dem Fehlercode `RC_REQUEST_TIMEOUT` abbricht, stellt die Methode

```
$ua->timeout(100);    # 100 Sekunden Timeout
```

ein.

Jeder Agent, sei es ein Browser oder ein selbstgeschriebenes Perl-Skript, identifiziert sich im Regelfall gegenüber dem WWW-Server, an den er einen Request stellt, mit der eigenen Software-Version. Auch der User-Agent der `libwww` führt einen Namen mit sich: `libwww-perl/x.xx`, wobei `x.xx` für die Nummer der Version der verwendeten `libwww` steht. Die `agent`-Methode des User-Agents gibt diesem Eintrag einen neuen Wert. Da viele WWW-Betreiber statistische Auswertungen der Logfiles ihrer Server vornehmen, würde wohl

```
$ua->agent("Nintendo Gameboy")
```

für einige Verwirrung sorgen[15].

Proxy-Einstellungen

Zwischen einem Client, der ein Dokument anfordert und einem Server, der es liefert, kann auch ein Proxy[16]-Server agieren, der durchgehende Dokumente in einem Cache zwischenspeichert.

Der Client setzt seine Requests hierbei nicht direkt an den Zielrechner ab, sondern kommuniziert ausschließlich mit dem Proxy. Dieser führt, falls er das Dokument

---

[15] Die Idee für diesen Gag stammt von Randal L. Schwartz.

[16] *Engl.* Stellvertreter.

nicht selbst vorrätig hält, den eigentlichen Zugriff auf das gewünschte Dokument aus.

Wegen dieser Trennung von Client und Internet durch den Proxy fungieren Proxies oft auch als Firewalls. So kann der Proxy mitprotokollieren, welche Pages angefordert werden oder den Zugriff auf bestimmte Lokalitäten verweigern.

Die Methode `proxy` eines User-Agent-Objektes setzt die korrekten Proxy-Einstellungen für den Zugriff über die LWP-Library. In der URL muß häufig zusätzlich noch die Portnummer des Proxy-Dienstes angegeben werden, da diese nicht standardisiert ist. Der Aufruf

```
$ua->proxy(['http', 'ftp'], "http://proxy.com:8080");
```

veranlaßt den User-Agent `$ua`, Dokumente nach dem HTTP- und dem FTP-Protokoll über den Proxy-Server `proxy.com` auf Port 8080 einzuholen.

Ein nachfolgender Aufruf der Methode `no_proxy` schließt hingegen die Inanspruchnahme des Proxy-Dienstes für den Zugriff auf eine Reihe ausgewählter Server aus. Ein Dokument, dessen URL auf einen der angegebenen Hosts verweist, holt der User-Agent also immer direkt vom Originalserver.

```
$ua->no_proxy('remote.host.com', 'near.host.com');
```

Sind die Proxy-Einstellungen schon in den Environment-Variablen

```
http_proxy='proxy.http.com'
ftp_proxy='proxy.ftp.com'
...
no_proxy='near.host.com,verynear.com,fastserver.de'
```

abgelegt, liest sie die Methode

```
$ua->env_proxy()
```

des User-Agent ein und übernimmt einfach die eingestellten Werte.

Verlangt der Proxy eine Authentifizierung, ist der Hinweis auf Seite 229 unten zu beachten.

Debug-Optionen

Zur Fehleranalyse lassen sich sämtliche LWP-Library-Funktionen über die Funktion `LWP::Debug::level` von einer zu testenden Anwendung aus in den Debug-Modus schalten. Hierfür stehen eine Reihe von Parametern zur Verfügung, die unterschiedliche Debug-Level einstellen – entsprechend der gewünschten Detailliertheit der Ausgabe bzw. des verkraftbaren Ausgabevolumens.

```
LWP::Debug::level('+');        # Alle Debugfunktionen EIN
LWP::Debug::level('-');        # Alle Debugfunktionen AUS

LWP::Debug::level('+trace');   # Funktionen tracen
LWP::Debug::level('-trace');   # Funktionen nicht tracen

LWP::Debug::level('+debug');   # Debug-Info ausgeben
LWP::Debug::level('-debug');   # Debug-Info nicht ausgeben

LWP::Debug::level('+conns');   # Transferierte Daten ausgeben
LWP::Debug::level('-conns');   # Transferdaten nicht ausgeben
```

4.5.3 Robots

Für Such-Roboter, die Directories auf fremden Rechnern durchstöbern, gelten andere Bestimmungen als für Skripts, die Server und Netz nur minimal belasten. Der Robot User-Agent `RobotUA` operiert gemäß allen im Abschnitt 4.2 erwähnten Richtlinien, verhält sich jedoch sonst genau wie ein gewöhnlicher User-Agent und setzt seine Requests wie in Abschnitt 4.5.2 beschrieben ab.

Der Robot prüft vor dem Eintritt in fremde Directories, ob er dort erwünscht ist, und meidet Rechner, die grundsätzlich keinen Besuch schätzen, ganz. Über die Methode `delay` läßt sich zusätzlich die Verzögerungszeit zwischen den Serverzugriffen einstellen und so noch ein Grad Fairneß mehr konfigurieren.

Listing `robot.pl` zeigt einen Robot, der das `pub`-Verzeichnis eines FTP-Servers durchsucht und sich dabei tiefer und tiefer in die Directory-Struktur vorarbeitet. Er gibt Namen und Länge jeder gefunden Datei aus.

robot.pl

```
#!/usr/bin/perl -w

use LWP::RobotUA;
use File::Listing;

                    # Robot erzeugen
$robot = LWP::RobotUA->new('my_fair_robot/1.0');

                    # Verzeichnis rekursiv untersuchen
deep_scan('ftp://remote.host.com/pub');


# Verzeichnis rekursiv durchsuchen
# Syntax: deep_scan($url_string);
#
sub deep_scan {
    my $url_string = shift;

                    # Verzeichnis spezifizieren
    my $request = HTTP::Request->new('GET', $url_string);

                    # Netzzugriff ausführen
    my $response = $robot->request($request);

                    # Fehlerprüfung
    $response->is_success || die $response->message();

                    # Listing verarbeiten
    for (File::Listing::parse_dir($response->content())) {
        my ($name, $type, $size, $mtime, $mode) = @$_;

                    # Dateien: URL und Länge # ausgeben
        print "$url_string/$name ($size)\n" if $type eq "f";

                    # Verzeichnisse: Weitersuchen
        deep_scan("$url_string/$name") if $type eq "d";
    }
}
```

robot.pl

4.6 Verarbeitung von HTML-Dokumenten

Web-Seiten liegen zumeist im HTML-Format vor. Die in den Text eingearbeiteten Kommandos erzeugen zwar mit einem Browser wie dem Netscape Navigator wunderbar formatierte Seiten, sind aber roh betrachtet relativ unübersichtlich. Zum Drucken oder einer Klartext-Analyse bietet das HTML-Modul die Möglichkeit, HTML in PostScript oder Ascii-Text umzuwandeln.

4.6.1 Umwandlung in Ascii oder PostScript

Die Funktion `parse_htmlfile` aus dem Modul `HTML::Parse` analysiert eine HTML-Datei und liefert eine Referenz auf einen neu angelegten Parse-Baum zurück. Objekte vom Typ `HTML::FormatText` oder `HTML::FormatPS` bieten wiederum eine `format`-Methode an, die mit einer Parse-Baum-Referenz als Parameter den analysierten Inhalt entweder als Klartext oder im PostScript-Format zurückliefern.

html2text.pl

```
#!/usr/bin/perl -w

use HTML::FormatText;
use HTML::Parse;

                                    # Parse-Baum erzeugen
$html = HTML::Parse::parse_htmlfile("beispiel.html");

                                    # Formatierer-Objekt
$formatter = HTML::FormatText->new();

                                    # Ausgabe
print $formatter->format($html);
```

html2text.pl

Listing `html2text.pl` zeigt die Ausgabe einer HTML-Datei als reinen Text. Die HTML-Datei liegt zunächst vor im Format

```
<HTML>

<HEAD>
<TITLE>Dies ist eine Testseite</TITLE>
```

```
</HEAD>

<BODY><H1>&Uuml;berschrift</H1>

<p>
Die Liste hat die Eintr&auml;ge

<UL>
<LI>Element Eins
<LI><I>Element Zwei ist kursiv</I>
<LI><B>Element Drei ist fett</B>
</UL>

</BODY>
</HTML>
```

Die Funktion `parse_htmlfile` analysiert sie und legt als Ergebnis die Referenz auf den Parse-Baum, dessen innere Struktur erst im nächsten Abschnitt behandelt wird, in der Variablen `$html` ab. Das anschließend erzeugte Formatierer-Objekt `$formatter` von der Klasse `HTML::FormatText` verfügt über die Methode `format`, die den HTML-Text »entrümpelt« und in reiner Ascii-Form in die Standardausgabe leitet.

Die Ausgabe von `html2text.pl` liegt dann vor in der Form:

html2text.out

```
Überschrift
===========

Die Liste hat die Einträge

  * Element Eins

  * Element Zwei ist kursiv

  * Element Drei ist fett
```

html2text.out

Listing `html2ps.pl` arbeitet analog, nur daß es statt Ascii-Text PostScript-Anweisungen erzeugt.

html2ps.pl

```
#!/usr/bin/perl -w

use HTML::FormatPS;
use HTML::Parse;

                                    # Parse-Baum erzeugen
$html = HTML::Parse::parse_htmlfile("beispiel.html");

                                    # Formatierer-Objekt
$formatter = HTML::FormatPS->new(FontFamily => 'Helvetica',
                                 PaperSize  => 'Letter');

                                    # Ausgabe
print $formatter->format($html);
```

html2ps.pl

So läßt sich HTML-Text schön formatiert über den Drucker ausgeben. Verständlicherweise bietet die `format`-Methode des dort verwendeten `HTML::FormatPS`-Objekts eine erweiterte Schnittstelle für Formatierungsoptionen an. Tabelle 4.3 zeigt die verschiedenen Möglichkeiten.

4.6.2 Analyse von HTML-Dokumenten

Der mittels der Funktion `parse_htmlfile` gewonnene Parse-Baum eines HTML-Dokuments läßt sich auch weiter analysieren. Er besteht aus Knoten von HTML-Elementen, die untereinander hierarchisch verknüpft sind und die Tags des Dokuments repräsentieren. Ein HTML-Dokument besteht typischerweise aus einem Tag vom Typ `HTML`, welches den Kopf (`HEAD`) und den Text (`BODY`) des Dokuments enthält. Der `BODY`-Tag enthält dann wiederum unterschiedlichste HTML-Tags wie Überschriften, Listen, Hyperlinks usw.

Das von der Funktion `parse_htmlfile` gelieferte Wurzel-Knotenobjekt bietet die Methode `traverse` an, die den Parse-Baum bis in eine einstellbare Tiefe durchwandert und für jeden gefundenen Knoten eine Callback-Funktion aufruft. Dieser überreicht sie als Parameter:

- eine Objektreferenz auf das gefundene HTML-Element

`-PaperSize`	`=>`	`"A3" "A4" "A5"` `"B4" "B5" "Letter"`	Papiergröße
			Oder statt `-PaperSize`:
`-PaperWidth`	`=>`	`$nof_points`	Seitenbreite
`-PaperHeight`	`=>`	`$nof_points`	Seitenhöhe
`-LeftMargin`	`=>`	`$nof_points`	Linker Rand
`-RightMargin`	`=>`	`$nof_points`	Rechter Rand
`-TopMargin`	`=>`	`$nof_points`	Oberer Rand
`-BottomMargin`	`=>`	`$nof_points`	Unterer Rand
`-PageNo`	`=>`	`1 0`	Seitennumerierung Ein/Aus

`-FontFamily`	`=>`	`"Courier"`
		`"Helvetica"`
		`"Times"`
			Schriftart

`-FontScale`	`=>`	`$factor`	Fontgröße, als Faktor z. B. "1.3"
`-Leading`	`=>`	`$factor`	Zeilenabstand als Vielfaches der Fontgröße. Standard: "0.1"

Tabelle 4.3: Optionen für die Umwandlung von HTML nach PostScript

- ein Start-Flag, das gesetzt ist, falls es sich um das Start-Tag (und nicht um das End-Tag) handelt
- die Tiefe des Baumes, die der Parser momentan erreicht hat

Die aufgerufene Callback-Funktion untersucht den aktuelle Knoten dann weiter. Die wichtigsten Methoden eines HTML-Element-Objekts sind:

```
$node->tag();            # z.B. 'title' oder 'a'
$node->starttag();       # z.B. '<a HREF=url>'
$node->endtag();         # z.B. '</a>'
$node->content();        # z.B. <a HREF=url> text </a> -> ['text']
$node->attr('href');     # z.B. <a HREF=url> -> 'url'
```

Die Methode `tag` gibt den Tag-Namen des HTML-Elements an, `starttag` bzw. `endtag` liefern die Zeichenfolgen der Anweisungen, die den Tag einleiten bzw. abschließen. `content` gibt den Inhalt des Tags an. Dieser kann entweder direkt aus dem zu formatierenden Text bestehen oder auch weitere Tags mit sich führen. Die Methode `attr` holt die Werte von Attributen aus einer HTML-Anweisung. So definiert ein Anker üblicherweise über das Attribut `HREF` den URL, der auf das referenzierte Dokument zeigt. Mit dem Parameter `'href'` aufgerufen, liefert `attr` also den URL als Attributwert.

Gibt die Callback-Routine keinen »wahren« Wert zurück, dringt der `traverse`-Algorithmus nicht tiefer in den Parse-Baum vor. Auf diesem Weg ist es also möglich, den Parse-Vorgang über die Callback-Routine zu »bremsen«.

Listing `htmltitle.pl` holt sich den Titel eines HTML-Dokuments. Es traversiert den Parse-Baum, bis es den `title`-Tag findet, und gibt dann dessen Inhalt aus.

htmltitle.pl

```
#!/usr/bin/perl -w

use HTML::Parse;
                               # Parse-Baum erzeugen
$html = HTML::Parse::parse_htmlfile("document.html");

                               # Parse-Baum durchwandern
$html->traverse(\&callback, 0);

$html->delete();               # Speicher freigeben


sub callback {
    my($node, $start, $depth) = @_;

    if(!ref($node)) {
        print "TEXT: $node\n";
        return 1;
    } else {
        print "NOSTART($depth): ", $node->tag(), "\n" unless $start;
    }

    return 1 unless $start;

    if($node->tag() eq "title") {
        print "Titel: @{$node->content()}", "\n";
        return 0;
    }

    1;
}
```

htmltitle.pl

Da im Titel eines HTML-Dokuments keine weiteren Sub-Tags definiert sind, gibt `htmltitle.pl` einfach den Content-Array aus, dessen erstes Element den Titeltext enthält.

Als weiteres Beispiel arbeitet sich Listing `htmllinks.pl` durch alle Anker-Tags, die bekanntlich mit `<a>` gekennzeichnet sind. Die Methode `attr` holt anschließend den Wert für das Attribut `'href'` hervor – den URL des Ankers.

htmllinks.pl

```
#!/usr/bin/perl -w

use HTML::Parse;
                              # Parse-Baum erzeugen
$html = HTML::Parse::parse_htmlfile("document.html");

                              # Parse-Baum durchwandern
$html->traverse(\&callback, 1);

$html->delete();              # Speicher freigeben


sub callback {
    my($node, $start, $depth) = @_;

    return 1 unless $start;

    if($node->tag() eq 'a') {
        print "TEXT: ", @{$node->content()}, " ";
        print "HREF: ", $node->attr('href'), "\n";
    }

    1;
}
```

htmllinks.pl

Die Extraktion der Hyperlinks eines Dokuments ist eine oft geforderte Aufgabe. So bietet die HTTP-Bibliothek mit der Methode `extract_links` ein komfortableres Verfahren an.

Ausgehend vom Knoten-Objekt durchwandert `extract_links` alle Child-Knoten und liefert aufgestöberte Hyperlink-Werte zurück. Die Rückgabe erfolgt als Referenz auf eine Liste, deren Elemente die URLs als Text enthalten. Die praktische

Anwendung der Methode zeigt Listing `exlinks.pl`. Das Skript öffnet ein HTML-Dokument und gibt die gefundenen Hyperlinks per `print`-Anweisung aus.

exlinks.pl

```
#!/usr/bin/perl -w

use HTML::Parse;
                                    # Parse-Baum erzeugen
$html = HTML::Parse::parse_htmlfile("document.html");

                                    # Hyperlinks extrahieren
for(@{$html->extract_links()}) {
   my ($linkname, $reference) = @$_;
   print "$linkname\n";
}

$html->delete();                    # Parse-Baum löschen
```

exlinks.pl

4.7 CGI-Programmierung

Häufig trifft man im Internet auf Webseiten, die nicht nur statische Informationen tragen. Manche führen einen Zähler, der die Anzahl der Zugriffe auf das Dokument liefert, oder zeigen hochaktuelle Informationen an wie zum Beispiel den Spielstand eines Tennis-Matches.

Dahinter steckt im allgemeinen kein rastloser Programmierer, der laufend die Seiten auf den neuesten Stand bringt, sondern sogenannte CGI-(*Common Gateway Interface-*)Programme, die üblicherweise mit Skriptsprachen wie Perl realisiert sind.

Erhält ein HTTP-Server einen Request, kann der spezifizierte URL nicht nur auf eine HTML-Seite verweisen, sondern auch auf ein lauffähiges Programm des Servers zeigen. In diesem Fall sendet der Server nicht einfach den Inhalt eines Dokuments an den Client zurück, sondern führt das spezifizierte Programm aus. Dessen Aufgabe ist es dann, eine Ausgabe zu erzeugen, die der Server entgegennimmt und dem Client, also dem Browser, so zurückliefert, als wäre es eine normale Webseite.

Dabei kann das CGI-Programm seine Informationen aus beliebigen Quellen beziehen: Aus einer Datenbank, aus einer Datei des Servers oder sogar von einem anderen Rechner. Den HTTP-Server interessiert nur die Ausgabe des CGI-Programms, die dieses üblicherweise mit HTML strukturiert.

Den Aufbau einer dynamischen Webseite wickelt das CGI-Programm oft auch nach speziellen Wünschen des Clients ab. Den hierzu notwendigen Kommunikationskanal öffnet die Formulartechnik.

Formulare sind Web-Seiten, die eine Reihe von Feldern beinhalten, die auf Benutzereingaben reagieren. Edititierbare Textfelder, Auswahlboxen und verschiedenartige Buttons laden dazu ein, individuelle Anfragen zu starten oder mit Anbietern aktiv in Kontakt zu treten. In Anhang D auf Seite 295 sind die wichtigsten Formulartypen und ihre HTML-Repräsentation dargestellt.

4.7.1 Die Client-Seite

Füllt der Web-Surfer die dargestellten Felder aus und drückt den `SUBMIT`-Button[17], reagiert der Server spezifisch auf die Eingabe und sendet eine entsprechende Antwort. Wie funktioniert das nun?

Interaktionsfelder sind auch HTML-Elemente. So definiert

form.html

```
<html>
<body>
Eingabe:
<form method=GET action="http://remote.host.com/cgi-bin/dump.cgi">
<input type=text name=f1 value="data 1">
<input type=text name=f2 value="data 2">
<input type=submit>
</body>
</html>
```

form.html

zwei einzeilige Eingabefelder mit einem danebenliegenden `Submit`-Button. Klickt der Anwender mit der Maus darauf, setzt der Browser einen HTTP-Request an den Server ab, wobei er den editierten Inhalt der Textfelder gleich mitliefert. Der angegebene URL spricht auf der Serverseite ein CGI-Programm an, das diese Parameter analysiert, entsprechend reagiert und eine maßgeschneiderte Ausgabe produziert. Diese liefert der HTTP-Server wie ein HTML-Dokument zurück an den Client.

[17] Bei Einzelfeldern genügt oft auch die Betätigung der Return-Taste.

Die Einstellungen am Formular, die der Benutzer vornimmt, können über zwei verschiedene Verfahren zum Server gelangen. Die Information gedrückter Check- oder Radio-Buttons sowie ausgefüllter Textfelder codiert der Browser in ein *Name-Value*-Schema und sendet entweder

- einen `GET`-Request oder
- einen `POST`-Request

an das CGI-Programm. Die Namensgebung für die Methoden `GET` bzw. `POST` ist etwas unglücklich, da beide letztlich dieselbe Aktion ausführen: Einen HTTP-Request.

Der Unterschied zwischen beiden Verfahren besteht lediglich darin, daß der `GET`-Request die Name-Value-Paare der Formularinformation in einem codierten Format an den URL anhängt, so daß sie vom Server interpretiert und dem anlaufenden CGI-Programm in einer Environment-Variable übermittelt werden. Die Parameter eines `POST`-Requests sind hingegen nicht im URL sichtbar, sondern gelangen gesondert zum Server, der diese dem zuständigen CGI-Programm in den Standard-Input überspielt.

Für größere Formulare bietet sich deswegen die `POST`-Methode an, da ein URL mit angehängter Zusatzinformation schnell unhandlich und unleserlich wird und außerdem einer Längenbeschränkung von 1024 Bytes[18] unterliegt.

Die Codierung der Parameter bei der `GET`-Methode ist deshalb notwendig, weil Formularinformationen auch Leer- und Sonderzeichen enthalten dürfen, die in einem URL schon für andere Zwecke reserviert sind.

Im Listing `form.html` auf Seite 241 legt das `method`-Attribut des `form`-Tags die Übertragungsmethode `GET` fest. Dementsprechend fordert der Browser bei der Aktivierung des Submit-Buttons wegen des mitübertragenen Inhalts der editierbaren Textfelder den URL

```
http://remote.host.com/cgi-bin/dump.cgi?f1=data+1&f2=data+2
```

an. Die in den Textdaten enthaltenen Leerfelder codiert er dabei zu »+«, da Leerzeichen in einem URL nicht vorkommen dürfen. Abbildung 4.2 zeigt den Netscape Navigator mit dem geladenen Formular aus Listing `form.html` kurz bevor der Anwender auf den Submit-Button klickte.

[18] Diese Länge variiert zwar von Server zu Server, 1024 Bytes dürften jedoch der größte gemeinsame Nenner sein.

Abbildung 4.3 hingegen hält die Situation kurz danach fest: Der Browser hat einen GET-Request an das auf Seite 246 vorgestellte CGI-Beispielprogramm abgesetzt und zeigt das Ergebnis an.

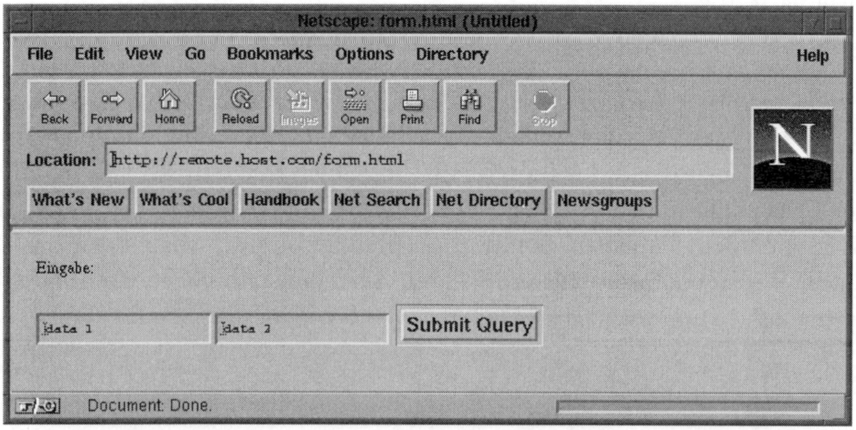

Abbildung 4.2: Formular, das auf Knopfdruck einen GET-Request aussendet

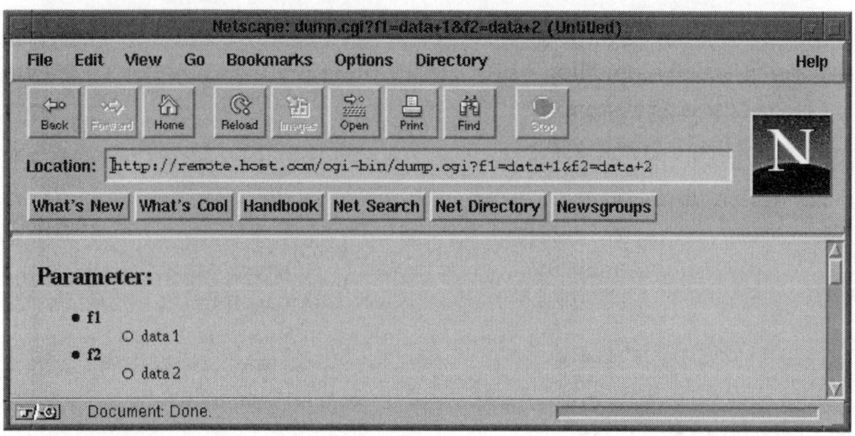

Abbildung 4.3: Ein GET-Request an das CGI-Programm `dump.cgi`

Der folgende Vorgang hat sich also abgespielt: Der Browser sandte die Formulardaten nach der `GET`-Methode zum Server, wo sie ein CGI-Programm interpretierte, aufbereitete und als HTML-Text formatiert zurückschickte.

Nach der `POST`-Methode hätte der Request statt nach

```
http://remote.host.com/cgi-bin/dump.cgi?f1=data+1&f2=data+2
```

schlicht nach

```
http://remote.host.com/cgi-bin/dump.cgi
```

verlangt, die Parameter aber versteckt mitgeliefert. Abbildung 4.4 zeigt das Ergebnis: Im URL-Textfeld des Browsers ist im Unterschied zu Abbildung 4.3 keinerlei Query-Information sichtbar. Das CGI-Programm erhält die Daten nicht über Environment-Variablen, sondern als Standard-Input, was jedoch das CGI-Programm `dump.cgi` verschleiert. Es greift über eine höherliegende Schnittstelle auf seine Input-Parameter zu und liefert deshalb wieder dasselbe Ergebnis.

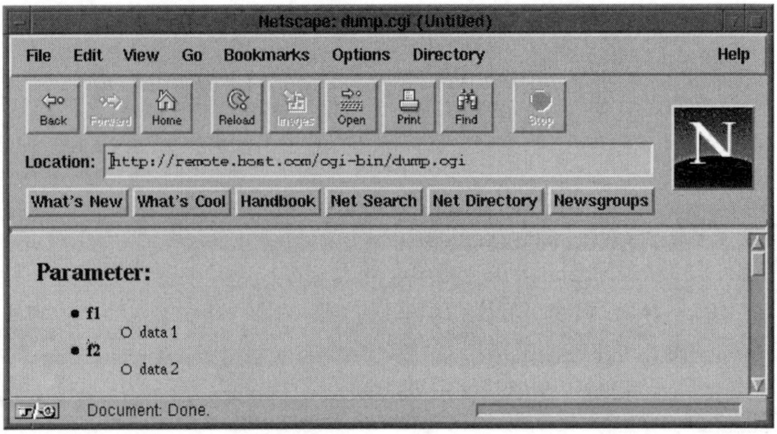

Abbildung 4.4: Ein POST-Request an das CGI-Programm `dump.cgi`

4.7.2 Die Server-Seite

Das angesprochene CGI-Programm auf dem Server erhält vom HTTP-Dämon die Parameter des Requests automatisch mitgeteilt.

Damit das CGI-Programm den Request richtig einordnen kann, muß es zunächst seine Environment-Variablen untersuchen. Die Variable `REQUEST_METHOD` zeigt an, ob ein `GET` oder ein `POST`-Request vorliegt, und demgemäß liegen weitere

Formularinformationen entweder in der Variablen `QUERY_STRING` oder warten im Standard-Input des Programms.

Der Perl-Programmierer muß sich jedoch nicht mit diesen Feinheiten herumschlagen, da sämtliche Parameter über eine objektorientierte Schnittstelle zugänglich sind.

Das Paket CGI.pm

Aufgabe des CGI-Programms ist es, die übermittelte Information einzulesen, auszuwerten und eine dynamisch aufbereitete HTML-Seite auf die Standard-Ausgabe zu geben.

Das Perl-Paket `CGI.pm` von *Lincoln D. Stein* unterstützt die Programmierer auf der Server-Seite des World Wide Webs. Es enthält Methoden, welche

- die Parameter ankommender Requests analysieren und aufbereiten
- bei der Rücksendung von HTML-Dokumenten helfen

In Anhang G steht, wie `CGI.pm` über das CPAN zu beziehen ist.

Bekanntlich sind alle an ein CGI-Programm übermittelten Parameter als Environment-Variablen (GET-Methode des Clients) oder über den Standard-Input (POST-Methode) erreichbar.

`CGI.pm` abstrahiert den Zugriff auf die ankommenden Parameter durch ein Query-Objekt, das im CGI-Skript entsteht mit

```
use CGI;

$query = CGI->new();    # Query-Objekt erzeugen
```

Den Zugriff auf die Skriptparameter ermöglicht die Methode `param`, die je nach Signatur wahlweise die Namen aller Parameter oder den Wert eines Parameters zurückgibt bzw. einem Parameter einen neuen Wert zuweist:

```
@parnames = $query->param(); # Namensliste aller Parameter

                             # Wert eines Parameters abfragen
$parvalue = $query->param('parname');

                             # Parameter neuen Wert zuweisen
$query->param('parname' => 'value');
```

```
                                # Einem Parameter eine Werteliste
                                # zuweisen
$query->param('parname' => 'value1', 'value2', 'value3');
```

Die Methode `as_string` hingegen gibt sämtliche Parameter in HTML Format aus, so daß der Browser sie gut darstellen kann. So liegt es nahe, als Anwendungsbeispiel von `CGI.pm` ein CGI-Skript zu schreiben, das nichts anderes tut, als sämtliche empfangenen Parameter formatiert an den anfragenden Browser zurückzuschicken.

Listing `dump.cgi` nutzt `as_string`, um die Parameter auszugeben, erzeugt aber zusätzlich noch eine Liste mit den Werten seiner Environment-Variablen, so daß die HTTP-Antwort von `dump.cgi` grundsätzlich alle Parameter enthält, die das CGI-Skript zur Verfügung hat.

dump.cgi

```
#!/usr/bin/perl

use CGI;

$query = new CGI;

print $query->header();  # HTML-Header vorausschicken

                         # Parameter ausgeben (GET oder POST)
print "<H2>Parameter:</H2>\n";
print $query->as_string();

                         # Environment-Variablen ausgeben
print "<H2>Environment:</H2>\n";

for $i (sort keys %ENV) {
    print "<p>$i => $ENV{$i}\n";
}
```

dump.cgi

`dump.cgi` leistet gute Dienste, wenn es darum geht, die tatsächlich bei einem HTTP-Server eingehenden Daten zu analysieren. Falls ein lokaler HTTP-Server verfügbar ist, sollte es dort für die weiteren Ausführungen installiert werden.

4.7.3 Mit dem User-Agent Formulare simulieren

WWW-Formulare von Hand auszufüllen und an den Server zurückzusenden, um eine Abfrage zu lancieren, ist bei häufigen Requests eine mühselige Angelegenheit. Ein Perl-Skript übernimmt diese ständig wiederkehrenden Arbeiten klaglos und zuverlässig.

Zunächst muß der User-Agent den Aufbau des entsprechenden Formulars kennen, um, wie der Browser, ausgefüllte Felder an den Browser zu senden und eine Antwort entgegenzunehmen. Auch hier sei wieder auf den in Anhang D zusammengestellten HTML-Befehlssatz verwiesen.

HTML-Seiten von WWW-Servern liegen nicht nur als formatierte Ausgabe des Browsers vor, sondern können entweder direkt im Browser[19] oder nach dem Abspeichern in einer Datei der lokalen Festplatte mit einem beliebigen Editor analysiert werden.

Um einen Formular-Request zu automatisieren, müssen folgende Parameter ermittelt werden:

- das CGI-Programm (als URL), an welches das Formular (normalerweise bei Aktivierung des SUBMIT-Buttons) geschickt wird.
- die Methode der Parameterübergabe (`GET` oder `POST`)
- die Felder des Formulars als Key-Value-Paare von Feldbezeichner und Feldinhalt

Sehen wir uns hierzu noch einmal das im vorigen Abschnitt schon gezeigte HTML-Formular `form.html` an:

form.html

```
<html>
<body>
Eingabe:
<form method=GET action="http://remote.host.com/cgi-bin/dump.cgi">
<input type=text name=f1 value="data 1">
<input type=text name=f2 value="data 2">
<input type=submit>
</body>
</html>
```

form.html

[19] Über das Menü `View Source` im Netscape Navigator.

Die vierte Zeile definiert das Formular und legt als Übertragungsmethode `GET` (und nicht `POST`) fest sowie den URL des zu aktivierenden CGI-Programms

```
http://darkstar/cgi-bin/dump.cgi
```

Die nachfolgenden beiden Text-Input-Felder tragen die Namen `f1` und `f2`. Diese Angaben genügen bereits, um ein Perl-Skript zu schreiben, das einen Request stellt, der für den empfangenden Server nicht von der Anfrage eines Browsers unterscheidbar ist und ihm so die gewünschte Information entlockt.

Listing `formfake.pl` zeigt die Implementierung.

formfake.pl

```
#!/usr/bin/perl -w

use LWP::UserAgent;

$ua = LWP::UserAgent->new();  # User-Agent erzeugen

                              # Request erzeugen
$request = HTTP::Request->new('GET',
             'http://darkstar/cgi-bin/dump.cgi');

                              # Header setzen
$request->header("Accept", "text/html");

                              # Formular-Inhalt deklarieren
$request->content_type('application/x-www-form-urlencoded');

                              # Formular-Inhalt setzen
@form = ("f1=data 1",
         "f2=data 2" );

                              # Query formatieren
$request->content(join('&', @form));

                              # Netzzugriff ausfuehren
$response = $ua->request($request);

print $response->as_string();
```

formfake.pl

`formfake.pl` erzeugt einen User-Agent und ein Request-Objekt, das zunächst die `GET`-Methode auswählt und den URL spezifiziert. Der Aufruf der `header`-Methode läßt die Information

```
Accept: text/html
```

beim späteren Ausführen des Requests im Header erscheinen und teilt dem Server so mit, daß der User-Agent HTML-Code als Antwort akzeptiert.

Die Zeile

```
$request->content_type('application/x-www-form-urlencoded');
```

hingegen regelt die Codierung der Feld-Informationen. Diese liegen zunächst im Array `@form`, danach verbindet der `join`-Befehl die im Format `"key=value"` vorliegenden Feldinformationen mit dem `&`-Zeichen zu einer zusammenhängenden Zeichenkette. Diese wiederum verarbeitet die `content`-Methode des Request-Objektes zu der URL-codierten Information, die schließlich dem Server übermittelt wird.

Ein praktisches Anwendungsbeispiel für den automatischen Zugriff auf formulargesteuerte Web-Server zeigt Listing `sbb.pl` . Die Schweizer Bahnen bieten eine komfortable Online-Fahrplanauskunft an[20], mit der man z. B. die Zugverbindungen zwischen zwei Orten zu einer bestimmten Zeit ermitteln kann. Benötigt man Informationen über die immer gleichen Verbindungen zum Beispiel aktuell, bietet es sich an, nicht immer extra ein Formular vom Server zu holen und es auszufüllen, sondern die Information auf Tastendruck mittels eines Perl-Skripts für das aktuelle Datum und die aktuelle Uhrzeit einzuholen.

Nach einem erfolgreichen Request formt das Skript die erlangte Information von HTML in Klartext um und gibt den Fahrplan aus.

sbb.pl

```
#!/usr/bin/perl -w

use LWP::UserAgent;
```

[20] Die Deutsche Bundesbahn zog mit Verspätung nach. Ursprünglich gab es lediglich einen inoffiziellen, von Universitätsseite betriebenen Server, der aber keine Online-Antworten gab, sondern Ergebnisse per Mail zurücklieferte und unter `http://rail.gz.uni-karlsruhe.de/rail/` zu erreichen war. Mitte September 1996 wurde schließlich doch der Online-Zugriff unter `http://www.hacon.de/d/standard` freigegeben.

```
use HTML::FormatText;
use HTML::Parse;

$ua = LWP::UserAgent->new();  # User-Agent erzeugen

                              # Request erzeugen
$request = HTTP::Request->new('POST',
                          'http://193.246.251.4:8888' .
                          '/CGI-bin/HAFAS1/HAFAS_GW.exe');

                              # Header setzen
$request->header("Accept", "text/html");

                              # Formular-Inhalt deklarieren
$request->content_type('application/x-www-form-urlencoded');

                              # Aktuelles Datum bestimmen
($tag, $monat, $jahr, $stunde, $minute) = localtime(time);

                              # Formular-Inhalt setzen
@form = ("sprache=D",
         "ortab=St. Anton, Kapelle", "ortan=München Hbf", "ortvia=",
         "tag=$tag", "monat=$monat", "jahr=$jahr",
         "offset=",
         "stunde=$minute", "minute=$minute",
         "richtung=0"
        );

                              # Query formatieren
$request->content(join('&', @form));

                              # Netzzugriff ausführen
$response = $ua->request($request);

                              # Fehlerprüfung
if($response->is_success) {
                              # HTML->Text
    $html = HTML::Parse::parse_html($response->content());
    $formatter = HTML::FormatText->new();
    print $formatter->format($html);

} else {                      # Fehlermeldung
    print "ERROR Code: ", $response->code(),
          " Message: ", $response->message(), "\n";
}
```

Wie nun kommen die Formularparameter wie z. B. Abfahrts- oder Ankunftsort in den Array `@form` in Listing `sbb.pl`, von wo sie an den Server geschickt werden? Oder, anders ausgedrückt: Wie simuliert man in Perl ausgefüllte Formularfelder?

Hierzu ist eine Analyse der originalen HTML-Seite notwendig. Der Programmierer muß herausfinden, wie das Dokument seine Formulareinträge an den Server übermittelt. Die Seite wird zu diesem Zweck vom Originalserver in den Browser geladen und mit dem »Save As«-Menüeintrag lokal gespeichert. Anschließend wird die Definition der Formularaktion im Dokument von

```
<form action="/CGI-bin/HAFAS1/HAFAS_GW.exe" method="POST">
```

auf

```
<form action="http://localhost/cgi-bin/dump.cgi" method="POST">
```

geändert. Lädt man die manipulierte HTML-Datei nun in den Browser, füllt die editierbaren Felder mit leicht wiederzuerkennenden Daten und drückt den Submit-Button, setzt der Browser den Request nicht an den Schweizer WWW-Server ab, sondern spricht das Analyseprogramm `dump.cgi`[21] auf dem lokalen Rechner an[22]. Das CGI-Programm `dump.cgi` auf dem lokalen WWW-Server antwortet, wie Abbildung 4.5 zeigt, prompt mit einer Liste empfangener Parameter.

So zeigt `dump.cgi` für den Parameter `ortab` beispielsweise den Wert `Einsteigen` an – dieser Text wurde vorher zu Testzwecken in das Feld für den Abfahrtsort eingetragen. Also trägt das editierbare Textfeld für den Abfahrtsort die Bezeichnung `ortab`. Listing `sbb.pl` spiegelt diesen Zusammenhang mit dem Element

```
"ortab=St. Anton, Kapelle"
```

im Array `@form` wider.

Unter Umständen sind mehrere Requests mit wechselnden Formulareingaben (insbesondere der Check/Radio-Buttons) notwendig, bevor alle notwendigen Parameternamen und ihre Wert erfaßt sind.

---

[21] Das Listing von `dump.cgi` befindet sich auf Seite 246 zusammen mit den Grundlagen der Server-Seite der CGI-Kommunikation.

[22] Der lokale Rechner muß hierzu als HTTP-Server konfiguriert und `dump.cgi` installiert sein. Ist die Installation nicht durchführbar, kann man die zur Übertragung notwendigen Parameter und ihre Werte auch durch Studieren der Felddefinitionen im Source-Code der HTML-Seite ableiten.

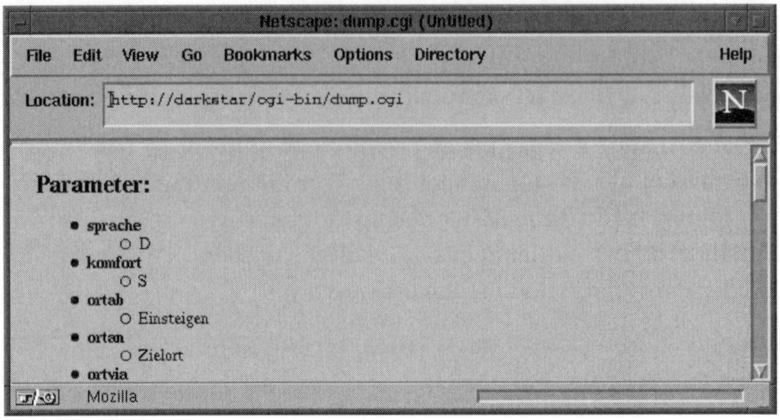

Abbildung 4.5: Parameter-Analyse für den SBB-Server

Search-Engines befragen

Das World Wide Web und auch das Usenet mit seinen Newsgroups haben schon längst den Rahmen des Überschaubaren gesprengt. Besonders im WWW stellt sich spätestens nach der fünften Hyperlinkverfolgung das »lost in hyperspace«-Syndrom ein: Man weiß zwar noch, *daß* irgendwo eine wichtige Information stand – doch *wo*? Ebenso verhält es sich beim gezielten Aufspüren von gesuchten Informationen. Zur Lösung dieser Probleme wurden die sogenannten *Search-Engines* geschaffen.

Die Funktionalität einer Search-Engine ist zweigeteilt: Einmal handelt es sich um (oft in Perl) programmierte Such-Roboter, die sich unermüdlich durch das Internet schlängeln, alle Links verfolgen und in Datenbanken ablegen. Die zweite, für den Internetbenutzer viel attrativere Funktion ist die Abfrage der gesammelten Daten, die meist über das WWW erfolgt. Hierbei gibt der Benutzer einzelne oder Kombinationen von Stichwörtern in einem HTML-Formular vor und schickt dieses an den Server, der dort über ein CGI-Programm eine Datenbankabfrage startet und so Adressen von WWW-Seiten zutage fördert, in denen das Stichwort vorkommt. Das Ergebnis schickt der Server anschließend entweder am Stück oder auf Raten zurück an den Client.

Bekannte Search-Engines sind

- `altavista.digital.com`
- `www.hotbot.com`

- www.yahoo.com
- www.lycos.com
- www.microsoft.com/allinone.asp

Auch das Usenet (siehe Abschnitt 4.10) wird mittlerweile von Search-Engines durchstöbert. Alle Artikel sämtlicher Newsgroups werden einer Volltextsuche unterzogen und das Ergebnis in hochperformanten Datenbanken abgelegt. Dies läßt interessante Abfragen zu: Welche Newsgroups ein bestimmter Autor favorisiert oder ob eine Firma Software-Probleme einer bestimmten Kategorie hat und Rat bei der Usenet-Gemeinde sucht.

Als einfaches Beispiel einer solchen Abfrage soll nun die derzeit bekannteste Search-Engine, `altavista.digital.com`, von einem Perl-Skript aus nach allen Vorkommnissen des Wortes »5.003« in den verfügbaren Artikeln der Newsgroup `comp.lang.perl.misc` befragt werden.

Eine Analyse der Webseite legt folgende wichtige Einträge frei:

```
...
<FORM method=GET action="/cgi-bin/query">
...
<INPUT TYPE=hidden NAME=pg VALUE=q>
...
<SELECT NAME=what><OPTION VALUE=web  SELECTED>the Web
          <OPTION VALUE=news >Usenet</SELECT>
...
<SELECT NAME=fmt> <OPTION VALUE="." SELECTED> in Standard Form
          <OPTION VALUE=c > in Compact Form
          <OPTION VALUE=d > in Detailed Form</SELECT>
...
<INPUT NAME=q size=55 maxlength=200 VALUE="">
```

So sieht man, daß zum Beispiel das Feld mit dem Namen »`q`« die Query-Information enthält, die der Anwender im Normalfall in das entsprechende Formular-Feld einträgt. Auch ein verdecktes Feld führt die Web-Page: Das Feld mit dem Namen »`pg`« nimmt – aus unerfindlichen Gründen – den Wert »`q`« an.

Die analysierten Daten nutzt nun Listing `altavista.pl` und setzt einen entsprechenden Query ab. Der Array `@form` enthält, wie im letzten Beispiel, die Werte der veränderlichen Formularbestandteile. Da die Search-Engine mit der `GET`-Methode und nicht mit der `POST`-Methode arbeitet, packt die `query`-Methode die Daten diesmal in das URL-Objekt, welches wiederum die Methode `url` aus dem Request-Objekt hervorzaubert. Die Codierung unerlaubter Zeichen geschieht automatisch.

altavista.pl

```
#!/usr/bin/perl -w

use LWP::UserAgent;
use HTML::FormatText;
use HTML::Parse;

$ua = LWP::UserAgent->new();  # User-Agent erzeugen

                              # Request erzeugen
$request = HTTP::Request->new('GET',
           'http://altavista.digital.com/cgi-bin/query');

                              # Header setzen
$request->header("Accept", "text/html");

                              # Formular-Inhalt setzen
@form = ("pg=q",
         "what=news",
         "fmt=.",
         "q=comp.lang.perl.misc 5.003"
         );

                              # Query formatieren
$request->url->query(join('&', @form));

                              # Netzzugriff ausfuehren
$response = $ua->request($request);

                              # Fehlerpruefung
if($response->is_success) {
                              # HTML->Text
    $html = HTML::Parse::parse_html($response->content());
    $formatter = HTML::FormatText->new();
    print $formatter->format($html);

} else {                      # Fehlermeldung
    print "ERROR Code: ", $response->code(),
          " Message: ", $response->message(), "\n";
}
```

altavista.pl

4.7.4 Client und Server im Zusammenspiel

Oft entwickelt sich nach dem Absenden eines Formulars ein Frage-Antwort-Spiel mit mehreren Durchgängen zwischen Client und Server. So stellt der Browser zum Beispiel eine URL-Anfrage, auf die der Server mit einer dynamisch generierten Webseite antwortet, die ein Formular mit auszufüllenden Feldern enthält. Nachdem der Benutzer dieser Pflicht nachgekommen ist und die Informationen durch das Drücken des Submit-Buttons dem Server zukommen läßt, stellt letzterer unter Umständen fest, daß die Angaben unvollständig sind. Daraufhin übermittelt er dem Client eine Webseite, die das Formular mit den ausgefüllten Feldern mitsamt einer Notiz enthält, die besagt, daß eines der Felder nicht korrekt ausgefüllt wurde und deswegen eine Wiederholung notwendig ist. Nach der Korrektur und einem weiteren Klick auf den Submit-Button von Seiten des Benutzers bestätigt der Server dem Client dann die ordnungsgemäße Abarbeitung und antwortet beispielsweise mit einer HTML-Seite, die eine Erfolgsmeldung enthält.

Während dieser Transaktionen sammeln sich Daten an, die über die sichtbaren Einträge auf dem Formular hinausgehen. So muß der Server eventuell zwischenspeichern, auf welchem Weg der Client zum gegenwärtigen Formular gelangte und welche Daten er auf diesem Weg bereits übermittelt hat bzw. welche der Server noch erheben muß.

Für die Bewältigung dieser Aufgabe stehen dem Server eine Reihe von Möglichkeiten offen:

1. Er versteckt die Sammelinformation in den Formularen, die er dem Client zur weiteren Bearbeitung zuschickt, so daß dieser die so zwischengespeicherten Daten unbewußt wieder mitliefert.

2. Er speichert angesammelte Informationen serverseitig zwischen und ordnet sie einer Transaktion zu, deren Identifikationsnummer der Client ihm bei jeder Anfrage übermittelt.

Versteckte Felder

Für das erste Verfahren stellt HTML sogenannte *hidden fields*, zur Verfügung, die – ähnlich wie die sichtbaren Eingabefelder – unter einem Attributnamen einen Wert speichern, aber nicht sichtbar sind.

Der HTML-Tag

```
<input type=hidden name="sprache" value="D">
```

definiert ein Feld mit dem Namen `sprache`, das den Wert `D` enthält. Die Sprache, in der der Benutzer die angeforderten Webseiten erhält, wählt er üblicherweise zu Beginn der Kommunikation mit einem CGI-Skript. Aber auch die Folgeformulare sollen ja in einheitlicher Sprache abgefaßt sein: Deshalb schleppen Client und Server diese Information in den ausgetauschten Formularen unsichtbar mit, und jeder der beiden Kommunikationspartner verfügt stets über den aktuellen Status, ohne lokale Daten halten zu müssen.

Transaktions-IDs

Im zweiten Verfahren erzeugt der Server eine schwer forcierbare Nummer, die sich beispielsweise aus der Internetadresse des Clients, der aktuellen Zeit und einer Prozeßnummer zusammensetzt, und übermittelt sie dem Client.

Fügt ein Client einer Anfrage eine gültige Transaktionsnummer bei, weiß der Server, wo er eventuell zwischengespeicherte Daten findet. Fehlt diese Nummer im Request, so möchte der Client offensichtlich eine neue Transaktion starten.

Für den Austausch einer Transaktions-ID gibt es wiederum zwei verschiedene Methoden: Entweder tauschen Server und Client die Identifikationsnummer wie im ersten Verfahren über die *hidden fields* übermittelter Formulare aus, oder sie verwenden die sogenannten Netscape-Cookies.

Wie der Name schon andeutet, unterstützt derzeit nur der Netscape-Browser diesen Mechanismus. Falls die anderen Browser-Hersteller in nächster Zeit nicht nachziehen, muß sich der CGI-Programmierer gut überlegen, ob er wirklich nur Netscape-Kunden bedienen will. Bei diesem Verfahren übermittelt der Server dem Netscape-Browser unsichtbar die erzeugte Unique-ID, und der Client fügt sie jeder weiteren Anfrage an diesen Server bei, ohne daß der Benutzer davon Kenntnis erlangt.

Klarer Vorteil dieser Methode: Da das verwendete Cookie nicht sichtbar ist, kann der Browser-Benutzer sie auch nicht manipulieren[23].

Zu diesem Zweck ist es interessant, auszuprobieren, was der WWW-Server der Firma Netscape an Header-Informationen liefert, falls ein Netscape-Browser das Dokument `http://www.netscape.com` lädt. Da der Transfer der Header-Daten vor der Übertragung der eigentlichen HTML-Seite stattfindet, sind sie im Normalfall nicht sichtbar. Das Perl-Skript aus Listing `netscape.pl` gaukelt dem Server deshalb vor, ein *Mozilla*-Agent zu sein (so identifiziert sich der Netscape Browser), und gibt die gelieferten Header-Informationen aus.

---

[23] Der Perl-Programmierer natürlich schon.

netscape.pl

```
#!/usr/bin/perl -w

use LWP::UserAgent;

$ua = LWP::UserAgent->new();  # User-Agent erzeugen
$ua->agent("Mozilla/1.1N (X11; I; Linux 1.2.1 i486)");

                              # Request erzeugen
$request = HTTP::Request->new('GET',
                              'http://www.netscape.com');

                              # Netzzugriff ausfuehren
$response = $ua->request($request);

                              # Fehlerpruefung
if($response->is_success) {
    print $response->headers_as_string();

} else {                                # Fehlermeldung
    print "ERROR Code: ", $response->code(),
          " Message: ", $response->message(), "\n";
}
```

netscape.pl

Das Ergebnis zeigt, daß in diesem Fall nicht nur die üblichen Response-Header-Einträge geliefert werden, sondern auch zwei `Set Cookie`-Anweisungen:

```
Date: Thursday, 25-Jul-96 20:55:00 GMT
Server: Netscape-Communications/1.1
Content-Type: text/html
Client-Date: Thu, 25 Jul 1996 21:59:00 GMT
Set-Cookie: NETSCAPE_ID=c65ffb1e,c7a9c9af; \
            path=/; \
            domain=.netscape.com; \
            expires=Friday, 31-Dec-99 23:59:59 GMT
Set-Cookie: NETSCAPE_ID=c65ffb1e,c7a9c9af; \
            path=/; \
            domain=.mcom.com; \
            expires=Friday, 31-Dec-99 23:59:59 GMT
```

Diese IDs generiert der Server, und der Netscape Browser speichert sie persistent ab, um sie beim nächsten Zugriff auf denselben Server (`Domain`-Eintrag) und denselben Pfad (`Path`-Eintrag) mitzusenden. Der Server identifiziert über diese

ID den Client wieder und »erinnert« sich so an eventuell schon durchgeführte Transaktionen.

4.7.5 CGI-Programme erstellen

CGI-Programme stellen ein nicht zu unterschätzendes Sicherheitsrisiko für jeden Web-Server dar, denn der Zugriff auf einen HTTP-Server erfordert im allgemeinen keinerlei Authentifizerungsschritte. Daten, die von außen in ein CGI-Skript gelangen, dürfen zum Beispiel keinesfalls in Perl-Befehlen wie `system` ungeprüft verwendet werden – zu leicht könnten so Unbefugte die Kontrolle des Servers übernehmen.

Deshalb sind besondere Vorsichtmaßnahmen angebracht. Der Perl-Interpreter verfügt zu diesem Zweck über die Option `-T`, die eine Reihe zusätzlicher Sicherheitsüberprüfungen veranlaßt und den Programmierer schon während der Entwicklung auf mögliche Risiken aufmerksam macht.

Jedes gute CGI-Programm beginnt deshalb mit den Zeilen

```
#!/usr/bin/perl -T

use CGI;
use strict;
```

Die `strict`-Option verbietet zusätzlich noch einige unsichere Konstrukte (siehe Abschnitt 1.16.1) und gibt so noch einen Grad mehr Sicherheit.

Das bereits auf Seite 245 vorgestellte Modul `CGI.pm` bietet eine komfortable Schnittstelle für die Ein- und Ausgaben von CGI-Programmen.

Ein einfacher Zähler

Ein CGI-Programm zu schreiben, das bei jedem Aufruf einen permanenten Zähler inkrementiert und als HTML-Text zurückgibt, ist keine Kunst. Es muß lediglich den aktuellen Zählerwert in einer Datei zwischenspeichern, um ihn beim nächsten Aufruf wieder parat zu haben.

Doch wie kommen diese tachometer-ähnlichen Gebilde in eine Web-Seite, die noch nicht mal ein CGI-Skript ist, sondern aus ganz gewönlichem HTML-Text besteht?

Der Image-Tag von HTML darf als Datenquelle nicht nur eine Datei, sondern auch ein CGI-Skript definieren:

```
<IMG SRC=cgi-bin/count.cgi>
```

Aufgabe des aufgerufenen Skripts `count.cgi` ist es nun, bei jedem Aufruf einen permanenten Zähler zu inkrementieren und dessen Wert anschließend als Bildinformation zurückzuliefern. Abbildung 4.6 zeigt das Ergebnis.

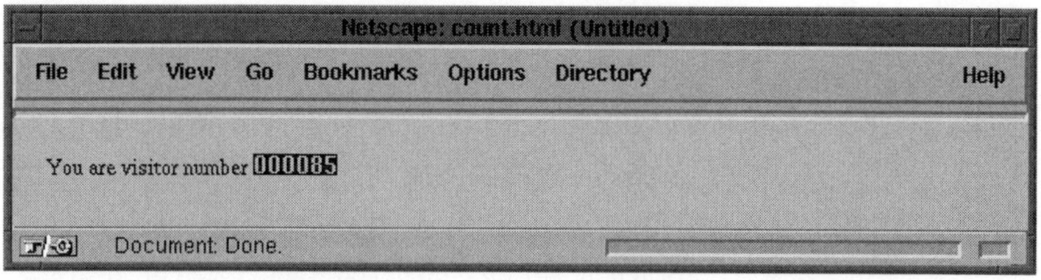

Abbildung 4.6: Zähler in einem Dokument

Die dargestelle HTML-Seite definiert ein Image-Tag, dessen Datenquelle das CGI-Programm `count.cgi` ist:

count.html

```
<HTML> <BODY> You are visitor number <IMG SRC=/cgi-bin/count.pl>
<BODY> </html>
```

count.html

`count.cgi` selbst realisiert den permanenten Zähler mit der Funktion `inc-counter`, die eine als Parameter spezifizierte Datei öffnet, einen dort (eventuell) gespeicherten Zählerwert ausliest, ihn inkrementiert, wieder sichert und schließlich dem aufrufenden Programm zurückgibt.

Die tachometer-ähnliche Anzeige geht auf ein Design von *Frans van Hoesel* zurück. Im Array `@invdigits` liegen die Ziffern 0 bis 9 als hexadezimal codierte Bitmaps abgespeichert. Jeder der Strings des Arrays enthält zehn durch Leerzeichen getrennte Hexcodes, die den horizontalen Pixel-Linien der Ziffernbitmaps entsprechen. Jeder Hexcode stellt als binäre 0-1-Bitfolge interpretiert die acht Pixel einer Bitmaplinie dar, so entspricht `0xff` einer Linie schwarzer Pixel, denn seine binäre Darstellung ist `11111111`.

count.cgi

```
#!/usr/bin/perl

   @invdigits = ("ff c3 99 99 99 99 99 99 99 99 c3 ff",  # 0
                 "ff cf c7 cf cf cf cf cf cf cf c7 ff",  # 1
                 "ff c3 99 9f 9f cf e7 f3 f9 f9 81 ff",  # 2
                 "ff c3 99 9f 9f c7 9f 9f 9f 99 c3 ff",  # 3
                 "ff cf cf c7 c7 cb cb cd 81 cf 87 ff",  # 4
                 "ff 81 f9 f9 f9 c1 9f 9f 9f 99 c3 ff",  # 5
                 "ff c7 f3 f9 f9 c1 99 99 99 99 c3 ff",  # 6
                 "ff 81 99 9f 9f cf cf e7 e7 f3 f3 ff",  # 7
                 "ff c3 99 99 99 c3 99 99 99 99 c3 ff",  # 8
                 "ff c3 99 99 99 99 83 9f 9f cf e3 ff"); # 9

   $count     = sprintf("%06d",
                        inccounter("/var/httpd/logs/counter.dat"));

   $countlen = length($count);

   $width  = $countlen * 8;
   $height = 12;

   @bytes = ();

   for ($line=0; $line < $height; $line++) {
       for ($digit=0; $digit < $countlen; $digit++) {
           $field = substr($count, $digit, 1);
           $byte = substr($invdigits[$field], $line*3, 2);
           push(@bytes, $byte);
       }
   }


print <<"EOT";                          # Bitmap ausgeben
Content-type: image/x-xbitmap

#define count_width  $width
#define count_height $height

static char count_bits[] = {
EOT

for($i=0; $i<=$#bytes; $i++) {
      print "0x$bytes[$i]";
      print "," if $i != $#bytes;
      print "\n" unless ($i+1) % 7;
}
```

```
print "};\n";


# Permanenten Zaehler inkrementieren
# Syntax: inccounter($filename);
#
sub inccounter {
    my $file = shift;
    my $count = 0;

    if(open(FILE, "<$file")) {
        $count = <FILE>;
        close(FILE);
    }

    $count++;

    open(FILE, ">$file") || die "Cannot open $file";
    print FILE "$count";
    close(FILE);

    $count;
}
```

count.cgi

Aufgabe der beiden `for`-Schleifen ist es nun, die Einzelziffern des Zählerwertes als Bilder in einer großen Bitmap zusammenzufassen. Hierbei beginnt die innere Schleife mit der ersten Linie der ersten Ziffer und arbeitet sich zunächst bis zur ersten Linie der letzten Ziffer vor. Die äußere `for`-Schleife rückt anschließend zeilenweise nach unten weiter. So entsteht die Bitmap aller dargestellten Ziffern linienweise im Format

```
static char count_bits[] = { 0xff, 0xff, 0xff, ...
                             0xc3, 0xcf, 0xc3, ...
                             ...
                             0xff, 0xff, 0xff ...
                           };
```

Zusammen mit der vorangestellten Höhen- und Breitendefinition im Format[24]

```
#define count_width  48
#define count_height 12
```

[24] Die Breite von `48` errechnet sich aus der 6-stelligen Ziffernfolge mit einer Pixelbreite von 8.

ergibt dies das typisch C-ähnliche Bitmapformat, welches wiederum der Browser interpretieren und als Grafik darstellen kann.

Nicht berücksichtigt wurde in `count.pl` die Tatsache, daß die Datei, in welcher der permanente Zähler lagert, eine Ressource darstellt, die jeweils nur ein Prozeß gleichzeitig bearbeiten kann. Da der HTTP-Server unter Umständen mehrere Requests gleichzeitig bearbeitet, kann es passieren, daß die Datei unter der Einwirkung mehrerer schreibender Prozesse Schaden erleidet. Mit einem in Abhang F auf Seite 307 vorgestellten Verfahren für kritische Sektionen läßt sich dieser Super-GAU wirksam verhindern.

Ein einfaches Registrierungssystem

Listing `register.cgi` zeigt ein CGI-Skript, das ein Formular erzeugt, welches von einem Kunden die Eingabe einer Nummer fordert. Gibt der Kunde eine gültige Zahl ein (in diesem vereinfachten Fall prüft `register.cgi` nur, ob der Eingabestring ausschließlich aus Ziffern besteht), erhält der Kunde eine Bestätigung zugesandt. War die Eingabe hingegen falsch, kommt das Formular ausgefüllt zurück und fordert zur Korrektur auf.

Ein verstecktes Feld im Formular hilft `register.cgi`, über die Anzahl der mißglückten Eingabeversuche auf dem laufenden zu bleiben.

`register.cgi` nutzt die Methoden des Moduls `CGI.pm` einerseits, um die Eingabeparameter entgegenzunehmen, und andererseits, um HTML-formatierte Seiten für den Client zu produzieren.

register.cgi

```
#!/usr/bin/perl -w

use CGI;
use strict;

my $cgi = CGI->new();

                    # Hidden-Field mitgeliefert?
my $versuch = $cgi->param('versuch');

                    # Kundennummer richtig eingegeben?
if($cgi->param('kundennummer') =~ /\d+/) {
    print $cgi->header(), "\n",
          $cgi->start_html(-title => "Registration"), "\n",
          $cgi->h1("Anmeldung erfolgreich"), "\n",
```

```
            $cgi->end_html();
    } else {
                        # Kundennummer falsch eingegeben oder
                        # erster Versuch
        $versuch++;

        print $cgi->header(), "\n",
              $cgi->start_html(-title => "Registrations-Seite"), "\n",
              $cgi->h1("Anmeldung ($versuch. Versuch)"), "\n",
              $cgi->p("Ihre Kundennummer:"), "\n",
              $cgi->start_form(-method => 'get'),
              $cgi->textfield(-name => "kundennummer",
                              -value =>
                              $cgi->param('kundennummer')), "\n",
              $cgi->hidden("versuch", $versuch), "\n",
              $cgi->submit(),
              $cgi->end_form(),
              $cgi->end_html();
    }
```

register.cgi

Die CGI-Programmierung ist ein umfangreiches Thema, dessen komplette Aufarbeitung ganze Bücher füllt. Für einen tiefergehenden Einstieg sei auf [Gun96], für einen leicht zu lesenden Zwei-Wochen-Kurs auf [Her96] verwiesen.

4.8 URLs analysieren

Intern verwendet jeder User-Agent die Klasse `URI::URL`, die URLs in ihre Bestandteile zerlegt und so eine bequeme Weiterverarbeitung erlaubt. Sie stammt von den Autoren der `libwww`, *Gisle Aas* und *Martijn Koster*.

`URI::URL` spart dem Entwickler das Parsen von Strings im Format

```
"http://host/path/file"
```

Und auch eventuell angehängte Query-Informationen können komfortabel gehandhabt werden.

Ein Objekt der Klasse `URI::URL` erhält bei der Konstruktion den URL als String mitgeliefert. Über einen Satz von Methoden sind daraufhin zugänglich:

- Protokoll
- Rechnername
- Pfad des geforderten Dokuments
- Portnummer
- Query (siehe Abschnitt 4.7)

Listing `url.pl` zeigt die Initialisierung und den Zugriff auf Bestandteile eines URL-Objektes.

url.pl

```
#!/usr/bin/perl -w

use URI::URL;

$url = URI::URL->new(
        "http://remote.host.com/~user/dump.cgi?p1=d%201&p2=d%202"
        );

                                  # URI als String ausgeben
print "as_string: ", $url->as_string(),  "\n";
                                  # Protokoll
print "scheme:    ", $url->scheme(), "\n";
                                  # Zielrechnername
print "host:      ", $url->host(),    "\n";
                                  # Portnummer
print "port:      ", $url->port,      "\n";
                                  # Pfad
print "path:      ", $url->path(),    "\n";
                                  # Query mit Escaped-Zeichen
print "equery:    ", $url->equery(),  "\n";
                                  # Query (aufbereitet)
print "query:     ", $url->query(),   "\n";

#--- Query-Parameter aufschlüsseln
%form = $url->query_form();
foreach $i (keys %form) {
    print "QUERY($i): $form{$i}\n";
}
```

url.pl

Das Skript aus Listing `url.pl` erzeugt folgende Ausgabe:

```
as_string: http://remote.host.com/~user/dump.cgi?p1=d%201&p2=d%202
scheme:    http
host:      remote.host.com
port:      80
path:      /~user/dump.cgi
equery:    p1=d%201&p2=d%202
query:     p1=d 1&p2=d 2
QUERY(p1): d 1
QUERY(p2): d 2
```

`URI::URL` unterstützt auch die komfortable Umwandlung von relativen in absolute URLs. Stößt man (zum Beispiel bei der Analyse eines HTML-Dokuments) auf einen Anker, der keine vollständige URL enthält, sondern nur eine relative Pfadangabe, wandelt diese die `abs`-Methode in eine absolute URL um. Hierzu greift `abs` – außer auf die relative Pfadangabe – auch noch auf eine »Basis« zu: Die URL des aktuellen Dokumentes.

Listing `uriabs.pl` zeigt, wie der Konstruktor `URI::URL->new()` neben der (relativen) URL `../dir` auch noch die Basisangabe `http://www.com/path1-/path2/file.html` erhält, um der nachfolgend aufgerufenen Methode `abs` eine Grundlage zur Umwandlung in eine voll qualifizierte URL zu geben.

So lautet die Ausgabe von Skript `uriabs.pl`:

```
Relativ: ../dir
Absolut: http://www.com/path1/dir
```

uriabs.pl

```
#!/usr/bin/perl -w

use URI::URL;
                                   # URL-Objekt mit Basisangabe
$url = URI::URL->new("../dir",     # anlegen
                     "http://www.com/path1/path2/file.html");

                                   # Relativen Pfad ausgeben
print "Relativ: ", $url->as_string(), "\n";
                                   # Absolute URL ausgeben
print "Absolut: ", $url->abs(), "\n";
```

uriabs.pl

4.9 E-Mail

Elektronische Mail ist mit den gängigen Programmen wie `elm` oder `mail` sehr leicht zu nutzen: Man gibt die Empfängeradresse im Format

```
user@remote.host.com
```

an, fügt eventuell noch einige Empfänger hinzu, die eine Kopie erhalten sollen, schreibt den Brieftext und schickt ihn ab.

Das Mailprotokoll SMTP (*Simple Mail Transfer Protocol*) regelt die Übergabe von elektronischer Mail im Netz. Nun ist es jedoch äußerst mühselig, sich direkt auf dieser Ebene mit elektronischer Mail zu befassen – wer schon einmal die `sendmail.cf`-Datei editiert hat, weiß ein Lied davon zu singen.

Das Modul `Mail::Send` von *Tim Bunce* und *Graham Barr* bietet eine einfache Schnittstelle, vergleichbar etwa mit der der UNIX-Programme `mail` bzw. `mailx`.

Der Konstruktor für ein neues Mail-Objekt verarbeitet in der gewohnten `$param => $value`-Struktur Parameterangaben zum Adressaten (`To`), Betreff (`Subject`) und Kopienempfängern (`Cc` bzw. `Bcc`[25]).

Die `open`-Methode des Mail-Objekts gibt ein File-Handle zurück, über das anschließend mittels der normalen `print`-Funktion der Brieftext eingespeist wird. Die `close`-Methode schließt den Brief ab und startet schließlich den Sendevorgang.

Listing `mail.pl` zeigt die Anwendung.

mail.pl

```
#!/usr/bin/perl -w

use Mail::Send;

                         # Neues Mail-Objekt
$mail=Mail::Send->new( Subject => "Important Notice!",
                       To => "user\@remote.host.com",
                       Cc => "anotheruser\@site.com"
                     );
```

[25] Die »Blind Carbon Copy«-Empfänger erhalten wie die `Cc`-Kanditaten eine Kopie, erscheinen aber nicht im »Cc:«-Header der Mail.

```
                          # Text vorbereiten
$mailhandle = $mail->open();

print $mailhandle <<EOT; # Text erstellen
Hier kommt der
Brieftext.
EOT

$mailhandle->close();     # Schließen und senden
```

mail.pl

4.10 Usenet-News

Die Usenet-News, eine der wichtigsten Anwendungen des Internets überhaupt, werden angesichts der Klick-Klick-Happiness im World Wide Web oft unterschätzt. Dabei greifen Millionen von Benutzern über diese Einrichtung auf topaktuelle Informationen aus erster Hand zu, erhalten Support für frei bzw. kommerziell erhältliche Softwareerzeugnisse oder geben eigene Entwicklungen und Entdeckungen bekannt.

News bieten jedem Benutzer die Möglichkeit, einen Artikel in Form einer Frage oder einer recherierten Neuigkeit an ein großes Publikum zu schreiben, das wiederum darauf reagieren und auch antworten kann. Diese elektronische Form der (Offline-)Diskussion läuft nach Sachgebieten getrennt ab. So existieren zur Zeit über 14.000 Newsgroups, von denen sich jede einem eng eingegrenzten Thema widmet.

Dynamisch wachsen in jeder Newsgroup die sogenannten *Threads,* eine Reihe von Artikeln, an deren Anfang meist eine Frage oder Feststellung steht und die mit den Artikeln reagierender Teilnehmer so lange stetig wächst, bis sich die Gemüter beruhigen und das Thema aus dem Blickfeld gerät.

Einen *geposteten* Artikel nimmt ein Newsserver entgegen und verteilt ihn und alle anderen ankommenden Artikel an weitere Newsserver, mit denen er in Verbindung steht. So verteilen sich die Postings innerhalb weniger Tage über die ganze Welt.

Newsreader – Client-Programme, die Usenet-Artikel vom Server holen und anzeigen, leisten beim Konsumieren von Artikeln gute Dienste. Sie sortieren die Artikel nach Themengebieten, bereiten die Threads auf und zeigen sie entsprechend strukturiert an. Dem Benutzer präsentiert der Newsreader eine Liste von Newsgroups, denen seit der letzten Abfrage neue Artikel zugingen. Innerhalb einer Newsgroup listet der Newsreader die Threads auf und zeigt deren Überschriften (`Subject`-Felder) an. Nach der Auswahl eines Threads navigiert der Benutzer dann, ausgehend vom initiierenden Posting, durch alle Folgeartikel.

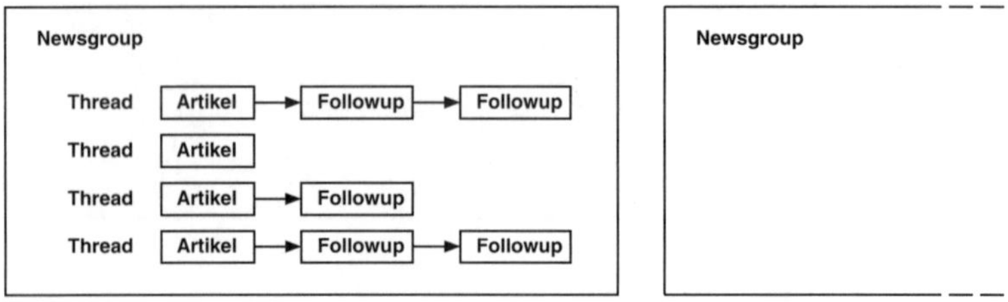

Abbildung 4.7: Artikelstruktur in den Newsgroups

Stets arbeitet sich der Benutzer also von grob strukturierten Gruppen in feinere Unterabteilungen vor, was angesichts der Vielzahl von Artikeln auf dem Usenet unbedingt notwendig ist, um die Übersicht zu bewahren und interessante Artikel als Nadel im Heuhaufen überhaupt zu finden. Außerdem speichert der Newsreader Informationen darüber, welche Artikel schon gelesen wurden, und zeigt diese daraufhin nicht mehr an.

Das NNTP-Protokoll deckt alle Arten der Kommunikation für diesen Dienst ab: Ob der Client mit dem Server oder die Server untereinander kommunizieren, stets regeln NNTP-Befehle den Ablauf. Die ursprüngliche Spezifikation des NNTP-Protokolls ist in RFC[26]977 abgelegt, das vorgeschriebene Format eines Usenet-Artikels in RFC850.

Listing `article.txt` zeigt den Header eines Usenet-Artikels.

article.txt

```
Path: lrz-muenchen.de!informatik.tu-muenchen.de!fu-berlin.de!
zrz.TU-Berlin.DE!franz.ww.TU-Berlin.DE!koenig
From: koenig@franz.ww.TU-Berlin.DE (Andreas Koenig)
Newsgroups: comp.lang.perl.misc
Subject: Re: AUTOLOAD: Cannot delegate
Date: 14 Jul 1996 06:52:11 GMT
Organization: TU-Berlin
Lines: 38
```

[26] *Request for comments*, siehe Anhang G.5.

```
Message-ID: <4sa5er$e3m@brachio.zrz.TU-Berlin.DE>
References: <4s8jf8$f6b@sunsystem5.informatik.tu-muenchen.de>
NNTP-Posting-Host: franz.ww.tu-berlin.de

Es folgen 38 Zeilen Text ...
```

article.txt

Der `Path:`-Eintrag zeigt die einzelnen Newsserver, die der Artikel schon passiert hat – in umgekehrter Reihenfolge des Durchlaufs. Ein Herr König hat ihn vom Host `franz.ww.TU-Berlin.DE` abgesandt und nach drei Zwischenstationen nahm ihn schließlich der Newsserver `lrz-muenchen.de` entgegen. Diese Information nutzen die Server des Usenets hauptsächlich dazu, um zu verhindern, daß ein Artikel im wild verzweigten Netz im Kreis läuft. Kein Server würde den Artikel an einen anderen weiterleiten, dessen Name bereits im `Path`-Eintrag steht.

Das `Message-ID`-Feld trägt den weltweit eindeutigen Identifizierungstring des Artikels. Er setzt sich aus der Adresse des postenden Rechners und einer dort eindeutigen ID zusammen. Jeder Newsserver, der von einem anderen Newsserver einen Artikel zur weiteren Verteilung angeboten bekommt, prüft zunächst anhand der Message-ID, ob er ihn auf anderen Wegen vielleicht schon erhalten hat. Ist dies der Fall, lehnt er ihn ab und verhindert so die Mehrfachverteilung.

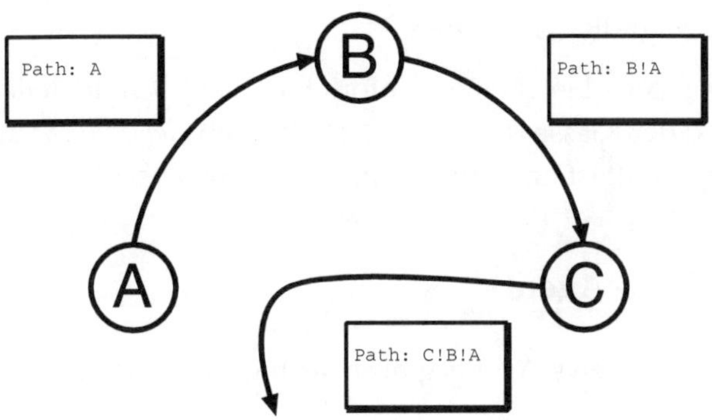

Abbildung 4.8: Die Pfadinformation verhindert, daß der Newsserver `A` *von* `C` *den zirkulierenden Artikel nochmals erhält*

Das `Newsgroups`-Feld enthält, durch Kommata getrennt, die Newsgroups, in denen der Artikel erscheinen soll. Im vorliegenden Fall wird nur eine einzelne Gruppe, `comp.lang.perl.misc`, angegeben. `Subject` gibt das Thema des Artikels an, das im vorliegenden Fall mit der Zeichenfolge `Re:` startet. Dies kennzeichnet den Artikel als *Followup*, eine Antwort auf eine Frage in einem Thread. Und tatsächlich: Das `References`-Feld enthält die Message-ID der Frage, auf die der Artikel Bezug nimmt. Ein Newsreader auf der Client-Seite erhält die Artikel vom Server in der Reihenfolge, in dem sie bei jenem eingingen, also unter Umständen in recht ungeordneter Folge. Die Information im `Reference`-Feld hilft dem Newsreader, die Threads nach Startartikel und *Followups* zusammenzustellen und zu ordnen.

Der `Lines`-Eintrag gibt die Anzahl der Zeilen an, die der Artikel-Text einnimmt, der nach allen Headerfeldern und einer Leerzeile schließlich beginnt.

Zusätzlich zur weltweit eindeutigen Message-ID erhält jeder Artikel vom jeweiligen Newsserver eine pro Newsgroup eindeutige laufende Nummer. Clients dürfen die Artikel auch über diese Artikelnummer spezifizieren. Nach verfügbaren Artikeln gefragt, antwortet der Newsserver immer mit einem Nummern-Intervall, das durch die laufenden Nummern des ersten und des letzten aktuellen Artikels definiert ist. Spezifiziert der Client einen Artikel mit einer lokalen laufenden Nummer, wird zusätzlich ein *current article pointer* gesetzt, den anschließend abgesetzte `NEXT`- bzw. `LAST`-Befehle auf den nächsten bzw. vorhergehenden Artikel positionieren. Ein Befehl zum Herunterladen bezieht sich dann automatisch auf den Artikel, auf den der *current article pointer* gesetzt ist.

Tabelle 4.4 zeigt die Befehle des NNTP-Protokolls und ihre Bedeutung.

Viele Server unterstützen aber auch noch über RFC977 hinausgehende Protokollteile. Tabelle 4.5 zeigt die wichtigsten.

Das Paket `Net::NNTP` bietet eine komfortable Client-Schnittstelle für die Usenet-News. Ein Objekt der Klasse `Net::NNTP` stellt einen *News-Agent* dar, der auf einen Newsserver eingestellt ist und mit diesem Daten austauscht.

4.10.1 Der News-Agent

Der Konstruktor des News-Agents gibt so auch gleich einen Newsserver vor.

```
use Net::NNTP;

my $nntphost = "news.host.com";

            # News-Host überprüfen
gethostbyname($nntphost) || die "Unknown host $nntphost";

            # News Agent erzeugen und mit
            # NNTP-Host verbinden
$newsagent = Net::NNTP->new($nntphost) || die "Cannot connect to host";
```

LIST	Liste verfügbarer Newsgroups holen
ARTICLE	Holt Artikel mit Header und Body
BODY	Holt Artikeltext ohne Header
HEAD	Holt Header eines Artikels, nicht den Artikeltext
GROUP	Holt Artikelnummern einer spezifizierten Newsgroup
STAT	Artikel als »aktuellen« Artikel markieren
NEXT	Nächsten Artikel holen (nach dem aktuellen)
LAST	Vorhergehenden Artikel holen (vor dem aktuellen)
POST	Artikel in Newsgroup(s) senden
NEWGROUPS	Neu eingerichtete Gruppen seit Zeitstempel
NEWNEWS	Neu eingegangene Artikel seit Zeitstempel
SLAVE	Client verlangt höhere Priorität, da er kein normaler Client ist, sondern ein Slave-Server
IHAVE	Slave-Server bietet einem Server einen Artikel an
HELP	Kurzen Hilfetext holen
QUIT	NNTP-Konversation beenden

Tabelle 4.4: Befehle des NNTP-Protokolls

ACTIVE	Aktive Newsgroups listen, die einem Pattern entsprechen
XGTITLE	Bringt die Namen von Newsgroups, die einem Pattern entsprechen, mitsamt dem Gruppen-Beschreibungstext
XHDR	Liefert ein bestimmtes Header-Feld (z. B. Subject) einer Reihe von Artikeln

Tabelle 4.5: Einige erweiterte Befehle des NNTP-Protokolls

Damit der Agent bei nicht auffindbaren Internetadressen nicht hängenbleibt[27], prüft der vorangestellte Aufruf von `gethostbyname`, ob der angegebene Host

[27] Möglicherweise wird dieses Verhalten in zukünftigen Versionen von `Net::NNTP` korrigiert.

auch wirklich existiert. Der vom News-Agent-Konstruktor im Erfolgsfall zurückgelieferte Wert ist eine Referenz auf ein Objekt der Klasse `NNTP`.

Als erstes interessiert den Anwender natürlich, welche Newsgroups der ausgewählte Server führt. Die `list`-Methode des News-Agent-Objektes bringt es an den Tag:

```
            # Gruppen abfragen. list() liefert:
            # {"groupname" => [$last, $first, $flag], ...}
$groups = $newsagent->list();

            # Alle Informationen extrahieren
foreach $groupname (sort keys %$groups) {

    ($last, $first, $flag) = @{$groups->{$groupname}};
    print "$groupname: $last $first $flag\n";
}
```

Die `list`-Methode des News-Agent-Objektes liefert eine Referenz auf einen Hash zurück, dessen Keys die Gruppennamen und dessen Values Referenzen auf einen Array darstellen. Der Array enthält die Nummer des letzten und des ersten vorrätigen Artikels in der Gruppe sowie ein Flag, das angibt, ob das Senden von Artikeln (*Posting*) in dieser Gruppe erlaubt ist. `'y'` als Flagwert bedeutet, daß die Gruppe das *Posting* erlaubt, `'n'` hingegen, daß sie es untersagt. Dem obigen Codefragment ist noch eine Schleife angeschlossen, welche die Auswertung der Rückgabeinformationen der `list`-Methode veranschaulicht.

Eine Gruppe zur näheren Untersuchung wählt die Methode `group` des News-Agents aus:

```
            # Gruppe setzen und Artikelnummern holen
($nof_articles, $first, $last, $groupname) =
                                $newsagent->group("news.answers");
```

Die Methode `group` markiert die angegebene Gruppe (in dem Beispiel `news.answers`) als aktuell und liefert zusätzlich noch Informationen über die momentan vorrätigen Artikel zurück. Die Rückgabeliste enthält die Gesamtzahl der vorrätigen Artikel, die Nummer des ersten und des letzten[28] Artikels sowie noch einmal den Namen der gewählten Newsgroup.

Alle weiteren Anfragen an den News-Agent beziehen sich auf die mit der `group`-Methode als »aktuell« markierte Gruppe.

---

[28] Die Differenz zwischen erster und letzter Artikelnummer muß nicht unbedingt der Gesamtzahl entsprechen, da zwischenzeitlich wegen Überalterung gelöschte Artikel dort nicht auftauchen.

Alle momentan verfügbaren Artikel für eine Gruppe auszulesen bedeutet für die meisten Anwendungen unnötigen Datentransfer. Meist genügt schon eine Analyse der Headerzeilen, um herauszufinden, welche Artikel noch benötigt werden und welche uninteressant sind.

Die Methode head liefert die Headerzeilen eines Artikels. Als Parameter verarbeitet sie entweder die laufende Artikelnummer oder die Message-ID. Ohne Parameter aufgerufen, bezieht sich head auf den aktuellen Artikelpointer, der nach dem oben abgesetzten group-Kommando auf dem ersten verfügbaren Artikel der Gruppe steht. head liefert eine Referenz auf einen Array zurück, dessen Elemente die Zeilen des Artikel-Headers sind.

Die Headerzeilen des aktuellen Artikels analysiert also

```
            # Header des aktuellen Artikels holen
$head = $newsagent->head();

            # Headerzeilen durchlaufen
for (@{$head}) {
            # Feldname und Inhalt trennen
    my ($fieldname, $content) = /^(\S+): (.*)/;

    print "FIELD $fieldname\n";
    print "CONTENT $content\n";
}
```

Den Pointer auf den aktuellen Artikel verschieben die Methoden next und last nach vorne bzw. hinten. Mit nntpstat ist eine Positionierung des Pointers auf einen durch die laufende Artikelnummer spezifizierten Artikel möglich. next, last und nntpstat liefern außerdem noch die Message-ID des aktuellen Artikels zurück.

```
            # Auf ersten Artikel positionieren
$msgid = $newsagent->nntpstat($first);
print "1st article: $msgid\n";

            # Auf nächsten Artikel positionieren
$msgid = $newsagent->next();
print "Next article: $msgid\n";

            # Auf vorigen Artikel positionieren
$msgid = $newsagent->last();
print "Previous article: $msgid\n";
```

Das Listing newssub.pl nutzt die oben beschriebenen Methoden, um die Subject-Einträge aller Artikel der aktuellen Gruppe auszulesen.

newssub.pl

```
#!/usr/bin/perl

use Net::NNTP;

my $nntphost = $ENV{NNTPSERVER};

            # News-Host überprüfen
die "Unknown host $nntphost" unless gethostbyname($nntphost);

            # News Agent erzeugen und mit
            # NNTP-Host verbinden
$newsagent = Net::NNTP->new($nntphost) || die "Cannot connect to host";

            # Gruppe setzen und Artikelnummern holen
($nof_articles, $first, $last, $groupname) =
                                  $newsagent->group("news.answers");

            # Durch alle Artikel der Newsgroup iterieren
for($newsagent->nntpstat($first); $newsagent->next();) {
    ($subject) = grep { $_->[0] eq "Subject" }
                       map { [/^(\S+): (.*)/] } @{$newsagent->head()};
    print "Subject: $subject->[1]\n";
}

$newsagent->quit();
```

newssub.pl

Der Körper der `for`-Schleife bedarf noch einiger Erklärungen: Die `head`-Methode des News-Agent-Objektes liefert eine Arrayreferenz, die mit

```
@{ $newsagent->head() }
```

zu einem Array dereferenziert wird. Da die Elemente bekanntlich die Headerzeilen im Format

```
...
Subject: Re: AUTOLOAD: Cannot delegate
Date: 14 Jul 1996 06:52:11 GMT
...
```

enthalten, wandelt der vorgeschaltete `map`-Operator die Textzeilen in Referenzen auf Arrays um, die jeweils zwei Elemente enthalten: den Namen des Header-Feldes (also z. B. `Subject`) und dessen Inhalt. Diesen Array von Arrayreferenzen erhält anschließend (wir arbeiten uns langsam von rechts nach links vor) das `grep`-Kommando, das nur diejenigen Elemente des Arrays durchläßt, die als Header-Feldnamen den String `"Subject"` enthalten. Die `grep`-`map`-Kombination liefert in `$subject` also eine Referenz auf einen Array zurück, dessen erstes Element den Text `"Subject"` enthält, während sein zweites Element den Subject-Text führt. Das nachfolgende `print`-Kommando zeigt den Zugriff darauf.

Noch ein Wort zum Körper des `map`-Kommandos: Der reguläre Ausdruck dort enthält zwei Klammernpaare, liefert also in einem Arraykontext die beiden gefundenen Strings zurück. Die beiden eckigen Klammern um den regulären Ausdruck herum *erzwingen* nicht nur den Arraykontext, sondern liefern auch eine Referenz auf den String-Array zurück – schließlich erwartet das `grep`-Kommando einen Array von Arrayreferenzen.

Das vorgestellte Verfahren zur Analyse der `Subject`-Zeilen aller Artikel einer Newsgroup holt jedoch weit mehr Informationen vom Newsserver, als eigentlich notwendig wäre. So wertet `newssub.pl` nur einen Bruchteil der übertragenen Header-Zeilen aus und transferiert somit eine etwa um den Faktor zehn zu große Datenmenge über das Netz.

Neuere News-Server unterstützen deshalb zur Erledigung dieser typischen Newsreader-Aktion das noch nicht in der RFC977 enthaltene Kommando `XHDRS`, welches nur ausgewählte Teile der Artikel-Header einer Newsgroup überträgt. Der Aufruf

```
$newsagent->xhdr('Subject', $first, $last);
```

liefert eine Referenz auf einen Hash zurück, der die gefundenen Artikel im (laufenden) Nummernbereich `$first` bis `$last` enthält. Der Hash führt als *Keys* die Artikelnummern und als *Values* den Inhalt des spezifizierten Header-Feldes `Subject:`.

Listing `newsheaders.pl` gibt alle `Subjects` von aktuellen Artikeln der Newsgroup `de.alt.tv.misc` aus.

newsheaders.pl

```
#!/usr/bin/perl -w

use Net::NNTP;
                    # News Agent erzeugen
$newsagent = Net::NNTP->new($ENV{NNTPSERVER});
```

```
($total, $first, $last) = $newsagent->group("de.alt.tv.misc");

                     # Subject-Hashreferenz:
                     # Keys:   Artikelnummern der Newsgroup
                     # Values: Subjects als Text
$subjects = $newsagent->xhdr('Subject', $first, $last);

                     # Alle Subjects ausgeben
foreach $i (sort { $a <=> $b } keys %{$subjects}) {
    print "$i: $subjects->{$i}\n";
}

$newsagent->quit();
```

newsheaders.pl

Die Ausgabe

```
110: "Das Netz"
111: Lindenstrasse : Iffi schwanger ?
112: Re: "Das Netz"
114: Re: premiere sound-katastrophe
115: Re: Lindenstrasse : Iffi schwanger ?
116: Re: ?:X-Files & Deep Throat der 2te
117: Re: Die Akte X
118: premiere moderation
119: Re: "Das Netz"
```

zeigt, daß manche Artikel anscheinend miteinander zusammenhängen. Die gleichen Subjects der Artikel 110, 112 und 119 legen den Verdacht nahe, daß Artikel 110 das ursprüngliche Posting darstellt, während 112 und 119 *Followups* darauf sind[29].

Den Text eines Artikels hingegen holt die Methode

```
$newsagent->body($msgnum);
```

die eine Referenz auf einen Array zurückliefert, der als Elemente die einzelnen Textzeilen des Artikelinhalts einschließlich der Newline-Zeichen führt.

Den gesamten Artikel einschließlich des Headers liefert die Methode

```
$newsagent->article($msgnum);
```

[29] Den endgültigen Nachweis liefert in diesem Fall eine Analyse der `Reference`-Header-Felder der Artikel 112 und 119, die jeweils entweder die Message-ID des Startartikels oder eines Followups enthalten.

Wie bei `head` und `body` ist der Rückgabewert eine Arrayreferenz. Fehlt die Angabe der laufenden Artikelnummer, beziehen sich `body`, `head` und `article` auf den Artikel, auf welchen der *Current Article Pointer* zeigt.

4.10.2 Praxis: news.answers von periodischen Postings befreien

Als Praxisbeispiel soll Listing `wna.pl` (*Weed out news answers*) dienen, das die Newsgroup `news.answers`[30] nach neuen FAQs (*Frequently Asked Questions*) durchforstet. Da die Artikel dieser Newsgroup in periodischen Abständen (vierzehntägig oder monatlich) gepostet werden, steht der News-Nutzer häufig vor dem Problem, daß zwar ein Newsreader sehr viele neue Artikel anzeigt, von denen aber die wenigsten wirklich neue Informationen enthalten. `wna.pl` hält sich eine lokale Datenbank, die Wiederholungsartikel anhand der `Subject`-Header identifiziert.

`wna.pl` arbeitet mit dem Newsreader über die Datei `.newsrc` im Heimatverzeichnis des Benutzers zusammen. In `.newsrc` speichert sich das Newsreader-Programm für jede Newsgroup die Nummern der Artikel, die der Anwender schon gelesen hat und somit in Zukunft nicht mehr zu sehen wünscht. Die Aufgabe von `wna.pl` ist es nun, neu auftauchende Artikel mit seiner Datenbank zu vergleichen und sie, falls sie bereits registriert sind, in `.newsrc` als gelesen zu markieren. So gaukelt `wna.pl` dem Newsreader vor, die periodisch erscheinenden Artikel bereits gelesen zu haben, und erspart so dem Anwender die manuelle Durchsicht.

Die Datei `.newsrc` enthält nach Newsgroups geordnete Bereiche gelesener Artikelnummern:

```
comp.databases: 1-4398,4403
de.alt.tv.misc! 1-1234,1237,1240-1244,1250,1260
news.answers: 1-30783,30800
```

Ein Doppelpunkt nach einem Newsgroup-Namen markiert eine aktive Newsgroup, während ein Ausrufungszeichen an derselben Stelle anzeigt, daß der Anwender momentan keine Artikel von dieser Newsgroup zu beziehen wünscht. Die Nummernbereiche bestehen aus Kombinationen von Einzelziffern und Intervallen. Der oben vorgestellte Ausschnitt aus `.newsrc` zeigt für die Newsgroup `comp.databases` an, daß die Artikel mit den Nummern `1` bis `4398` bereits verarbeitet wurden, während die Artikel im fehlenden Bereich `4399-4402` bis zum nächsten Eintrag `4403` noch ungelesen sind[31].

---

[30] Die Newsgroup `news.answers` enthält Zusammenfassungen der Frage-Antwort-Folgen anderer Newsgroups, damit diese nicht von den immer wieder gleichen Fragen überschwemmt werden.

Eine komfortable objektorientierte Schnittstelle zur Bearbeitung der `.newsrc`-Datei bietet das Modul `News::Newsrc` von *Steven McDougall*[32]. Es operiert mit `Newsrc`-Objekten, die `.newsrc` einlesen, allerlei Operationen auf die dortigen Einträge zulassen und `.newsrc` schließlich wieder zurückschreiben. `Newsrc`-Objekte können neue Gruppen nach `.newsrc` aufnehmen bzw. löschen oder bestimmte Artikel markieren bzw. die Markierungen wieder entfernen.

Die Anwendung von `Newsrc.pm` gestaltet sich folgendermaßen:

```
use News::Newsrc;

$newsrc = News::Newsrc->new();     # Newsrc-Objekt erzeugen

$newsrc->load();                   # ~/.newsrc laden
$newsrc->load($file);              # $file als .newsrc laden

$newsrc->add_group($group);        # Gruppe hinzufügen
$newsrc->del_group($group);        # Gruppe löschen

$newsrc->subscribe  ($group);      # Gruppe aktivieren
$newsrc->unsubscribe($group);      # Gruppe deaktivieren

$newsrc->mark($group, $article);   # Artikel in Gruppe markieren

                                   # Artikel-Liste markieren
$newsrc->mark_list($group, \@articles);

                                   # Artikels eines
                                   # Nummernbereiches markieren
$newsrc->mark_range($group, $from, $to);

                                   # Markierung eines Artikels
                                   # löschen
$newsrc->unmark($group, $article);

                                   # Markierungen einer Artikel-
                                   # Liste löschen
$newsrc->unmark_list($group, \@articles);
```

[31] Die Artikelnummern vergibt übrigens der Newsserver selbst, sie sind also keineswegs weltweit eindeutig, so daß ein Wechsel des Newsservers eine neue `.newsrc`-Datei erforderlich macht.

[32] Auch regelmäßiger CPAN-Besuch schützt vor Doppelentwicklung nicht: Für `wna.pl` entwickelte der Autor dieser Zeilen in zwei Nachtschichten ursprünglich ein Modul, das auch noch den gleichen Namen trug: `Newsrc.pm`. Als er dann zufällig auf Steven McDougalls Modul stieß, warf er sein eigenes sofort weg. Die Worte, die er dabei ausstieß, eignen sich nicht zur Wiedergabe – aber sie waren *laut* und *bayrisch*.

```
                                    # Markierungen für einen
                                    # Nummernbereich löschen
$newsrc->unmark_range($group, $from, $to);

if($newsrc->exists($group)) {       # Existiert Gruppe?
    print "$group existiert!\n";
}

if($newsrc->subscribed($group)) { # Gruppe aktiviert?
    print "$group aktiv!\n";
}
                                    # Artikel markiert?
if($newsrc->marked($group, $article)) {
    print "Artikel $article in Gruppe $group markiert!\n";
}

$newsrc->save();                    # ~/.newsrc speichern
$newsrc->save_as($file);            # Unter anderem Namen speichern
```

`wna.pl` verbindet sich mit dem eingestellten Newsserver und erfragt anschließend mittels der `group`-Methode des News-Agents die Nummern der auf dem Server in `news.answers` vorrätigen Artikel. Schon gelesene Artikel aus diesem Bereich werden entfernt und ein nur mit Nummern ungelesener aktueller Artikel gefüllter Nummernkreis aufgebaut.

Für jedes der gefundenen Intervalle ruft `wna.pl` die `xhdr`-Methode des News-Agents auf, welche die `Subject`-Header der betreffenden Artikel vom Newsserver holt. Der Abgleich mit der Datenbank, einem mit `tie` erzeugten persistenten Hash, zeigt anschließend, ob ein Artikel mit dieser Überschrift schon einmal untersucht wurde. Falls dies der Fall ist, markiert `wna.pl` ihn als gelesen, andernfalls nimmt es den `Subject`-Header in die Datenbank auf. Da abschließend die `.newsrc`-Datei zurückgeschrieben wird, zeigt ein nach dem Lauf von `wna.pl` aufgerufener Newsreader die `news.answers`-Wiederholungsartikel nicht mehr an.

wna.pl

```
#!/usr/bin/perl -w

use Net::NNTP;     # News-Kommunikation
use POSIX;         # Für O_RDWR usw.
use SDBM_File;     # Persistenter Hash
use News::Newsrc; # .newsrc ein- und auslesen
```

```
use Set::IntSpan; # Zusätzlicher Range-Handler
use strict;

my $newsanswers = "news.answers";
my $newshost    = "$ENV{NNTPSERVER}";

my ($subject, %db);                    # Lokale Variablen
my ($aAct, $aArc, $aWee) = (0,0,0); # Statistik

my $newsrc = News::Newsrc->new();      # Neues Newsrc-Objekt

print "Datei .newsrc einlesen ...\n";
$newsrc->load();

print "NNTP mit $newshost ...\n";
my $na = Net::NNTP->new($newshost);

                                       # Persistenten Hash für
                                       # subject lines erzeugen
                                       # oder öffnen
tie(%db, "SDBM_File", "$ENV{HOME}/.$newsanswers",
    O_CREAT|O_RDWR, 0644) || die "Persistenz-Fehler";

                                       # Newsgroup news.answers
                                       # Artikelnummern via NNTP
                                       # holen
print "Gruppeninformation $newsanswers ...\n";
my ($total, $first, $last) = $na->group("$newsanswers");

                                       # Intervalle von noch nicht
                                       # gelesenen Artikeln in einem
                                       # Set::IntSpan-Objekt aufbauen
my $intervals = Set::IntSpan->new(
          join(',', $newsrc->unmarked_articles($newsanswers,
                                              $first, $last)));

print "Subjects holen ...\n";
                                     # Intervalle ungelesener
                                     # Artikel auslesen
for (split(/,/, $intervals->run_list())) {
    my ($from, $to) = split(/-/, $_);

                                     # Intervall korrigieren
                                     # ($to == $from bedeutet
                                     #  _alle_ verfügbaren
                                     #  Artikel für xhdr())
    $to = $from +1 if(!defined $to || $to == $from);

                                     # Subjects ungelesener
```

```
                                # Artikel holen
    my $subjects = $na->xhdr('Subject', $from, $to);

    foreach $subject (keys %{$subjects}) {
        $aAct++;                # Gesamtzahl untersuchter
                                # Artikel

                                # Schon archiviert?
        if(defined($db{"$subjects->{$subject}"})) {
                                # Als gelesen markieren,
                                # da bereits archiviert
            $newsrc->mark($newsanswers, $subject);
            $aWee++;
        } else {                # Noch nicht archiviert?
            $db{"$subjects->{$subject}"} = 1;
            $aArc++;
        }
    }
}

$na->quit();                    # NNTP-Verbindung schließen
print "NNTP Verbindung geschlossen.\n";

print <<"EOT";                  # Statistik ausgeben
$total Artikel verfügbar
davon $aAct noch nicht gelesene untersucht
      $aWee Wiederholungen eliminiert
      $aArc neue archiviert
EOT

$newsrc->save();                # .newsrc zurückschreiben
```

wna.pl

Zusätzlich zu `News::Newsrc` verwendet `wna.pl` auch noch das Modul `Set::IntSpan`, welches Bereiche von Integerzahlen komfortabel erzeugt und manipuliert. Der Konstruktor von `Set::IntSpan` nimmt Strings im Format

```
from-to,from-to,...
```

entgegen und speichert die Zahlenbereiche sehr effizient. Die Methode `run_list` gibt sie im selben Format wieder aus. Eigentlich bietet `Set::IntSpan` die komplette Funktionalität, um Operationen auf die definierten Integerbereiche auszuführen – doch `wna.pl` nutzt `Set::IntSpan` nur, um die Nummernkreise für die `news.answers`-Gruppe aus dem `Newsrc`-Objekt zu extrahieren. `Newsrc` selbst bietet keine solche Schnittstelle, sondern kann nur einen Array von Nummern unmarkierter Artikel zurückliefern. Die Artikel-Subjects jedoch einzeln nach Nummern beim Server abzufragen, hieße den Performance-Gewinn von `xhdr` zunichte zu machen. Deshalb speist `wna.pl` die Werte des Arrays in ein `Set::IntSpan`-Objekt ein, um kurz darauf mit der Methode `run_list` optimierte Nummern*bereiche* auszulesen.

Anhang A

Perl installieren

A.1 Die Basis-Installation

Damit Perl-Skripts auf dem heimischen Rechner laufen, muß dort zumindest der Perl-Interpreter `perl` funktionieren.

Perl ist als Sourcecode frei verfügbar und muß nur auf die jeweilige Plattform kopiert, dort übersetzt und installiert werden. Dieser Prozeß läuft für alle gängigen Hardware-Konfigurationen vollkommen problemlos ab.

A.1.1 Die Perl-Distribution

Eine naheliegende Möglichkeit, die aktuelle Perl-Distribution zu beziehen, bietet die diesem Buch beiliegende CD-ROM. Ihren Inhalt beschreibt Anhang H, Seite 321 genauer.

Die zweite Möglichkeit, an eine (eventuell aktuellere) Perl-Distribution heranzukommen, bieten diejenigen FTP-Server des Internets, die die Daten des CPAN (*Comprehensive Perl Archive Network*) spiegeln. Dort finden sich neben der Standard-Distribution auch eine große Menge verfügbarer Perl-Module. Nähere Informationen hierzu finden sich in Anhang G auf Seite 317. Das CPAN hält den neuesten Release von Perl 5 stets im Verzeichnis

```
CPAN/src/5.0
```

vorrätig. Die Perl-Distribution liegt als komprimierte `tar`-Datei vor. Die zur Drucklegung dieses Buches aktuelle Version führte den Namen:

```
perl-5.003.tar.gz
```

Damit die in diesem Buch vorgestellten Beispiele auch problemlos funktionieren, sollte mit keiner älteren Version gearbeitet werden. Der Einfachheit halber folgen auch die nachfolgenden Instruktionen zur Perl-Installation der Namensgebung dieser Version.

Von der CD-ROM wird die obengenannte Datei einfach auf die Festplatte kopiert. Eine Anleitung zum Laden einer Datei von einem FTP-Server gibt Abschnitt 4.3 auf Seite 210.

A.1.2 Entpacken, Übersetzen, Installieren

Die Befehlsfolge

```
> gzip -d perl-5.003.tar.gz
> tar xfv perl-5.003.tar
```

entpackt das komprimierte `tar`-Archiv, legt das Verzeichnis perl-5.003 an und baut dort den Perl-Source-Baum auf.

Nach dem Entpacken folgt die Anpassung an die lokalen Hardwarebedingungen und das laufende Betriebssystem. Diesen Prozeß automatisiert das Shell-Skript `Configure`, das im Verzeichnis `perl-5.003` liegt. Die Kommandos

```
> cd perl-5.003
> ./Configure
```

veranlassen den Aufruf des Konfigurationstools, welches eine Menge Fragen bezüglich der lokalen Gegebenheiten stellt und auswertet. Für den eiligen Installierer stellt `Configure` noch die Option `-d` zur Verfügung, die eine Standardinstallation für alle gängigen Systeme vorbereitet, indem sie die entsprechenden Fragen selbständig beantwortet.

Nach Abschluß der Konfiguration folgt der Übersetzungslauf, der mit

```
> make
```

angestoßen wird und je nach Rechnerstärke bis zu einer Stunde in Anspruch nehmen kann, aber keinerlei Eingriffe mehr erfordert. Die Installation des fertigen Perl-Interpreters inklusive eines Satzes fertiger Module setzt der Befehl

```
> make install
```

abschließend in Gang.

A.2 Perl/Tk installieren

Die gepackte Distribution des Perl / Tk-Packages liegt auf den CPAN-Servern unter

```
CPAN/modules/by-module/Tk/Tk400.200.tar.gz
```

vor[1].

Das Perl / Tk-Package wird nach dem gleichen Verfahren entpackt, installiert und gestestet wie die meisten anderen verfügbaren Perl-Module auch. Der nächste Abschnitt zeigt, wie dies vor sich geht.

A.3 Zusätzliche Module installieren

Neue Perl-Pakete, die meist komprimiert als `tar`-Archive auf dem CPAN vorliegen, entpackt die Befehlsfolge (im Beispiel für die Distribution des Moduls `Proc-Simple-1.12.tar.gz`:

```
> gzip -d Proc-Simple-1.12.tar.gz
> tar xfv Proc-Simple-1.12.tar
```

Ein anschließender Wechsel in den so erzeugten Source-Baum mit

```
> cd Proc-Simple-1.12
```

und der Aufruf von

---

[1] Zur Drucklegung dieses Buches wurde die Namensgebung der Tk-Versionen gerade einem Wechsel unterzogen. Die letzte Version nach dem alten Verfahren lautete `Tk-b11.02.tar.gz`.

> **perl Makefile.PL**

erzeugen unter Zuhilfenahme von Konfigurationsdateien der originalen Perl-Installation[2] ein Makefile, mit dem ein nachfolgendes

> **make**

die zur Lokalisation notwendigen Schritte durchführt. Ein anschließendes

> **make test**

läßt eventuell beigefügte Testroutinen ablaufen. Falls diese keine Fehler melden, kann das Modul mit

> **make install**

installiert werden.

A.3.1 Dokumentation

Die Dokumentation von Perl-Modulen steckt üblicherweise direkt im Modul-Code: Der mit Perl 5 hinzugekommene *POD-*(*Plain Old Documentation-*)Befehlssatz[3] erlaubt das Verpacken von Manual-Informationen in funktionierenden Perl-Code. Die Befehlsfolge `make install` veranlaßt üblicherweise die Extraktion dieser Information, erzeugt daraus Manual-Seiten und kopiert diese an eine definierte Stelle, an der das `man`-Kommando sie schließlich sucht.

A.3.2 Wenn der Systemadministrator streikt ...

Falls Perl zwar auf dem genutzten System vorhanden ist, der zuständige Systemadministrator sich aber weigert, ständig neue Module des CPAN zu installieren, gibt es auch die Möglichkeit, zusätzliche Module in einem lokalen Verzeichnis abzulegen.

Ein Perl-Skript, das eines dieser lokal installierten Module mit

---

[2] Diese Aufgabe erledigt eigentlich der `MakeMaker`, ein standardmäßig ausgeliefertes Perl-Paket von Andreas König.

[3] Nähere Ausführungen zu diesem Thema finden sich in Anhang E.

```
use Mymodule;
```

einbindet, sollte dann jedoch wissen, in welchem Verzeichnis es zusätzlich danach suchen muß. Im Normalfall ist dieser Suchpfad nur auf das aktuelle Verzeichnis sowie auf das Verzeichnis der Standard-Installation gesetzt. Mit Hilfe einer vorangestellten `use lib` Anweisung wird ein zusätzlicher Pfad definiert. Damit der Interpreter also das Modul `Mymodule.pm` aus dem Verzeichnis `/users/meier/perl` findet, muß

```
use lib "/users/meier/perl";
```

am Anfang des Skripts stehen.

A.4 Rechtliche Fragen

Perl ist frei verfügbar. Der Aufruf des Perl-Interpreters `perl` mit der Option `-v` bringt es an den Tag:

```
This is perl, version 5.003

Copyright 1987-1996, Larry Wall

Perl may be copied only under the terms of either the Artistic License
or the GNU General Public License, which may be found in the Perl 5.0
source kit.
```

Perl ist *Free Software*. Im Klartext heißt dies, daß der Urheber zwar sämtliche Rechte an seinen Sourcen behält, sie aber unentgeltlich auch zur kommerziellen Nutzung bereitstellt. *Free Software* darf also nicht mit *Public Domain* verwechselt werden: Die Rechte des Autors sind geschützt.

Wer vorhat, die Sourcen zu ändern und anschließend wieder verfügbar zu machen, muß einige Dinge beachten, die in der Artistic License beschrieben sind, welche jeder Perl-Distribution beiliegt. Es handelt sich jedoch nur um Restriktionen, welche die Fairneß gegenüber Entwicklern frei verfügbarer Software ohnehin gebietet.

Die kommerzielle Verwertung selbst entwickelter Skripts oder Module ist ausdrücklich erlaubt. Die Mit-Auslieferung von Perl in diesem Zusammenhang ist vollkommen unproblematisch.

Anhang B

Skripts starten

Um ein Perl-Skript unter UNIX zu starten, sind zwei Dinge notwendig: Das Skript selbst und der Perl-Interpreter `perl`. Der explizite Aufruf des Interpreters von der Kommandozeile mit dem Skript als Argument funktioniert systemübergreifend zuverlässig:

```
> perl myscript.pl
```

Dies ist aber relativ unpraktisch, denn die meisten Perl-Skripts agieren wie Shell-Skripts oder kompilierte C-Programme und sollen die Tatsache, daß `perl` an ihrer Ausführung beteiligt ist, möglichst verbergen. Also liegt es nahe, dem Skript selbst die Information über den genutzten Interpreter beizugeben. Äquivalent zu Shell-Skripts enthält so die erste Zeile eines neuen Perl-Skripts `myscript.pl` die etwas kryptische Notation

```
#!/usr/bin/perl
```

welche die jeweils laufende Shell veranlaßt, die Ausführung des Skripts nicht selbst zu übernehmen, sondern an `perl` zu delegieren.

Dabei sollte die Länge der ersten Zeile 32 Zeichen nicht überschreiten, da sonst manche Systeme völlig verwirrende Fehler produzieren. Falls der Systemadministrator die Installation von Perl nach `/usr/bin` oder `/usr/local/bin/` nicht erlaubt und der nächsterreichbare Pfad schon zu lang ist, hilft – falls gestattet – ein symbolischer Link von `/usr/bin/perl` zum Interpreter im tatsächlichen Installationsverzeichnis.

Einige Shells begreifen aber auch die `#!`-Notation nicht. Oder, noch schlimmer: Was passiert, wenn der Perl-Interpreter nun nicht in `/usr/bin`, sondern z. B. im Verzeichnis `/usr/local/bin` installiert ist? Es erscheint eine Fehlermeldung. Oft genug ist es

```
myscript.pl: No such file or directory
```

was ja nicht sofort den Schluß nahelegt, daß nur der Perl-Interpreter im falschen Verzeichnis liegt.

Vor dem Hintergrund dieser Probleme arbeiteten findige Entwickler eine portable Lösung aus. Die Information über den verwendeten Interpreter sollte

- sowohl der Shell- als auch der Perl-Syntax genügen
- die interpretierende Shell zum Aufruf von `perl` bewegen
- `perl` selbst hingegen kaltlassen

Die Sequenz

```
eval "exec perl -S $0 ${1+"$@"}
        if $running_under_some_shell;
```

am Beginn eines Skripts erzwingt genau dieses Verhalten. Zuerst versucht sich die Shell an der neuen Syntax. Die Ausführung des `eval`-Befehls startet den Perl-Interpreter – wo immer er auch liegt. Einzige Bedingung ist, daß das Verzeichnis, in dem `perl` installiert ist, auch in die Umgebungsvariable `PATH` der Shell aufgenommen wurde, `perl` also von der Kommandozeile aus ohne Pfadangabe startbar ist. Der `exec`-Befehl überlädt den laufenden Prozeß mit dem Perl-Interpreter. So erreicht die Shell die für sie unverständliche dritte Zeile gar nicht mehr.

Die Shell-Syntax `perl -S $0 ${1+"$@"}` bedarf noch einiger Erklärung. Die Option `-S` veranlaßt `perl`, das als nächsten Parameter angegebene Skript nicht nur im gegenwärtigen Verzeichnis, sondern in allen Pfaden zu suchen, welche die Shell-Variable `PATH` beherbergt. Dies kommt dann zum Tragen, wenn das Skript (diesmal als Shell-Skript interpretiert) aus einem fremden Verzeichnis aus ohne explizite Pfadangabe aufgerufen wurde und die Skript-Variable `$0`, wie es auf manchen Systemen Unsitte ist, nicht den gesamten Pfad enthält.

Das Konstrukt `${1+"$@"}` hingegen expandiert nur alle Argumente, die das laufende Skript erhielt. Man könnte meinen, dies sei doch einfacher mit `$*` zu erledigen, doch würden auf diese Weise Sonderfälle wie in Dateinamen eingearbeitete Leerzeichen nicht richtig behandelt.

Zurück zu Perl: Der aus dem Shell-Skript gestartete Perl-Interpreter sieht anschließend zwar den `eval`-Befehl, führt ihn aber nicht aus, denn die nachgestellte Bedingung `if $running_under_some_shell` ist wegen der nicht initialisierten Variable natürlich falsch. Es folgt die reguläre Abarbeitung des restlichen Skripts.

Aber auch diese vorgestellte portable Lösung funktioniert nicht in jedem Fall, wie z. B. beim Start aus einer C-Shell. Zwar gibt es auch hierfür eine Lösung, die aber so unübersichtlich ist, daß es kaum zumutbar ist, jedes Skript damit zu verunstalten:

```
eval '(exit $?0)' && eval 'exec /usr/bin/perl -S $0 ${1+"$@"}'
& eval 'exec /usr/bin/perl -S $0 $argv:q'
    if 0;
```

Tatsächlich ist diese portable Syntax kaum verbreitet, es dominiert hingegen `#!/usr/bin/perl`. Letztlich gibt es keine hundertprozentige Lösung, nur eine dem jeweiligen Anwendungsfall angepaßte.

Anhang C

Fehlerdiagnose für X-Applikationen

Applikationen unter X-Windows, also alle Perl/Tk-Skripts, benötigen eine ordnungsgemäß eingerichtete Umgebung. Vorausgesetzt wird ein laufender X-Server auf dem Rechner, der die Darstellung übernimmt. Dieses Programm heißt meistens `xdm` oder auch einfach `X` und läuft auf X-Terminals automatisch, muß jedoch auf »normalen« Rechnern oft erst eingerichtet werden. Der Client-Rechner, auf dem die eigentliche Applikation abläuft, nutzt eine TCP/IP-Netzverbindung zum Server.

C.1 Setzen des Display-Servers

Zuallererst muß die Applikation wissen, welcher X-Server die Darstellung ihrer Oberfläche übernimmt. Dies legt die Environment-Variable `DISPLAY` auf dem Client-Rechner fest. Sie spezifiziert den Host und, da ein Server-Rechner mehrere X-Server-Programme mit mehreren Screens bereitstellen kann, auch noch deren Nummern im Format `[host]:server[.screen]`. Bei nicht gesetzter `DISPLAY`-Variable meldet eine X-Applikation üblicherweise den Fehler

```
appname: Xt error: Can't open display:
```

In der Bourne-Shell setzt ein

```
DISPLAY=myhost:0.0
export DISPLAY
```

den zuständigen Display-Server auf den Rechner `myhost`, wobei der X-Server mit der Nummer 0 sowie die Screen-Nummer 0 in den meisten Fällen die richtige Wahl sein dürften.

C.2 Erteilen von X-Server-Berechtigungen

Nur ausgewählte Clients im Netz dürfen ihre Oberflächen auf einem mit X-Server ausgestatteten Server darstellen. Die Berechtigung hierzu vergibt der Server selbst. Mit dem Kommando

```
xhost +myhost
```

nimmt der Server den Client `myhost` in den elitären Kreis derer auf, die seinen X-Server nutzen dürfen. Der Befehl `xhost -myhost` entzieht dem Client die Berechtigung wieder.

Anhang D

HTML-Kurzreferenz

Dieser Anhang soll eine minimale Übersicht der wichtigsten HTML-Kommandos bereitstellen. Abbildung D.1 zeigt den Netscape Navigator mit dem geladenen HTML-Dokument `struct.html`. Die Datei `struct.html`, deren Sourcecode nachfolgend abgedruckt ist, definiert grundlegende HTML-Strukturen wie

- Überschriften und Hervorhebungen
- Bullet-, Glossar- und numerierte Listen
- Hyperlinks mit und ohne Bildinformation
- Editierbare Formularfelder
- Check- und Radiobuttons
- Listboxen
- Submit- und Reset-Buttons

Die optische Darstellung in Verbindung mit dem Source-Code sollte das im Rahmen dieses Buches geforderte minimale Wissen über HTML vermitteln helfen. Für tiefere Erkenntnisse sei auf die einschlägige Literatur ([Klu96]) sowie die auf dem Internet frei erhältlichen Dokumente (Anhang G auf Seite 317) verwiesen.

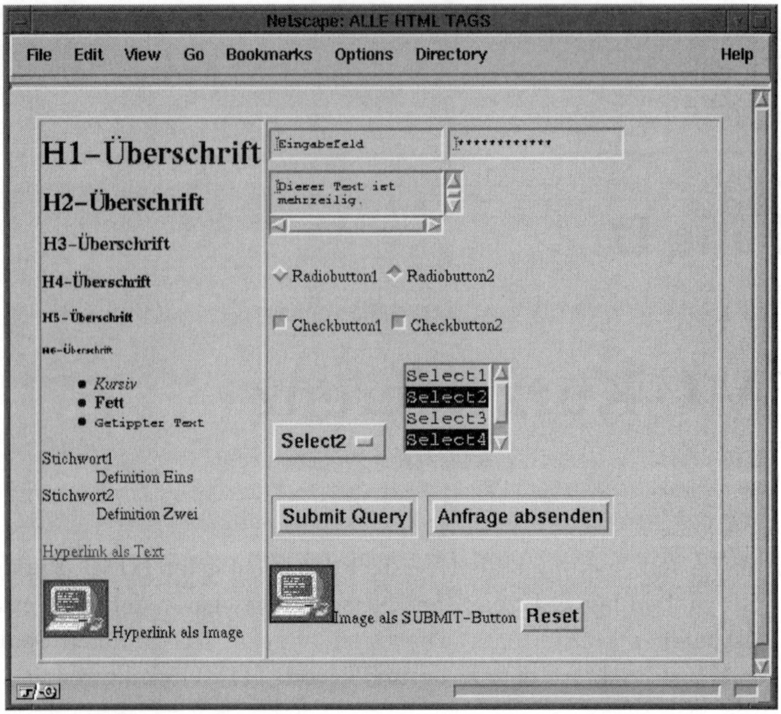

Abbildung D.1: Browser-Darstellung der HTML-Datei `struct.html` *im Browser*

struct.html

```
<HTML>

<!-- Seitenkopf -->
<HEAD>
<TITLE>ALLE HTML TAGS</TITLE>
</HEAD>

<!-- Seiteninhalt (Body) -->
<BODY>

<!-- Zweispaltige Tabelle (Trennung durch td-Tag) mit
     Randbreite 1 -->
<table border=1>
<td>

<!-- ============================================================ -->
<!-- Schriftarten -->
```

```
<H1>H1-Überschrift</H1>
<H2>H2-Überschrift</H2>
<H3>H3-Überschrift</H3>
<H4>H4-Überschrift</H4>
<H5>H5-Überschrift</H5>
<H6>H6-Überschrift</H6>

<!-- ============================================================ -->
<!-- Bullet-Liste -->
<UL>
<LI><I>Kursiv</I>
<LI><B>Fett</B>
<LI><tt>Getippter Text</tt>
</UL>

<!-- ============================================================ -->
<!-- Glossar-Liste -->
<DL>
<DT>Stichwort1
<DD>Definition Eins
<DT>Stichwort2
<DD>Definition Zwei
</DL>

<!-- ============================================================ -->
<!-- Hyperlinks -->
<A HREF="http://remote.host.com"> Hyperlink als Text</A>

<p>
<A HREF="http://remote.host.com">
<IMG SRC=../../gif/term.gif ALT="Alternativer Text"> </A>
Hyperlink als Image

<!-- Spaltentrenner für Tabelle -->
<td>

<!-- ============================================================ -->
<!-- Formular-Definition mit Aktionen im SUBMIT-Fall -->
<FORM NAME=formname METHOD=GET
      ACTION="http://remote.host.com/cgi-bin/dump.cgi">

<!-- Eingabefeld, einzeilig -->
<INPUT TYPE=text NAME=textfeld VALUE="Eingabefeld">

<!-- Paßwort-Eingabefeld, einzeilig -->
<INPUT TYPE=password NAME=password VALUE="MeinPasswort">

<!-- Mehrzeiliges Textfeld -->
<TEXTAREA ROWS=2 COLS=20 NAME="area1">
```

```
Dieser Text ist
mehrzeilig.
</TEXTAREA>

<!-- Radio-Buttons --> <p>
<INPUT TYPE=radio NAME=radio VALUE="Radiobutton1">
    Radiobutton1
<INPUT TYPE=radio NAME=radio VALUE="Radiobutton2" checked>
    Radiobutton2

<!-- Check-Buttons --> <p>
<INPUT TYPE=checkbox NAME=check VALUE="Checkbutton1" checked>
    Checkbutton1
<INPUT TYPE=checkbox NAME=check VALUE="Checkbutton2" checked>
    Checkbutton2

<!-- Select-Menü --> <p>
<SELECT NAME="select" >
<OPTION VALUE=1 > Select1
<OPTION VALUE=2 SELECTED> Select2
<OPTION VALUE=3 > Select3
</SELECT>

<!-- Mehrzeilige Select-Box mit multipler Auswahl -->
<SELECT NAME="select" SIZE=4 MULTIPLE>
<OPTION VALUE=1 > Select1
<OPTION VALUE=2 SELECTED> Select2
<OPTION VALUE=3 > Select3
<OPTION VALUE=4 SELECTED> Select4
<OPTION VALUE=5 > Select5
</SELECT>

<!-- Submit und Reset Button> <p>
<INPUT TYPE=submit NAME=submit>

<INPUT TYPE="submit" VALUE="Anfrage absenden"
       NAME="submitButtonName">

<p>
<INPUT TYPE="image" SRC="../../gif/term.gif" NAME="imgn"
       VAL="imgv">Image als SUBMIT-Button

<INPUT TYPE=reset>

<!-- Form-Ende -->
</FORM>

<!-- Tabellen-Ende -->
</table>
```

```
<!-- Dokumenten-Ende -->
</BODY>
</HTML>
```

struct.html

Anhang E

Dokumentation

Kein »echter« Programmierer schreibt gerne Dokumentation. Perl 5 bietet mit POD (*Plain Old Documentation*) deswegen ein Verfahren an, das die Erstellung von Manualseiten schon während der Programmentwicklung erlaubt. Hierbei fließen z. B. Kommentare an Modul- oder Funktionsköpfen direkt in die Dokumentation ein, denn POD-Formatkommandos dürfen mitten im Perl-Code stehen.

Schickt man ein so präpariertes Perl-Skript durch einen entsprechenden Filter, gibt dieser eine fertige Manualseite, ein LaTeX-Dokument oder auch eine HTML-Seite aus.

Von diesem Verfahren macht mittlerweile die Mehrzahl der auf dem CPAN angebotenen Module Gebrauch. Die Manualseiten zu einem Beispiel-Modul `Mymod.pm` sucht man nicht etwa extern, sondern extrahiert sie durch den Aufruf des Filters

```
pod2man Mymod.pm | nroff -man | more
```

Der Formatierer `pod2man` durchsucht das Skript nach POD-Kommandos und erzeugt daraus eine Manualseite mit den UNIX-typischen `nroff`-Kommandos. Das `nroff`-Programm nimmt die `pod2man`-Ausgabe entgegen und formatiert sie nach dem `man`-Macro-Package für den Bildschirm. Der Pager `more` stellt die Manualinformation anschließend seitenweise dar – so, als hätte man das `man`-Kommando aufgerufen.

Diese Prozedur übernimmt normalerweise das dem Modul beiliegende Installationsprogramm[1], welches nicht nur das neue Modul an die richtige Stelle im

[1] Im Regelfall der `MakeMaker`.

Perl-Suchpfad kopiert, sondern auch die Manualseiten extrahiert und in die Man-Verzeichnisse einlagert. Ein später aufgerufenes

```
man Mymod
```

bringt so im gewohnten Layout der UNIX-Manualseiten Informationen zum Modul `Mymod.pm`.

E.1 POD-Kommandos

Der Umfang der POD-Kommandos ist bewußt klein gehalten. Das Ziel war nicht, schon wieder eine mächtige Textformatierungssprache zu schaffen, sondern nur ein simples Werkzeug. So taugt POD nicht zum Schreiben eines Buches, gestaltet dafür aber die alltägliche Erstellung von Programmcode-Dokumentation zu einem reinen Vergnügen[2].

POD kennt folgende Kommandos, die jeweils am Anfang einer Zeile stehen müssen, um als solche erkannt zu werden:

```
=pod                    # Beginn der POD
=cut                    # Ende, es folgt Perl-Code

=head1 heading          # Überschrift erster Ordnung
=head2 heading          # Überschrift zweiter Ordnung

=over N                 # Um N Spalten einrücken
=item text              # Listeneintrag
=back                   # Einrücken rückgängig machen
```

Nach einem einführenden `=pod` (oder auch nach einem beliebigen anderen POD-Kommando) setzt der Formatierer nicht-gekennzeichneten Text in Blocksatz. Er interpretiert eingerückten Text automatisch als Programmcode und stellt ihn im Schreibmaschinen-Stil ohne automatischen Umbruch dar.

Die wichtigsten Formatierungen innerhalb des laufenden Textes sind:

```
I<text>     # Kursiv-Text (Hervorhebung von Variablen)
B<text>     # Fetter Text (Programme und Aufzählungpunkte)
S<text>     # Leerräume nicht trennen
C<code>     # Getippter Text (z. B. Source)
L<name>     # Link zu anderer Manualseite
F<file>     # Filenamen
```

---

[2] Nun, nicht ganz.

Listing `Mymod.pm` zeigt, wie mit POD die Dokumentation in den Produktionscode einfließen kann.

Mymod.pm

```
#!/usr/bin/perl -w

package Mymod;

=head1 NAME

Mymod - Kurzbeschreibung

=head1 SYNOPSIS

    use Mymod;

    Mymod::func1($par1);
    Mymod::func2($par1, $par2);

=head1 DESCRIPTION

Ausfuehrliche Beschreibung von C<Mymod>

=head1 METHODS

=head2 func1

Hier folgt die Beschreibung der Funktion

    $ret = func1($par1);

=cut

#
# Hier beginnt wieder Perl-Code
#
sub func1 {
    my($par1) = @_;

    # ...
}

=head2 func2

Hier folgt die Beschreibung der Funktion
```

```
    $ret = func2($par1, $par2);

=cut

#
# Hier beginnt wieder Perl-Code
#
sub func2 {
    my($par1, $par2) = @_;

    # ...
}

=head1 AUTHOR

Michael Schilli I<mschilli@blacksun.com>
```

Mymod.pm

E.2 Filter

POD-formatierter Text läßt sich umwandeln mit den Filtern

- `pod2man` in das `nroff/troff`-Manualseitenformat
- `pod2text` in Klartext
- `pod2html` in HTML-Seiten
- `pod2latex` in LaTeX-Dokumente

Die Filter liegen der Perl-Standard-Distribution bei und konvertieren die Datei, deren Namen sie als erstes Argument erhalten entweder in die Standardausgabe oder legen eine entsprechende Ergebnisdatei an.

Listing `Mymod.txt` zeigt die Klartextversion, Abbildung E.1 die mit `nroff` verarbeitete Manualseite und Abbildung E.2 die HTML-Version im Browser.

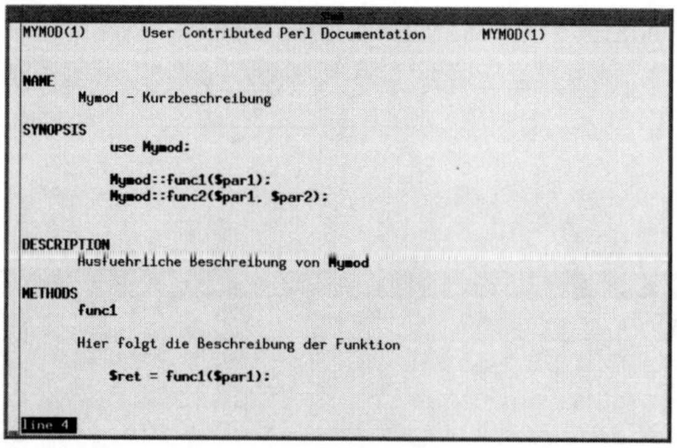

Abbildung E.1: Manualseiten-Transformation der POD-Dokumentation

Mymod.txt

```
NAME
    Mymod - Kurzbeschreibung

SYNOPSIS
        use Mymod;

        Mymod::func1($par1);
        Mymod::func2($par1, $par2);


DESCRIPTION
    Ausfuehrliche Beschreibung von 'Mymod'

METHODS
  func1

    Hier folgt die Beschreibung der Funktion

        $ret = func1($par1);


  func2

    Hier folgt die Beschreibung der Funktion

        $ret = func2($par1, $par2);


AUTHOR
```

```
    Michael Schilli *mschilli@blacksun.com*
```

Mymod.txt

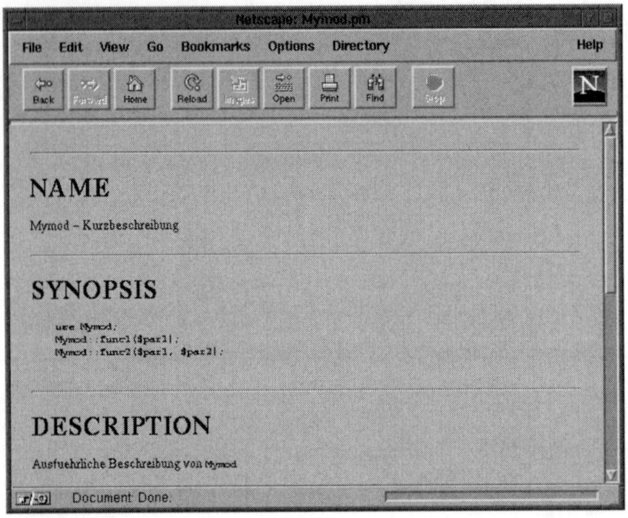

Abbildung E.2: HTML-Transformation der POD-Dokumentation

Anhang F

Synchronisation paralleler Prozesse

Perl unterstützt zwar (noch) kein Multithreading, doch können trotzdem die gefürchteten *Race Conditions* auftreten, falls mehrere Prozesse gleichzeitig auf Ressourcen zugreifen, die nur jeweils *einen* Prozeß gleichzeitig bedienen können.

Ein CGI-Skript (Abschnitt 4.7), das den Inhalt einer Datei liest, verändert und wieder zurückschreibt, kann während dieses Vorgangs von einem anderen Prozeß unterbrochen werden, der unter Umständen auch Manipulationen an der Datei vornimmt. Das Ergebnis dieser Aktionen ist nicht vorhersagbar: Ganz abhängig davon, welcher Prozeß zu welcher Zeit die Kontrolle erhält, kann die Datei diese oder jene Daten beinhalten – oder ganz zerstört sein.

In diesem Kapitel sollen zwei Verfahren zur Synchronisation von Prozessen vorgestellt werden: Semaphore und das Dateien-Locking mit `flock`.

Die sogenannten *Critical Sections*, in denen ein Prozeß die alleinige Kontrolle über eine Ressource erhalten muß, werden mit Befehlen umrahmt, die atomar (d.h. als eine einzige Instruktion, die nicht vom Betriebssystem unterbrechbar ist) eine Sperre setzen bzw. diese wieder auflösen.

F.1 Exklusiver flock

Der `flock`-Befehl dient zum Setzen eines Locks auf eine Datei. Zwar dürfen Dateien, auf denen ein exklusiver Lock hängt, auch weiterhin gelesen und sogar beschrieben werden, doch keinem zweiten Prozeß ist es möglich, ebenfalls einen exklusiven Lock auf die Datei zu setzen.

Der Befehl

```
flock(FILE, 2);          # 2: LOCK_EX
```

setzt einen exklusiven Lock auf die mit dem File-Handle `FILE` geöffnete Datei[1]. Der Lock verfällt, falls

```
flock(FILE, 8);          # 8: LOCK_UN
```

ausgeführt oder die Datei explizit mit `close` bzw. bei Programmende automatisch geschlossen wird[2].

Listing `race.pl` zeigt, wie *Race Conditions* entstehen. Es erzeugt drei Child-Prozesse, die fast gleichzeitig eine kritische Sektion betreten, welche einen Sleep-Prozeß von einer Sekunde Dauer enthält. In dieser Zeit nimmt das Betriebssystem so viele Task-Switches vor, daß völlig unvorhersagbar ist, welcher Prozeß das »Rennen« macht und als erster die kritische Sektion verläßt.

race.pl

```
#!/usr/bin/perl -w

my $pid;

foreach $i (1..3) {

    if(!defined ($pid = fork())) { # Fork Fehler
        die "fork error";
    } elsif($pid == 0) {           # Child
        critical($i);
        exit 0;
    } else {                       # Parent
    }
}

while(wait() > 0) { ; }            # Terminierung der
```

[1] Der angegebene Zahlenwert `2` für den `LOCK_EX`-Parameter gilt für BSD-nahe UNIX-Systeme. Bei anderen UNIX-Dialekten sind die `flock`-Manual-Page und die System-Include-Dateien zu Rate zu ziehen.

[2] Während der Ausführung der kritischen Sektion darf also die genutzte Datei keinesfalls auch nur temporär geschlossen werden.

```
                                    # Child-Prozesse abwarten

sub critical {
    my $number = shift;

    print "$number betritt kritische Sektion\n";
    sleep(1);
    print "$number verläßt kritische Sektion\n";
}
```

race.pl

Das Skript `race.pl` erzeugt so die Ausgabe[3]:

```
1 betritt kritische Sektion
2 betritt kritische Sektion
3 betritt kritische Sektion
2 verläßt kritische Sektion
1 verläßt kritische Sektion
3 verläßt kritische Sektion
```

Soll nun aber garantiert sein, daß kein Prozeß einen anderen in der kritischen Sektion »überholt«, d.h. nur jeweils ein einziger Prozeß sich zu einem Zeitpunkt in diesem Bereich aufhält, müssen Synchronisationsmaßnahmen ergriffen werden. Listing `raceflock.pl` zeigt, wie dies mit dem `flock`-Befehl realisiert wird.

raceflock.pl

```
#!/usr/bin/perl

# Lock-Parameter vordefinieren

$LOCK_SH = 1;      # Shared Lock setzen
$LOCK_EX = 2;      # Exclusive Lock setzen
$LOCK_NB = 4;      # Non-Blocking Lock setzen
$LOCK_UN = 8;      # Lock auflösen

open(FILE, ">lockfile");

foreach $number (1..3) {

    if(!defined ($pid = fork())) { # Fork Fehler
        die "fork error";
```

[3] Die Ausgabe ist rein zufällig.

```
    } elsif($pid == 0) {              # Child
        critical($number);            # Sektion ausführen
        exit 0;                       # Child beenden
    } else {
                                      # Parent
    }
}

close(FILE);

while(wait() > 0) { ; }               # Terminierung der
                                      # Child-Prozesse abwarten


sub critical {
    my $number = shift;

    flock(FILE, $LOCK_EX);            # Exklusiven Lock setzen

    print "$number betritt kritische Sektion\n";
    sleep(1);
    print "$number verläßt kritische Sektion\n";

    flock(FILE, $LOCK_UN);            # Lock zurücknehmen
}
```

raceflock.pl

Entsprechend lautet die Ausgabe von `raceflock.pl`:

```
1 betritt kritische Sektion
1 verläßt kritische Sektion
3 betritt kritische Sektion
3 verläßt kritische Sektion
2 betritt kritische Sektion
2 verläßt kritische Sektion
```

Zwar kann es sein, daß, wie aus der Ausgabe ersichtlich, die Prozesse in ungeordneter Reihenfolge die kritische Sektion betreten, doch während sich ein Prozeß dort aufhält, betritt kein zweiter den Bereich.

Daß `flock` ein geöffnetes File-Handle benötigt, um das exklusive Schreibrecht an einer Datei zu erlangen, klingt nach einer paradoxen Situation, denn ein

```
open(FILE, ">file");
```

würde ja bereits einen eventuell noch vorhandenen Dateiinhalt zerstören, bevor ein `flock` überhaupt einen Konflikt feststellen könnte. Zwei parallele Prozesse, die Daten in eine Datei eintragen, öffnen die Ressource aus diesem Grund nur im Append-Modus und manövrieren mit einem `seek`-Kommando zum Anfang zurück.

Listing `exfile.pl` zeigt zwei Funktionen, `exwrite` und `exread`, die diese Technik nutzen.

exfile.pl

```
#!/usr/bin/perl -w

$lockfile = ".lockfile";

sub exwrite {

    open(FILE, ">>$lockfile") ||
        die "Fehler beim Öffnen von $lockfile";

    flock(FILE, 2);          # Beginn der kritischen Region

    seek(FILE, 0, 0);        # An den Anfang springen
    truncate(FILE, 0);       # ... und kappen

    print FILE "$_[0]";

    close(FILE);             # Ende der kritischen Region
}

sub exread {

    open(FILE, "<$lockfile") ||
        die "Fehler beim Öffnen von $lockfile";

    flock(FILE, 2);         # Beginn der kritischen Region

    my @file = <FILE>;      # Datei auslesen

    close(FILE);            # Ende der kritischen Region

    join('', @file);
}
```

exfile.pl

F.2 Semaphore

Mit Semaphoren bieten Betriebssysteme systemweite Zähler an, die *atomar* gesetzt und geprüft werden können und einen Prozeß so lange blockieren, bis der Semaphor einen bestimmten Wert erreicht.

Ein Mutex-Semaphor, den zu einem Zeitpunkt nur ein einziger Prozeß »besitzen« kann, stellt so eine Sperre für Prozesse dar, die auch auf eine Ressource zugreifen wollen, die zu einem Zeitpunkt aber nur einen Prozeß bedienen kann. Beim Erzeugen des Semaphors führt dieser den Wert `0`. Holt sich ein Prozeß den Semaphor, muß er so lange warten, bis der Semaphor den Wert `0` führt. Ohne daß das Betriebssystem einen anderen Prozeß dazwischenschieben könnte, »holt« sich der Prozeß dann den Semaphor und erhöht dessen Zähler um `1`.

Andere Prozesse, die auch in den exklusiven Besitz des Semaphors gelangen wollen, müssen jetzt so lange warten, bis der Semaphor wieder den Wert `0` führt, was dann erreicht wird, wenn der erste Prozeß den Semaphor wieder freigibt und dessen Wert um `1` vermindert.

Die UNIX-Schnittstelle zu den Semaphoren ist nicht gerade anwenderfreundlich: So werden den Befehlen `semop` und `semctl` Befehlsfolgen in Form von Zahlenwerten mitgegeben, die dann garantiert ununterbrechbar ablaufen. Hier besteht also Bedarf nach einem vereinfachten Zugang: Das nachfolgend vorgestellte Modul `Mutex.pm` macht sich deswegen Methoden der objektorienterten Programmierung zunutze. Für das Verständnis der Implementierung sind Grundkenntnisse von Perls OO-Konstrukten unentbehrlich. Der noch unkundige Leser sei auf Kapitel 2 verwiesen.

Das Modul `Mutex.pm` abstrahiert die Semaphor-Schnittstelle deshalb auf eine Klasse `Mutex`, die nur die Methoden

```
$sem = Mutex->new($key);  # Semaphor erzeugen ($key == Zahlenwert)
$sem->lock();             # Lock setzen
$sem->release();          # Lock freigeben
$sem->delete();           # Semaphor löschen
```

anbietet und so die Anwendung von Semaphoren vereinfachen soll. Die Variable `$key`, die der Konstruktor als Parameter erhält, ist ein (beliebig zu wählender) Zahlenwert, der den Semaphor systemweit identifiziert. `Mutex.pm` ist so ausgelegt, daß es einen vereinnahmten Semaphor zwar freigibt, sobald der zugehörige Prozeß endet, doch der Semaphor selbst bleibt mit seiner ID `$key` dem System bekannt, bis `$sem->delete()` ihn endgültig entfernt.

Mutex.pm

```
#!/usr/bin/perl -w

package Mutex;

use strict;

# Flags für Semaphore

my $IPC_CREAT  = 0001000;    # Semaphor erzeugen
my $IPC_EXCL   = 0002000;    # Create scheitert, falls Key existiert
my $IPC_NOWAIT = 0004000;    # Fehler, falls blockiert

my $SEM_UNDO   = 0100000;    # Semaphor freigeben, falls Prozeß
                             # endet

# Semaphor-Kommandos

my $IPC_RMID   = 0000000;    # Entfernen
my $IPC_SET    = 0000001;    # Setzen
my $IPC_STAT   = 0000002;    # Abfragen


sub new {
    my $class = shift;
    my $key   = shift;

    my $self = {};

    $self->{'semid'}  = semget($key, 1, 0644|$IPC_CREAT);

    die "Create failed" unless defined($self->{'semid'});

    bless($self, $class);
}


# Semaphor-Lock setzen
# Syntax: $sem->lock();
#
sub lock {
    my $self = shift;

    my $semnum  = 0;   # Erster Semaphor der Liste
    my $semflag = 0;

    # Warten, bis Semaphore Null ist
    my $semop     = 0;
    my $opstring1 = pack("sss", $semnum, $semop, $semflag);
```

```
    # Semaphor-Zähler um 1 erhöhen
    $semop     = $IPC_SET;
    $semflag   = $SEM_UNDO;  # Semaphore freigeben, wenn
                             # Prozeß endet
    my $opstring2 = pack("sss", $semnum, $semop,  $semflag);

    semop($self->{'semid'}, $opstring1 . $opstring2) ||
                                  die "Lock failed";
}


# Semaphor-Lock freigeben
# Syntax: $sem->release();
#
sub release {
    my $self = shift;

    my $semnum  = 0;   # Erster Semaphor der Liste
    my $semflag = 0;

    # Herunterzählen
    my $semop = -1;
    my $opstring = pack("sss", $semnum, $semop, $semflag);

    semop($self->{'semid'},$opstring) ||
                            die "Release failed";
}


# Semaphor löschen
# Syntax: $sem->delete();
#
sub delete {
    my $self = shift;

    semctl($self->{'semid'}, 0, $IPC_RMID, 0) ||
                            die "Delete failed";
}

1;
```

Mutex.pm

`Mutex.pm` definiert zu Beginn einige Konstanten, die UNIX-abhängig sind und den Headern `ipc.h` bzw. `sem.h` aus dem Verzeichnis `/usr/include/sys` entstammen.

Listing `racesem.pl` zeigt noch einmal das Testbeispiel `race.pl`, das mit einem `Mutex`-Objekt zur Achtung der kritischen Sektion erzogen wurde. Wie in `raceflock.pl` laufen die einzelnen Prozesse so getrennt voneinander und der Reihe nach durch den Engpaß.

racesem.pl

```
#!/usr/bin/perl

use Mutex;

$sem = Mutex->new(123);

foreach $number (1..3) {

    if(!defined ($pid = fork())) { # Fork Fehler
        die "fork error";
    } elsif($pid == 0) {           # Child
        critical($number);         # Sektion ausführen
        exit 0;                    # Child beenden
    } else {
                                   # Parent
    }
}

while(wait() > 0) { ; }            # Terminierung der
                                   # Child-Prozesse abwarten

$sem->delete();                    # Semaphor löschen

sub critical {
    my $number = shift;

    $sem->lock();                  # Semaphor-Lock setzen

    print "$number betritt kritische Sektion\n";
    sleep(1);
    print "$number verläßt kritische Sektion\n";

    $sem->release();               # Semaphor-Lock zurücknehmen
}
```

racesem.pl

Anhang G

Adressen

Für viele Alltags-Programmierjobs gibt es bereits eine Lösung in Perl. Die Schwierigkeit ist nur, herauszufinden, wer diese Lösung entwickelte und über welche Kanäle sie zugänglich ist. Für diesen Zweck exisistiert das *Comprehensive Perl Archive Network*, kurz CPAN genannt. Eine Reihe von FTP-Servern, die gegenseitig Spiegelungen praktizieren, führen ein datenbankgestütztes Archiv von Skripts, Modulen, Dokumentation und der neuesten Perl- bzw. Perl/Tk-Releases.

Die Server im deutschsprachigen Raum sind zur Zeit

Deutschland

`ftp://ftp.leo.org/pub/comp/programming/languages/perl/CPAN/`

`ftp://ftp.rz.ruhr-uni-bochum.de/pub/CPAN/`

`ftp://ftp.uni-hamburg.de/pub/soft/lang/perl/CPAN/`

Österreich

`ftp://ftp.tuwien.ac.at/pub/languages/perl/CPAN/`

Schweiz

`ftp://ftp.switch.ch/mirror/CPAN/`

G.1 The Perl 5 Module List

Mit absoluter Regelmäßigkeit erscheint alle zwei Wochen in den Newsgroups

```
comp.lang.perl.modules
comp.answers
news.answers
```

»The Perl 5 Module List«, eine von *Andreas König* zusammengestellte Liste aller aktuell erhältlichen Module des CPAN. Sie enthält neben Kurzbeschreibungen der Module auch noch allerlei Tips und Tricks zur Entwicklung mit Perl 5. Sie ist außerdem über das World Wide Web unter der URL

```
http://www.perl.com/CPAN/modules/00modlist.long.html
```

verfügbar.

G.2 Beispiel Proc::Simple

Auch die in Kapitel 2 vorgestellte Klasse `Process.pm` zur Modellierung von Hintergrund-Prozessen hätte nicht erst entwickelt werden müssen, da sie auf der CPAN schon existiert. In dem Verzeichnis

```
CPAN/modules/by-module/Proc
```

findet sich das Paket `Proc-Simple-1.12.tar.gz` eines Autors, der dem einen oder anderen Leser dieses Buches vielleicht bekannt vorkommen dürfte ...

Zum leichteren Auffinden der Module sind diese auf dem CPAN nach verschiedenen Kategorien geordnet. So ist `Proc::Simple` beispielsweise über folgende Pfade zugänglich:

Über den Modulnamen:

`CPAN/modules/by-module/Proc/`

Über den Namen des Autors:

`CPAN/modules/by-authors/Michael_Schilli/`

Über das Kürzel des Autors:

`CPAN/modules/by-authors/id/MSCHILLI/`

Über die Kategorie des Moduls:

`CPAN/modules/by_category/04_Operating_System_Interfaces/Proc/`

G.3 Module der CPAN

Die folgende Tabelle bietet eine Zusammenstellung der in diesem Buch verwendeten Module und deren Lage relativ zum CPAN-Verzeichnis. Die aufgeführten Module können – außer von der beiliegenden CD-ROM – auch von dort bezogen werden. Die aktuellen Versionsnummern können im Sinne des technischen Fortschritts von den angegebenen abweichen.

Für Module, die Bestandteil größerer Libraries wie z. B. der `libnet` oder der `libwww` sind, ist das entsprechende Tarfile der Libary angegeben.

CGI	authors/id/LDS/CGI-2.25.tar.gz
Carp	Standard-Distribution
Cwd	Standard-Distribution
File::Find	Standard-Distribution
File::Listing	authors/id/GAAS/libwww-perl-5.03.tar.gz
HTML::FormatPS	authors/id/GAAS/libwww-perl-5.03.tar.gz
HTML::FormatText	authors/id/GAAS/libwww-perl-5.03.tar.gz
HTML::Parse	authors/id/GAAS/libwww-perl-5.03.tar.gz
HTTP::Status	authors/id/GAAS/libwww-perl-5.03.tar.gz
IO	authors/id/GBARR/IO-1.12.tar.gz
LWP::RobotUA	authors/id/GAAS/libwww-perl-5.03.tar.gz
LWP::Simple	authors/id/GAAS/libwww-perl-5.03.tar.gz
LWP::UserAgent	authors/id/GAAS/libwww-perl-5.03.tar.gz
MIME::Base64	authors/id/GAAS/libwww-perl-5.03.tar.gz
Mail::Send	authors/id/GBARR/libnet-1.01.tar.gz
Net::FTP	authors/id/GBARR/libnet-1.01.tar.gz
Net::NNTP	authors/id/GBARR/libnet-1.01.tar.gz
News::Newsrc	authors/id/SWMCD/News-Newsrc-1.02.tar.gz
POSIX	Standard-Distribution
Proc::Simple	authors/id/MSCHILLI/Proc-Simple-1.12.tar.gz
SDBM_File	Standard-Distribution
Set::IntSpan	authors/id/SWMCD/Set-IntSpan-1.03.tar.gz
strict	Standard-Distribution
Tk	authors/id/NI-S/Tk400.200.tar.gz
Tk::Dialog	authors/id/NI-S/Tk400.200.tar.gz
URI::URL	authors/id/GAAS/libwww-perl-5.03.tar.gz

G.4 Quick-Reference-Cards

Auch Quick-Reference-Cards für Perl sowie für Tk sind als Postscript-Dateien auf dem CPAN erhältlich. Ausgedruckt sind sie unentbehrliche Helfer. Sie lagern (relativ zum CPAN-Verzeichnis) in

Perl Reference

`doc/refguide/perlref-5.001.1.tar.gz`

Tk Quick Reference

`modules/misc/tkperl/packages/tkrefcard.tar.gz`

Eine Schnellübersicht für Perl ist außerdem in Buchform erhältlich ([Vro96]).

G.5 RFCs

Die Spezifikation eines Internet-Protokolls liegt immer als RFC (*Request for Comments* vor. Der Autor eines Protokolls bittet mit einem RFC die Internet-Gemeinde um Kommentare zu einer Neuentwicklung, die er ausführlich beschreibt.

RFCs, die Komponenten beschreiben, die sich etabliert haben, werden in Archiven vorrätig gehalten und dienen als Referenz. Eine gute Adresse für alle wichtigen RFCs ist

`http://freesoft.mesa.net/Connected/RFC`

In diesem Archiv lagern auch die im Abschnitt 4.10 zitierten RFCs 850 und 977, die das Format von Usenet-Artikeln und das NNTP-Protokoll beschreiben.

G.6 Weitere Adressen

Regeln für Internet-Robots

`http://info.webcrawler.com/mak/projects/robots/robots.html`

Entwicklung von Perls NT-Port

`http://www.perl.hip.com`

HTML-Spezifikation

`http://www.w3.org/hypertext/WWW/MarkUp/HTML.html`

HTML2.0- und HTML3.0-Spezifikation

`http://www.ics.uci.edu/pub/ietf/html/index.html`

Anhang H

Inhalt der CD-ROM

Die im Einband dieses Buches befestigte CD-ROM enthält:

- sämtliche im Text abgedruckten Codebeispiele
- die Perl-Distribution
- die Perl/Tk-Distribution
- einige weitere ausgewählte Module des CPAN

Auf der CD-ROM befinden sich vier Unterverzeichnisse: `CPAN`, `modules`, `scripts` und `misc`. Das Verzeichnis `CPAN` enthält die Perl- und die Perl/Tk-Distribution, sowie die im Buch verwendeten CPAN-Module:

CPAN	
`perl5.003.tar.gz`	`Perl-Distribution`
`Tk400.200.tar.gz`	`Perl/Tk`
`CGI.pm-2.25.tar.gz`	`CGI.pm`
`News-Newsrc-1.02.tar.gz`	`Newsrc.pm`
`Set-IntSpan-1.03.tar.gz`	`Set::IntSpan.pm`
`libnet-1.01.tar.gz`	`Net::...`
`IO-1.12.tar.gz`	`Notwendig für libnet`
`libwww-perl-5.03.tar.gz`	`LWP::... HTML::...`

Die abgedruckten Beispiele unterteilen sich in Module (`*.pm`), Skripts (`*.pl`) und sonstiges. Entsprechend ist die Verteilung über die Verzeichnisse auf der CD-ROM:

scripts			
3lb.pl	aggregation.pl	altavista.pl	autoload.pl
base64.pl	bigbutton.pl	bitmaps.pl	canvas.pl
checkbutton.pl	color.pl	count.cgi	dialog.pl
dump.cgi	editor.pl	entry.pl	exception.pl
exfile.pl	exlinks.pl	findgrep.pl	font.pl
formfake.pl	fortune.pl	frame.pl	framestyle.pl
fs.pl	ftpfetch.pl	garage.pl	hello.pl
here.pl	html2ps.pl	html2text.pl	htmllinks.pl
htmltitle.pl	hypertext.pl	img.pl	inhCon.pl
inhMult.pl	inherit.pl	latest.pl	listbox.pl
lwpsimple.pl	mail.pl	mailheader.pl	md.pl
menu.pl	message.pl	netscape.pl	newsheaders.pl
obscuretest.pl	package.pl	pass.pl	persistent.pl
photo.pl	process.pl	race.pl	raceflock.pl
racesem.pl	radiobutton.pl	register.cgi	robot.pl
sbb.pl	scale.pl	sdbm.pl	sdbmview.pl
shellfind.pl	stdin.pl	stopwatch.pl	text.pl
timestamp.pl	tkfork.pl	uachunk.pl	uahead.pl
uasimple.pl	uriabs.pl	url.pl	uudecode.pl
uuencode.pl	wna.pl		
modules			
Example.pm	Fs.pm	MessageDialog.pm	Mutex.pm
Mymod.pm	Obscure.pm	Path.pm	Persistent.pm
Process.pm	Stopwatch.pm		
misc			
beispiel.html	count.html	form.html	struct.html

Literaturverzeichnis

[Boo94] Grady Booch. *Object Oriented Analysis and Design with Applications.* The Benjamin/Cummings Publishing Company Inc., 1994.

[Gam95] Erich Gamma, Richard Helm, Ralph Johnson, John Vlissides. *Design Patterns.* Addison-Wesley, 1995.

[Gun96] Shishir Gundavaram. *CGI Programming on the World Wide Web.* O'Reilly & Associates, Inc., 1996.

[Her96] Eric Herrmann. *Teach yourself CGI programming with Perl in a week.* Sams Net, 1996.

[Klu96] Rainer Klute. *Das World Wide Web.* Addison-Wesley, 1996.

[Lib95] Don Libes. *Exploring Expect.* O'Reilly & Associates, Inc., 1995.

[Nye90] Adrian Nye. *Xlib Programming Manual.* O'Reilly & Associates, Inc., 1990.

[Ous94] John K. Ousterhout. *Tcl and the Tk Toolkit.* Addison-Wesley, 1994.

[per95] *Perl 5 Online Manual Pages,* 1995.

[QO90] Valerie Quercia and Tim O'Reilly. *X Window System User's Guide.* O'Reilly & Associates, Inc., 1990.

[Rum91] James Rumbaugh, Michael Blaha, William Premerlani, Frederick Eddy, William Lorensen. *Object-Oriented Modeling and Design.* Prentice-Hall, 1991.

[Sch93] Randal L. Schwartz. *Learning Perl.* O'Reilly & Associates, Inc., 1993.

[Ste90] W. Richard Stevens. *UNIX Network Programming.* Prentice Hall, 1990.

[Ste94] W. Richard Stevens. *TCP/IP Illustrated, Vol. 1.* Addison-Wesley, 1994.

[Vro96] Johan Vromans. *Perl 5 Schnellübersicht*. O'Reilly International Thomson Verlag, 1996.

[Wal96] Larry Wall, Tom Christiansen, Randal L. Schwartz . *Programming Perl 5*. O'Reilly & Associates, Inc., 1996.

Stichwortverzeichnis